페다고지

억눌린자를 위한 교육

페 다 고 지

억눌린자를 위한 교육

파울로 프레이리 지음
성찬성 옮김

한마당

억눌린자들,
그리고 그들과 더불어 괴로워하고
그들 편에 서서 싸우는 이들에게
이 책을 바친다.

■페다고지■

차 례

- 머리말 … 9
- 저자 서문 … 19

제1장 억눌린자를 위한 교육의 정당성 … 29

《주요 내용》
- 억눌린자를 위한 교육의 정당성
- 억누르는자와 억눌린자 간의 모순,
  그리고 그 모순은 어떻게 극복되는가?
- 억압과 억누르는자들
- 억압과 억눌린자들
- 해방−주어지는 선물도 아니고
  자기만의 성취도 아닌 상호간의 과정

제2장 은행예금식 교육과 문제제기식 교육 … 75
−그 목적과 비판−

《주요 내용》
- 억압도구로서의 "은행예금식" 교육 개념−전재와 비판
- 해방을 위한 도구로서의 "문제제기식" 교육 개념−그 전제
- "은행예금식" 개념과 교사 - 학생의 모순
- "문제제기식" 개념과 교사 - 학생 모순의 해소
- 교육−상호과정, 세계의 매개
- 불완전함을 의식하고 있는 불완전한 존재로서의 인간,
  그리고 보다 충만한 인간이 되고자 하는 인간의 노력

제3장 대화론 : 자유의 실천으로서 교육의 본질 ··· *103*

《주요 내용》
- 대화론—자유의 실천으로서 교육의 본질
- 대화론과 대화
- 대화와 프로그램 내용의 탐색
- 인간-세계 관계, '생성 주제들', 그리고
  자유의 실천으로서 교육 프로그램 내용
- '생성주제들'의 탐색과 그 방법
- '생성주제들'의 탐색을 통한 비판적 의식의 각성
- 탐색의 여러 단계

제4장 대화와 反대화 ···*167*

《주요 내용》
- 문화행동의 이론들을 제시하는 모체로서
  반(反)대화(지배의 도구)와 대화(해방의 도구)
- 反대화적 행동의 이론과 그 특성—정복, 분할과 통치,
  조종, 그리고 문화 침해
- 대화적 행동의 이론과 그 특성—협력, 해방을 위한 일
  치, 그리고 문화 종합

- 『부록』: 억눌린자 교육 프로그램의 실례 ··· *265*
- 옮긴이 뒷글 ··· *287*

《머리말》

　　브라질의 교육가 파울로 프레이리의 사상과 업적은 다년간에 걸쳐 브라질 동북부로부터 대륙 전체로 확산되었고, 비단 교육현장에서 뿐만 아니라 국가발전을 위한 전면적인 투쟁에까지 깊은 영향을 주었다. 라틴 아메리카의 상속권을 박탈당한 민중들이 일상화된 무기력에서 깨어나 자기네 국가발전에 주체로서 참여하려는 적극성을 보이던 바로 그 순간에, 파울로 프레이리는 문맹자 교육방법을 완성함으로써 그같은 과정에 큰 공헌을 했다. 사실, 읽고 쓰기를 배우는 가운데 자아를 새롭게 발견하고 스스로가 처해 있는 사회적 상황을 직시하기 시작한 사람들이, 자신들에게 이 참여기회를 거부해 온 사회를 주도적으로 변혁시킨 사례가 적지 않다. 교육은 이제 이런 불합리한 사회를 뒤엎는 무서운 힘이 되고 있다.

　　우리들 사이에서도 파울로 프레이리의 업적이 점차 인식되어 가고 있는 추세이다. 그렇지만 지금까지 우리는 그것이 제3세계의 성인 문맹자에게 우선적으로 기여하는 것으로 생각해 왔다.

그러나 우리가 좀더 가까이 들여다본다면, 그의 교육철학과 교육방법론은 라틴 아메리카의 소외된 민중에게서와 마찬가지로 우리들에게도 중요한 것임을 알게 된다. 그들이 자유로운 주체들이 되고 자기네 사회 변혁에 참여하려는 투쟁이나, 흑인들 및 멕시코계 아메리카인들의 투쟁 그리고 미국의 중류계급 젊은이들의 투쟁은 많은 면에서 서로 비슷하다. 개발도상국의 세계가 보여주는 투쟁의 날카로움과 그 강도는 우리로 하여금 새로운 통찰력, 새로운 모형들, 새로운 희망으로 우리네 상황에 대처하게 해줄 것이다. 그러므로 이 『억눌린자를 위한 교육』의 번역 출판은 사뭇 중대한 일이라 하겠다.

파울로 프레이리의 사상은 주변에 사는 억눌린 민중들의 지독한 참상과 고통에 대한 그의 민감한 의식과 창조적인 정신을 반영한다. 1921년에 제3세계 안에서도 극도로 가난하고 미개발된 상황에 있던 브라질 동북부 지방의 레시페에서 태어난 그로서는 일찍이 그런 현실을 몸소 체험하지 않을 수 없었다. 1929년 미합중국에서 발생한 경제공황의 여파가 브라질에까지 밀어닥치자 불안하던 경제상태는 프레이리의 중류 가정에도 영향을 미쳤고, 그리하여 그는 '대지의 저주받은 자들'의 처지에 자신이 놓여 있음을 알게 되었다. 이것이, 그가 창자를 쥐어짜는 굶주림의 고통을 겪으면서 학교공부에도 무관심해져서 성적이 뒤쳐지는 등 그의 생활에 심각한 영향을 끼쳤다. 열 한 살의 나이에, 일생을 굶주림에 대항하여 투쟁하는 데 바치기로 맹세한 것도 바로 그때였다. 그 당시에 그가 체험한 고통을 눈치챈 아이들은 아무도 없었다.

일찍부터 가난한 사람들의 삶과 함께 한 그는 스스로 묘사하고 있는 바와 같이 '침묵의 문화'라는 것이 무엇인지를 깨달았다. 그리고 그들의 무지와 무기력은 경제적 사회적 정치적 지배 및 가부장적 사회상황 전체에서 비롯되는 직접적인 결과임을 알게 되었다. 그들은 자기세계의 구체적인 현실들을 파악하고 대응하도록 갖추어지고 자극받은 것이 아니라, 오히려 비판적인 각성과 반응이 불가능한 상황 속에 '함몰되어' 있었다. 프레이리는 기존의 모든 교육제도야말로 이 침묵의 문화를 영속시키는 중요한 도구들 중의 하나라는 사실을 명확히 알게 됐다.

지극히 존재론적인 방식으로 이러한 문제에 직면한 프레이리는 교육 분야에 주목하고 그에 관한 연구에 착수하였다. 수년간에 걸친 연구와 심사숙고 끝에 그는 교육철학에 있어서 아주 새롭고 창조적인 결과를 얻었다. 참다운 세상의 건설을 위해 남·녀 인간들이 해방의 투쟁에 직접 개입하는 상황에서부터 다른 수많은 상황에 처한 사람들과, 심지어는 상이한 철학적 입장을 취하고 있는 사람들의 체험과 사상에 이르기까지 폭넓게 손을 뻗쳤다. 그의 말대로 싸르트르와 무니에, 에릭 프롬과 루이 알튀쎄, 오르떼가 이 가세뜨와 모택동, 마르틴 루터 킹과 체 게바라, 우나무노와 마르쿠제에 이르기까지, 이런 사람들의 통찰력에 힘입어 자기 자신의 교육관과 라틴 아메리카의 구체적인 현실에 대응하는 교육관을 확실히 발전시켰다.

교육철학에 관한 그의 사상은, 1959년 레시페 대학의 박사학위 논문으로 맨 처음 선을 보였고 그 후에 같은 대학에서 역사학 및 교육철학 교수로 재임하는 동안 그리고 레시페시(市)의 문맹자들을 상대로 실시한 그의 초기 교육실험을 통해서 발표되었다. 그가 개발한 교육방법론은 가톨릭인들과 그 밖의 사람들에 의해 브라질 동북부 전역에 걸친 문맹퇴치운동에서 활용되었다. 1964년 군부쿠데타가 일어난 직후에 곧바로 프레이리는 투옥되었는데 그의 교육방법론이 구질서를 크게 위협하는 것으로 간주되었기 때문이다. 70일만에 석방되기는 했지만 이번에는 당국의 망명 종용으로 칠레로 건너가야 했다. 거기서 그는 유네스코와 칠레 농업개혁연구소에서 성인교육 계획에 참여하며 다섯 해를 보냈다. 그 후에 그는 하버드대학 교육학 고문이 되었다. 그는 이 기간 중에 농촌과 도시지역에서 새로운 교육실험을 실시하는 수많은 단체들과 긴밀한 유대를 맺고 일했다. 그는 현재 '제네바 세계 교회협의회 교육국 특별고문'으로 봉사하고 있다.

프레이리는 포르투갈어와 스페인어로 많은 저서를 펴냈는데 그 가운데 맨 처음 나온 책은 1967년 브라질에서 출판된 『해방 실천으로서의 교육 *Educaçāo como Práctica da Liberdade*』이며, 그의 맨 마지막 저서이자 제일 완벽한 저서인 이『억눌린자를 위한 교육 *Pedagogy of the Oppressed*』은 미국에서 처음 출간되는 그의 책이다.

저자가 꽤 많은 페이지를 할애해서 전개해 나가는 민중교육에 관한 내용을 몇 구절로 간단하게 요약하고 싶은 생각은 추호도 없다. 그런 짓은 그의 풍요하고 깊고 복합적인 사상을 훼손시키는 결과밖에 가져오지 못할 것이기 때문이다. 그렇지만 파울로 프레이리의 사상을 접하면서 느낀 감명 깊은 체험을 몇 마디 적는 것은 본인의 성의라고 생각한다. 오늘날 학회에 쏟아지는 그 다량의 지식서적들이 한결같이 추상적이고 단조로운 데 신물이 난 본인으로서는, 전반적인 역사의 전후관계 속에서 시작되고, 새로운 사회질서를 창조하는 투쟁의 복판에서 실천되고, 이론과 실천 *praxis*의 새로운 일치를 제시하는 이 사고과정에 흥분을 느끼지 않을 수 없었다. 파울로 프레이리라는 탁월한 교육가가 지성인들에게 인간화의 사명을 재발견해 주고 기성화된 한계들을 거부하는 사고력을 증명해 주고 미래를 지향하는 길을 터줄 때, 나는 기운이 났다.

프레이리는 하나의 기본적인 가정 즉, 그가 지적하고 있듯이 인간의 존재론적 사명이란 자기 세계를 새롭게 각성하고 자기 세계를 변혁하는 주체가 되는 것이다. 그렇게 함으로써 개별적으로, 더 나아가 다함께, 보다 완전하고 풍요한 삶을 누리는 가능성으로 접근하게 된다는 가정에 입각해서 움직이고 있기 때문에 그는 이런 일을 할 수 있게 된 것이다. 인간이 관계하고 있는 이 세계는 결코 고립되거나 폐쇄된 질서이거나 인간이 받아들여 적응해야 하는 '주어진' 현실이 아니고, 계속해서 극복해 나가야 할 하나의 변화의 대상인 것이다. 그것은 인간이 역사를 창조하는 데 이용하는 재료이며 어떤 특정한 시간과 장소에서 비인간화하는 일을 극복하고 질적으로 새로운 것을 창조해 냄으로써 이룰 수 있는 하나의 숙제인 것이다.

프레이리는 현재 이 숙제를 해결하는 데 필요한 자원은 서구세계의 진보된 기술이 마련해 주지만, 우리로 하여금 현존하는 질서를 부정하고 역사가 아직 완성되지 않았음을 논증하도록 만드는 사회관은 제3세계 민중의 고난과 투쟁 속에서 우선적으로 파생되고 있다고 본다.

여기에 덧붙여서 프레이리는 모든 인간들이 제아무리 '무지하고' 또 '침묵의 문화' 속에 함몰되어 있을지라도 다른 사람들과의 의사교환을 할 수 있는 만남을 통해 자기세계를 비판적으로 직시할 수 있다고 확신하고 있다. 이 확신은 광범위한 체험이 뒷받침해 주고 있다. 그러한 만남을 이루는 적절한 도구들이 마련되면 인간은 점차 자신의 개별적이고 사회적인 현실을 인식하고 그것의 모순들을 이해하면서 그 현실에 대한 자기 자신의 의식을 인식하게 되어 거기에 비판적으로 대처하게 된다는 것이다. 낡고 권위주의적 교사 - 학생 관계는 이러한 과정 속에서 극복된다. 농부는 외부에서 데려온 '교사'보다 훨씬 효과적으로 자기 이웃을 위해 이런 과정을 촉진시킬 수 있다. 인간들은 세계라는 매개체를 통해 서로를 교육한다.

 이런 일이 일어날 때 말은 새로운 힘을 지닌다. 더 이상 추상적이거나 주술적인 것에 머물지 않고, 자기 주변의 사물들에 적확한 명명을 시도함으로써 자신과 자신의 잠재능력을 발견하는 수단이 된다. 프레이리의 말대로 각 사람이 '자기 말을 할 권리'와 '세계를 명명할 권리'를 되찾는다. 이런 교육체험을 함께 나눈 문맹자 농부는 자기를 새롭게 각성하고, 새로운 존엄의식을 갖고, 새로운 희망으로 분발하게 된다. 몇 시간의 수업 끝에 농민들은 자기들이 발견한 사실을 놀라운 방법으로 표현하는 예가 많다. "나는 비로소 한 사람의 인간임을, 교육받은 인간임을 깨달았다"; "우리는 눈 먼 봉사였다. 그러나 이제 우리의 눈은 열렸다", "이전에는 말들이 내게 아무런 의미가 없었다. 그러나 지금은 그것들이 내게 말을 하거나 또한 그것들을 말하게끔 만들 수 있다", "이제 우리는 더 이상 협동농장의 무거운 짐이 되지는 않을 것이다". 읽기를 배우는 과정에서 이런 일들이 발생하게 되면 인간들은 자신이 문화의 창조자들이며 스스로 하는 일들 모두가 창조적인 것이 될 수 있음을 깨닫게 된다.

"나는 일하고, 일함으로써 세계를 변혁한다". 완전히 주변부로 밀려나 있던 인간들이 이처럼 급격하게 변혁될 때 그들은 더 이상 자기 주위에서 발생하는 변화를 구경하기만 하는 단순한 대상물들이 되게 하지 않고, 여태껏 그들을 억눌러 온 사회구조를 뒤엎는 투쟁에 뛰어들 결심을 하게 된다. 이런 이유 때문에, 국가발전을 연구하는 한 저명한 브라질 학자는 최근에, 민중들 가운데서 행해지는 이런 방식의 교육 작업은 사회개혁과 사회발전의 중요한 요소라고 말하고, '제3세계가 전통적인 구조들을 극복하고 현대세계로 진입할 수 있게 하는 참신한 행동도구'라고 잘라 말했다.

언뜻 보면 라틴 아메리카 내에서 파울로 프레이리가 행하는 문맹자 교육 방법은 우리가 사는 이곳과는 다른 세계의 일처럼 보일 수도 있다. 물론 이곳에서 그의 방법을 그대로 답습해야 한다는 것은 부질없는 주장이다. 그러나 이 두 상황들 속에는 결코 간과해서는 안될 일치점들이 존재하고 있다. 우리의 진보된 기술사회는 우리들 대부분을 급격하게 목적물화(目的物化)하고 있고, 미묘하게도 우리로 하여금 그 제도의 논리에 적응하도록 유도하고 있다. 이같은 일이 우리 주위에서도 벌어지고 있는 한, 우리도 새로운 '침묵의 문화' 속으로 침몰되기 시작하고 있음을 부인할 길이 없다.

역설적이긴 하지만, 우리를 그렇게 만들고 있는 바로 그 기술이 현재 일어나고 있는 일에 대한 새로운 감응력을 창조해 주고 있다. 이 새로운 매개체들은 특히 젊은이들 사이에서 권위의 낡은 개념들을 척결토록 하는 침식작용과 더불어 이러한 새로운 예속을 날카롭게 각성시켜 준다. 이 젊은이들은 자신의 말할 권리를 박탈당하였고, 그 회복을 위해 투쟁하는 일 이상으로 중요한 일은 거의 없다고 인식한다. 뿐만 아니라 그들은 유치원에서 대학에 이르는 오늘날의 교육제도가 그들의 적이 됨을 깨닫는다.

'중립을 지키는' 교육과정 같은 것은 결코 존재하지 않는다. 교육은 새로운 세대를 현 제도의 논리 속에 흡수하여 거기에 순응하도록 만드는 도구노릇을 하거나, 아니면 '자유의 실천' 즉 남·녀 인간들이 현실에 비판적이고 창조적으로 대응해서 자기세계를 변혁하는 방법을 찾아내는 수단이 되거나, 이 둘 가운데 하나이다.

후자의 과정을 촉진시키는 교육 방법론의 개발은 이 사회 속에 긴장과 투쟁을 불가피하게 유발할 것이다. 그러나 이것은 새로운 인간형성에 기여하고 서구 역사에 새 시대를 열어 줄 수도 있다. 이같은 과제에 투신하여 실험에 필요한 착상과 도구들을 구하고 있는 사람들에게 있어, 파울로 프레이리의 사상은 앞으로 수년 간 지대한 공헌을 해줄 것이다.

리차드 쇼울 (Richard Shaull)

《저자 서문》

『억눌린자를 위한 교육』을 소개하는 이 책은 지난 5년 간의 정치적 망명생활을 통해서 터득한 관찰의 결과이다. 이 기간은 브라질에서 교육활동을 하면서 얻은 이전의 체험들을 더 풍부하게 해주었다.

나는 '의식화'*의 역할을 분석하는 수련회나 참된 해방교육을 실제에 적용하는 실험에 있어서나 항상 '자유에 대한 공포'를 대면하곤 했다. 이 '자유에 대한 공포'는 제1 장에서 다루고 있다. 수련회에 참가한 사람들은 자신의 '자유에 대한 공포'를 표현하는 한 방법으로 '의식화의 위험'을 들먹일 때도 많았다. 그들의 말에 따르면 비판적인 의식은 곧 무정부주의적이라는 것이다. 어떤 다른 사람들은 비판적인 의식이 무질서를 초래할 수도 있다고 덧붙이기도 한다. 그러나 그 중에는 "왜 의식화를 부정하는가? 나는 자유를 두려워했

---

*'의식화 *conscientização*'라는 용어는 사회적, 정치적, 경제적 제모순들을 인식하고 현실의 억압 요인들에 항거하는 행동을 취하기 위한 학습을 말한다.(제3장 참조) - 역자 주.

었다. 그러나 이제는 더 이상 두려워하지 않는다!"고 고백한 사람들도 있다.

이런 토론들 중의 하나로서, 부정이라는 특수한 상황에 대한 인간들의 의식화가 언젠가는 자신들을 '파괴적인 광신'으로 몰아가거나 '자신들의 세계를 완전히 붕괴시키는 물의'를 빚지나 않을까 하는 문제로 토론을 벌인 그룹이 있었다. 토론이 한창 진행되고 있을 때 여러 해를 공장에서 일해 온 노동자 한 사람이 이런 말을 하였다. "잘은 모르겠지만 여기 계시는 여러분들 가운데 제가 유일한 노동계급 출신인 듯합니다. 제가 여태껏 여러분들이 한 말들을 다 이해했다고는 볼 수 없지만, 한 가지만은 말씀드릴 수 있습니다. 저는 수련회를 처음 시작할 때만 해도 '순진'했었습니다. 그러나 내가 얼마나 '순진했던가'를 알고나서부터는 비판적인 사람이 되기 시작했습니다. 그러나 저는 이같은 깨우침 때문에 광신자가 되지도 않았고 나의 세계가 붕괴되었다는 느낌도 들지 않았습니다."

의식화의 가능한 효과들을 의심하는 것은, 의심하는 당사자가 모든 것을 분명히 하지 않는다는 사실이 반드시 전제되기 마련이다. 그것은 곧 불의에 의해 희생당한 자들이 자신의 처지를 모르는 편이 낫다는 식이다. 그러나 사실, 의식화가 인간들을 '파괴적인 광신'으로 몰아가는 일은 없다. 오히려 의식화는 인간을 책임있는 주체*로서 역사과정에 개입할 수 있게 해줌으로써 그들로 하여금 자기확인을 추구하게 하여 광신을 피하게끔 해준다.

> 각성된 비판의식은 사회적 불만들을 정확하게 표현하도록 이끈다. 이 불만들이야말로 억압상황의 실제적인 구성요소들이기 때문이다.**

자유에 대한 공포는 그것을 소유하고 있는 당사자가 필연적으로 의식하는 것은 아니다. 그는 허깨비를 보고 있는 것이다. 그런 사람은 사실 해방의 위험보다는 안전을 도모하고 그 속에 안주한다. 헤겔은 이를 입증하고 있다.

> 자유는 목숨을 걸어야만 획득할 수 있다. ……물론 자기 목숨을 걸지 않는 개인도 한 '인간'으로서 인정받게 됨은 의심할 여지가 없다. 그러나 그는 이 '인간'이라는 진실을 독립된 자아의식으로 획득하지는 못한다.***

---

*'주체 subjects'란, 이해되고 작용받는 '객체'에 대칭되는 용어로, 이해하고 작용하는 자를 말한다. - 역자 주.
**프란치스코 웨포트 Francisco Weffort, 파울로 프레이리의 『해방 실천으로서의 교육 Educação como Práctica da Liberdade』 (리오 데 자네이로, 1967), 서문에서.
***게오르규 헤겔, 『정신현상학』 (뉴욕, 1967), 233쪽.

인간들이 자유에 대한 자신의 공포를 노골적으로 인정하는 예는 드물다. 오히려 — 때로는 무의식적으로 — 자신을 자유의 수호자로 여김으로써 그 사실을 은폐하려 한다. 그들은 자신의 의혹과 불안을, 유능한 자유의 관리인처럼, 근엄한 절제행위라고 떠들어댄다. 그런 사람들은 자유와 현상유지를 혼동하고 있다. 그래서 의식화가 당대 현실을 문제시하려는 기미가 보이면 스스로 자유 자체가 위협받게 된다고 생각한다.

『억눌린자를 위한 교육』이라는 이 책은 생각과 연구만으로 이루어진 것이 아니다. 이 책은 구체적인 상황들에 뿌리를 박고 있고, 내가 행한 교육 작업과정에서 직접·간접으로 목격해 온, 도시와 농촌의 노동자, 농민, 그리고 중산층의 반응을 적은 것이다. 나는 계속적인 관찰을 통해서 이 입문서에서 제시한 문제들을 수정하고 확증되도록 다음 연구를 지속할 생각이다.

이 책은 아마 많은 독자들에게 부정적인 반응을 불러일으킬지도 모르겠다. 인간해방 문제에 관한 나의 입장을 단순한 이상론으로 간주하는 사람도 있겠고, 존재론적 사명, 사랑, 대화, 희망, 겸손 및 동정에 관한 토의를 극히 보수적인 '허튼 소리'로 생각하는 사람도 있으리라. 지배자들에게나 만족스러운 억압상태에 대한 나의 고발을 받아들이지 않는, 혹은 받아들이고 싶지 않은 사람들도 없지 않을 것이다. 그러므로, 확실히 실험적인 이 책은 급진주의자들을 위한 것이다. 나는 그리스도인들과 마르크스주의자들은, 부분적으로 또는 전체적으로, 나와 의견을 달리한다 하더라도 이 책을 끝까지 읽으리라고 확신한다. 그러나 독단적으로 폐쇄된 입장, 비합리적인 입장을 취하는 독자는 내가 이 책에서 풀어 나가고자 하는 대화를 거절할 것이다.

광신으로 키워지는 '파벌주의'는 항상 껍데기에 지나지 않지만 비판적 정신으로 키워지는 '급진화'는 언제나 창조적이다. 파벌주의는 신화화하여 소외시키는 반면, 급진화는 비판하여 해방시킨다. 급진화는 각자가 선택한 입장에 점진적으로 투신해서 구체적이고 객관적인 현실을 변혁시키는 노력에 보다 깊이 개입하게 한다. 그와는 반대로 파벌주의는 스스로 신화화하고 비합리적인 까닭에 현실을 '거짓된 현실', '고정불변의 현실'로 변조시켜 버린다.

파벌주의는 어디를 보더라도 인류의 '탈예속화'에 장애물이다. 불행한 일이지만, 파벌주의의 가장 정확한 해석은 항상 본질적인 반대편 즉 혁명가의 급진화를 유발시키지는 않는다. 혁명가들 스스로도 우파라는 파벌에 대응하는 과정 속에서 이 파벌심을 갖게 되며 반동주의적으로 되는 수가 흔하다. 그러나 이러한 가능성이 반드시 급진주의자를 지배자들의 온순한 볼모로 만들지는 않는다. 해방투쟁과정에 뛰어든 급진주의자들은 결코 억누르는자의 폭력 앞에서 잠자코 눌러 있지는 못하는 것이다.

한편으로, 급진주의자는 결코 주관론자가 아니다. 급진주의자의 입장에서 보면 주관적인 단면은 객관적인 단면과 결부되어야만 존재할 수 있다. (여기서 객관적인 단면이란 그의 분석 대상인 구체적인 현실을 뜻한다.) 주관성과 객관성은 행동에 부합되는 지식과, 역으로 지식에 부합되는 행동을 산출하는 변증법적 일치 속에서 결합된다.

파벌심이 강한 인간은 어떤 신념을 지녔든지 간에 그 자신의 비합리성으로 가려져서 현실의 역동성을 인식하지 못하거나 아니면 곡해하기 마련이다. 혹시 그가 변증법적으로 사고한다면 그것은 다만 '길들여진 변증법'으로 이루어진 사고에 불과하다. 극우파는, 나는 이들을 '선천적인 파벌주의자'*라고 명명한 바 있지만, 역사의 진행과정을 늦추어 시간을 '길들이고' 나아가서는 인간들을 길들이고 싶어한다. 극좌파는 현실과 역사를 변증법적으로 해석하려고 할 때 완전한 오류에 빠져들고 본질적으로 광신적인 입장을 취한다.

극우파와 극좌파는 서로 다른 면이 있다. 즉, 극우파는 현재를 길들이려고 시도하여 그가 바라는 미래가 이 길들여진 현재를 재생시키도록 획책한다. 극좌파는 미래는 이미 예정된 것, 일종의 필연적인 운명, 숙명, 인과(因果) 같은 미래로 생각한다. 극우파에게는 과거와 연결되는 '오늘'이 주어진 것이고 고정불변의 것인데 비해서, 극좌파에게 '내일'이란

---

*『해방 실천으로서의 교육』에서

사전에 결정이 나 있고 냉혹하게 예정되어 있는 것이다. 극우파와 극좌파는 양자 모두 지극히 잘못된 역사관에서 출발하여 자유를 부정하는 형태들을 확산시키기 때문에 반동적이라는 점에서 서로 일치한다. 한 쪽이 '잘 짜여진' 현재를 상상하고 다른 쪽이 '미리 예정된' 미래를 상상한다는 사실은 양자가 양팔을 끼고 방관자가 된다는 것을 의미하지는 않는다. 오히려 이들, 현재가 계속되리라는 극우파와 이미 알려지고 예정된 미래가 오기를 기다리는 극좌파는 다같이 자신들을 각기 빠져나올 수 없는 '확신의 틀' 속에 틀어박고 자기 나름의 진리를 만든다. 이 진리는 어깨를 나란히 하여 투쟁하고, 함께 미래를 받아들여야 하고, 주어진 것이 아닌 진정한 미래를 창조해야 하는 방법을 더불어 익혀 나가는 사람들의 진리가 아니다. 오히려 이것은 이 양 파벌이 조작해 낸 그 무엇이다. 이 두 파벌 형태들은 민중들과 등지거나, 역사를 소유하는 것으로 인식함으로써 결국 민중과 결별하게 된다.

극우파는 스스로를 '자기의' 진리 속에 폐쇄시켜 자신의 본능적인 역할을 수행하는 것 이상은 아무 것도 못하는데 비해서, 파벌주의적이고 경직된 극좌파는 자신의 본능을 부정한다. 그러나 그들은 제각기 '자신의' 진리를 싸고돌면서 그 진리가 문제시되는 경우에 위협을 느낀다. 여행가인 알베스가 언젠가 내게 한 말이 있다.

"그들은 모두 자신들을 향해 의심을 품지 못하기 때문에 진통을 겪고 있다"는 것이다.

인간해방을 위해 투신한 급진주의자는 '확신의 틀' 속에 갇힌 포로가 되어 현실까지를 감금시키는 짓은 결코 하지 않는다. 그와는 반대로 그가 급진적이면 급진적일수록 현실을 더 정확히 파악하고 그 현실 속에 보다 완벽하게 개입함으로써 현실을 더욱 훌륭하게 변혁시킨다. 급진주의자는 솔직하게 세계를 보고 듣고 대변하는 일을 주저하지 않는다. 그들은 민중과 만나고 대화하기를 꺼려하지 않는다.* 그들은 스스로를 역사의 경영자, 인간의 경영자 혹은 억눌린자들을 해방시키는 사람이라고 생각하지 않는다. 다만 민중 편에 서서 투쟁하기 위해서 역사에 투신할 뿐이다. 많은 지면을 잡아 제시한 민중교육 입문서인 이 『억눌린자를 위한 교육』은 급진주의자들을 위한 과제이다. 파벌주의자들은 이를 결코 수행할 수 없다.

만일 이 책을 읽는 독자 가운데서 나의 잘못된 이해와 실수를 바로 잡아 주고 내가 느끼지 못한 단면들을 지적해 주고 주장을 심화시켜 줄 수 있는 지극히 비판적인 사람들이 나와 준다면 기쁘겠다. 혹자는 나에게 구체적인 체험도 하지 못한 주제에 무슨 권리로 혁명적 문화행동을 운운하느냐고

---

* "논리적 지식이 당 내의 소수 학자들의 특권으로 남아 있는 한, 그 소수의 학자들은 빗나갈 위험에 봉착하게 될 것이다." 로사 룩셈부르크 *Rosa Luxembourg*, 『개혁이냐 혁명이냐』, C. 라이트 밀즈 *C. Wright Mills*, 『마르크스주의자들』(뉴욕, 1963)에서 재인용.

물을 사람이 있을는지도 모른다. 그러나 내가 개인적으로 혁명적 행동에 참가하지 않는다는 사실이 이 책 주제에 대한 사고 가능성을 배제하지는 않는다. 나는 민중들과 함께 하는 교육자의 한 사람으로서 대화식·문제제기식 교육을 실시한 체험을 통해서 비교적 많은 자료를 모은 결과에 힘입어 이 책에 실린 주장들을 감히 내놓게 되었다.

내가 이 책을 통해 전개해 나가고자 하는 것은 민중에 대한 나의 신뢰와 인간에 대한 나의 믿음으로, 보다 쉽게 사랑할 수 있는 세계를 창조하는 일이다.

이 자리를 빌어 나의 아내이자 '최초의 독자'인 엘자에게 감사하고 싶다. 엘자는 나의 작업이자 동시에 자기 것이기도 한 이 책을 이해해 주고 격려해 주었다. 나의 원고에 대해 아낌없이 의견을 피력해 준 여러 벗들에게도 감사드린다. 본의 아니게 몇몇 분의 이름을 빠뜨릴 수도 있지만, 그 중에서도 호아오 다 베이가 꾸띠노, 리차드 쇼울, 짐 램, 미라 라모스, 호벨리노 라모스, 파울로 데 따르소, 알미노 알폰소, 쁠리니오 삼빠이오, 에르나니 마리아 피오리, 마르셀라 가하르도, 호세 루이스 피오리, 하아오 자카리오띠 같은 이들은 꼭 이름을 밝혀야 할 분들이다. 그러나 이 책의 내용에 대한 책임은 물론 나 한 사람에게 있다.

파울로 프레이리

제 *1* 장

억눌린자를 위한 교육의 정당성

《주요 내용》

- 억눌린자를 위한 교육의 정당성
- 억누르는자와 억눌린자 간의 모순, 그리고 그 모순은 어떻게 극복되는가?
- 억압과 억누르는자들
- 억압과 억눌린자들
- 해방-주어지는 선물도 아니고 자기만의 성취도 아닌 상호간의 과정

제 1 장

억눌린자를 위한 교육의 정당성

'인간화 humanization'의 문제는 가치론적 관점에서 볼 때 끊임없이 인간의 핵심문제가 되어 왔고, 이제 이 문제는 하나의 불가항력적인 관심사의 성격을 띠게 되었다.* 그리고 인간화에 대한 관심은 곧바로 존재론적 가능성으로서 뿐만 아니라 역사적 현실로서의 비인간화에 대한 인식으로 직결된다. 사실 인간이 비인간화의 범위를 알아차릴 때 과연 인간화가 실행 가능성이 있는가를 자문하게 된다. 역사를 통해 볼 때 인간화와 비인간화는 불완전한 존재인 인간에게 모두 가능한 것들이다.

---

*현대의 저항운동들, 특히 청년 저항운동들은 그 운동들이 지니는 각 환경의 특수성을 필연적으로 반영하는 한편, 인간과 세계 속의 존재인 인간들 그리고 세계에 대한 편견 ― 그들이 존재하고 있는 방법과 대상에 대한 편견 ― 을 자체의 본질 속에 드러내고 있다. 그들이 소비자 문명을 판결대 위에 올려놓고, 온갖 유형의 관료정치를 비난하고, (교사 - 학생의 관계가 지닌 경직성을 개조하고 이 상호관계를 현실의 관계 속에서 설정하도록 바꾸는) 대학들의 변혁을 요구하고, 대학이 쇄신될 수 있게끔 현실 자체의 변혁을 제의하고, 구질서들을 공격하고 인간들을 결정의 주체들로 긍정하려는 시도에서 모든 제도들을 설정했을 때, 이 모든 운동들은, 인간중심적이기보다는 인류학적인, 우리 시대의 양식을 반영한다.

● 페다고지

그러나 인간화와 비인간화가 실제로 택일해야 할 양자이면서도 오직 인간화만이 인간의 사명이다. 이 사명은 끊임없이 부정되고 있지만, 그러나 그것은 바로 그 부정에 의해서 긍정받는다. 부정과 착취와 억누르는자들의 폭력이 인간의 사명을 짓밟는다. 자유와 정의를 갈망하는 억눌린자들의 염원과 상실당한 인간성의 회복을 위한 그들의 투쟁이 인간의 사명을 긍정한다.

비인간화는 인간성을 도둑맞는 사람들뿐만 아니라 비록 방법은 다르다 할지라도 그것을 갈취한 자들에게까지도 오점을 남기게 되는 것으로, 보다 완전한 인간이 되는 사명을 뒤틀어 놓는 일종의 '왜곡'이다.

이 왜곡은 역사 속에서 발생한다. 그러나 그것이 역사적 사명은 아니다. 진정으로, 비인간화를 역사적 사명으로 받아들인다는 것은 '익살' 아니면 철저한 절망으로 이끈다. 이렇게 되면 인간화와 노동해방과 소외극복 및 인격체로서의 인간 긍정을 위한 투쟁은 무의미해지고 만다. 이 투쟁은 비인간화가 구체적인 역사적 사실이나 주어진 숙명이 아니고 억누르는자들 내부에 폭력을 유발시키는 부당한 질서의 결과일 때만 가능한 것이며, 그것은 다시 억눌린자들을 비인간화한다.

그것은 보다 완전한 인간이 되는 데 대한 하나의 왜곡인 만큼, 그로 인해서 억눌린자들로 하여금 조만간 그들을 인간

• 제1장 억눌린자를 위한 교육의 정당성

이하로 만들 자들에 대항하여 투쟁하게 만든다. 이 투쟁이 의미를 갖게 되려면 억눌린자들은 자기의 인간성을 되찾음에 있어 억누르는자들에 대한 또 다른 억누르는자들이 되지 말고 오히려 서로의 인간성을 회복시키는 자들이 되어야 한다. 이것이 곧 진정한 인간성을 창조하는 길이 된다.

이 과제는 억눌린자들이 지닌 인본주의적이고 역사적인 과제로서, 그들 자신들과 그들의 억누르는자들을 동시에 해방시키는 것이다. 자기네 힘으로 민중을 억압하고 수탈하고 착취하는 억누르는자들은 그 힘 속에서 억눌린자들과 자신을 해방시키는 능력을 찾아내지 못한다. 오로지 억눌린자들의 약함에서 솟아나는 힘만이 양자를 모두 해방시키는 충분한 힘을 갖게 될 것이다. 억눌린자들의 약함을 악용하여 억눌린자들에게서 솟아나는 힘을 눌러 죽이는 조치로서 거의 언제나 거짓된 관용을 앞세운다. 실제로 억눌린자를 향한 이같은 조치가 이 범주를 벗어난 적은 결코 없다. 억누르는자들은 바로 이 거짓 '관용'을 베푸는 기회를 계속 유지하기 위해서 동시에 부정을 영속화하지 않으면 안된다. 부당한 사회질서야말로 이 '관용'을 낳는 마르지 않는 샘이다. 이 관용은 민중의 죽음과 실의와 빈곤을 양분으로 섭취하면서 존속한다. 이 거짓 관용의 조작자들이 누가 그 샘을 조금만 건드려도 허겁지겁 당황하는 것은 바로 이런 이유 때문이다.

진정한 관용은 거짓 사랑을 키우는 원인을 없애기 위해 싸

● 페다고지

우는 투쟁이다. 거짓 사랑은 두려워 떠는 피정복자들 즉 '생의 불량품'들에게 떨리는 손을 내밀라고 호령한다. 참된 관용은 손-그것이 개인의 손이든지 혹은 전체 민중의 손이든지 간에-이 애걸하며 내밀어야 할 필요성을 점차 줄여서, 그 손들이 일하고 또 일함으로써 세계를 변혁하는 보다 더 인간다운 손이 되도록 투쟁하는 데 있다.

그러나 이런 학습과 기술연마는 억눌린자들 자신으로부터 비롯되지 않으면 안된다. 개인으로서 또는 민중으로서 그들은 자기네 인간성 회복을 쟁취하기 위한 투쟁으로서만이 진정한 관용의 회복을 꾀하게 된다. 억누르는 사회의 '치졸한 관용'의 의미를 억눌린자들보다 더 잘 간파할 수 있는 자가 누구겠는가? 그 누가 억눌린자들보다 억압의 결과로 더 큰 고통을 당하겠는가? 그 누가 해방의 필요성을 더 절감하겠는가? 억눌린자들은 이 해방을 우연히 얻는 것이 아니다. 오직 인간해방을 추구하는 그들의 실천 *praxis*을 통해서, 또한 이 해방을 쟁취하기 위해 투쟁할 필요성을 인식하는 억눌린자들의 깨달음을 통해서 쟁취하게 된다. 이 투쟁은 억눌린자들이 부여하는 목적 때문에 억누르는자에 대항하는 사랑의 행위가 될 게 분명하다. 이 투쟁은 억누르는자들이 행한 폭력의 심장부에 자리한 사랑을 모르는 마음-거짓 관용의 탈을 쓰고서 여전히 사랑을 모르는 마음에 빠져 있는-에 대항하는 '사랑의 행위'가 되는 것이다.

• 제1장 억눌린자를 위한 교육의 정당성

투쟁의 초기 단계에는, 억눌린자들은 거의 언제나 인간해방을 위해 투쟁하는 대신에 스스로 억누르는자나 또는 이에 유사한 새로운 억누르는자가 되는 경향이 있다. 억눌린자의 사고방식 자체가 그들을 형성시켜 온 구체적인 현실상황의 모순에 길들여져 왔기 때문이다. 그들의 이상은 인간이 되는 것이다. 그러나 그들에게 있어서는 인간이 된다는 것은 곧 억누르는자가 된다는 것이다. 이것이 그들이 파악한 인간성의 전형인 까닭이다. 이 현상은 억눌린자들이 자기가 겪는 어떤 실존적 체험의 순간에 억누르는자에게 '집착하는' 태도를 취하는 사실에서 비롯된다. 이런 상황하에서는 억눌린자들이 억누르는자를 객관적으로 볼만큼 또 억누르는자를 그들과 관계없는 자로 깨달을 만큼 충분히 '생각할' 여유가 없다. 그렇다고 이 말이 꼭 억눌린자들 스스로가 짓밟히고 있음을 깨닫지 못한다는 말과는 다르다. 다만 그들이 억압의 현실 속에 '침몰'해 있기 때문에 억압당하는 자로서의 자신을 올바로 의식하지 못하게 된다는 뜻이다. 이런 차원에서는 그들이 억누르는자와 반대 입장에 놓인 자신을 인식한다고 해서 모순* 극복을 위한 투쟁에 가담하게 되지는 않는다. 해방을 갈망하지 않고 오히려 반대쪽인 억누르는자와 동일한 위치가 되려 한다.

---

*이 책에서 사용되는 '모순 *contradiction*'이라는 용어는 대립되는 사회적 힘들 간의 변증법적 투쟁을 의미한다. - 역자주.

● 페다고지

　이런 상황 속에서는 억눌린자가 '새로운 인간'이 되려면 억압이 해방으로, 그리고 모순이 해결되어야만 가능하다는 것을 알지 못한다. 그들에게 있어 새로운 인간이란 곧 자기 자신이 억누르는자가 되는 것이다. 그들의 새로운 인간관은 이기적인 것이다. 그들은 자신을 억누르는자와 동일시하기 때문에 개인으로서의 자아의식과 억눌린 계급의 일원이라는 의식을 갖지 못한다. 토지를 얻어 지주가 되기 위해서, 좀더 정확히 말하면 다른 사람들의 고용주가 되기 위해서 토지개혁을 추구하는 것은 '자유인'이 되는 길이 아니다. 일단 관리인으로 '승격된' 농부가 옛 동료 농부들에게 지주보다도 더 잔혹한 폭군이 되는 예는 적지 않다. 이는 그 농부에게 폭군이 되도록 하는 배경, 즉 억압이 여전히 그대로 남아 있기 때문이다. 이 사례 속에서 관리인은 자기 직위를 확고하게 굳히기 위해 지주만큼 아니 그보다 더 거만해지지 않을 수 없는 것이다. 이같은 사실은, 억눌린자들의 초기 투쟁단계에서는 그들이 '인간의 전형'을 억누르는자들 속에서 발견한다는 앞서의 주장을 예증해 준다.

　해방 과정을 설정하여 억압이라는 구체적 상황을 변혁시키는 혁명이라 할지라도 반드시 이러한 현상에 직면한다. 직접 또는 간접으로 혁명에 참여하는 억눌린자들 가운데 많은 사람들이 구질서의 신화에 사로잡힌 나머지 혁명을 자기네 개인적인 것으로 만들려고 한다. 그들 앞에서 지배자의 그림자

• 제1장 억눌린자를 위한 교육의 정당성

가 아직도 그들을 덮고 있는 것이다.

　억눌린자들을 괴롭히는 '자유에 대한 공포'*, 그들에게 억누르는자의 역할을 동경하게 할 수도 있고 혹은 억눌린자의 역할에 그대로 묶어 두기도 하는 이 공포는 반드시 검토되지 않으면 안된다. 억누르는자와 억눌린자의 관계를 설정하는 기본요소들 가운데 하나는 '명령'이다. 명령이란 한 인간의 선택을 다른 인간에게 강요하는 것으로서, 명령받은 인간의 의식을 명령자의 의식에 순응하도록 바꾸어 버린다. 따라서 억눌린자들의 행위는 사실상 명령받은 행위, 실제 그대로 억누르는자의 지침에 따르는 행위가 되고 만다.
　억누르는차의 이미지를 체득하고 그의 지침을 따른 억눌린자들은 자유를 두려워한다. 자유가 그들에게 억누르는자의 이미지를 몰아내고 자율과 책임으로 대체하도록 강요할 것이기 때문이다. 자유란 정복하여 획득하는 것이지 결코 선물로 주어지는 것은 아니다. 자유는 부단히 그리고 참을성 있게 추구하지 않으면 안된다. 자유란 인간의 외부에 자리잡은 이상이 아니고 신화가 되어 가는 이념도 아니다. 그것은 인간 완성에 요구되는 '필수불가결한' 조건이다.
　억압 상황을 변혁시키려면 먼저 그 원인을 비판적으로 의

---

*자유에 대한 공포는, 형태는 다르지만, 분명히 억누르는자들에게도 있다. 억눌린자들은 자유를 끌어안기를 두려워하는데 비해서 압박자들은 자유를 상실할까 봐 두려워한다.

● 페다고지

식하지 않으면 안된다. 그래야만 변혁활동을 통해 보다 완벽한 인간성을 추구할 수 있는 새로운 상황을 창조하는 일이 가능해진다. 그러나 상황을 변혁하려는 투쟁 속에서, 보다 인간답게 되려는 투쟁은 이미 시작되었다. 억압 상황은 억누르는자와 억눌린자들 양자에게 똑같이 영향을 미치는 '비인간화'의 총체이다. 그러나 억누르는자와 억눌린자의 보다 완벽한 인간성 쟁취를 위한 투쟁은 억눌린자가 자기의 억눌린 인간성을 발판으로 먼저 시작해야 한다. 타인들을 비인간화함으로써 스스로가 비인간화되고 있는 억누르는자들은 이러한 투쟁을 전개해 나갈 능력이 없다.

그렇지만 자신이 몸을 맡겼고 또 그 속에 몸을 담글 수밖에 없었던 지배구조에 적응해 온 억눌린자들은 자유를 위한 투쟁에 요구되는 모험을 참아 낼 자신이 없는 한, 이 투쟁에 뛰어드는 일을 삼가야 한다. 더욱이 자유를 위한 그들의 투쟁은 억누르는자만을 위협하는 것이 아니고 이미 억압을 받고 있으면서도 보다 큰 억압을 두려워하고 있는 동료들까지도 위협하게 마련이다. 자유로워지고자 하는 갈망이 내심에서 꿈틀거림을 깨달을 때 그들은 그 갈망이 현실화되려면 그들 동료의 내부에서도 같은 갈망이 솟구쳐야 함을 깨닫게 된다. 그러나 그들은 자유에 대한 공포에 사로잡힌 나머지 스스로 다른 사람들에게 호소하기를 싫어함은 물론, 다른 사

• 제 *1* 장 억눌린자를 위한 교육의 정당성

람들의 호소나 심지어는 자기 양심의 호소에도 귀를 기울이려 하지 않는다. 그들은 진정한 동지애보다는 군생을 좋아하고 자유로 말미암아 산출되는 창조적인 '친교'보다는, 혹은 자유에 대한 추구 그 자체보다는 부자유한 상태에 동화되는 안전 쪽을 좋아한다.

억눌린자들은 마음 속 은밀한 곳에 고정되어 있는 이중적 갈등으로 고심한다. 그들은 자유 없이는 참되게 존재하는 것이 불가능함을 깨닫는다. 그러나 진실된 존재를 갈구하면서도 사실은 그것을 두려워한다. 그들은 '자기자신'이면서도 바로 '억누르는자'가 된다. 억누르는자의 의식을 내면화해 온 까닭이다. 온전한 자아를 택할 것인가? 아니면 분열된 존재를 택할 것인가? 아니면 그대로 묵인해 버릴 것인가? 행동할 것인가? 아니면 억누르는자의 행동을 통해서 행동한다는 환상에 갇혀 있을 것인가? 터놓고 이야기할 것인가? 아니면 자기의 창조력 혹은 개조력과 세계를 변혁하는 힘을 거세당한 채 침묵을 지킬 것인가? 선택의 기로에서 갈등을 겪는다. 이 문제는 '억눌린자의 교육'이 반드시 고려하지 않을 수 없는 비극적인 딜레마이다.

내가 '억눌린자의 교육'이라 명명한 이 책은 그들이 개인이거나 전체 민중이거나 간에 억눌린자들을 '위해서'가 아니고 그들과 '더불어' 그들의 인간성을 되찾는 부단한 투쟁으로 서서히 진척되어 나가야 할 몇 가지 단면들을 제시할

• 페다고지

 것이다. 이 교육은 억압당하는 자들에게 억압과 그 원인을 고찰하게 함으로써 그 고찰을 통해서 자신의 해방을 위한 투쟁에 필히 참가하도록 만들 것이다. 그리고 바로 이 투쟁 속에서 이 교육은 이루어지고 개조될 것이다.
 핵심적인 문제는 곧, 어떻게 하면 분열되고 불투명한 존재인 억눌린자들이 자신의 '해방교육'의 발전에 참여할 수 있을 것인가이다. 억눌린자들은 스스로가 억누르는자의 '주인'들임을 깨달을 때 비로소 자기네 해방교육의 산파역을 담당할 수 있게 된다. 그런데 '사는 것'이 '~처럼 사는 것'이요, '~처럼 사는 것'은 '억누르는자처럼 사는 것'이라는 이중적 갈등에서 탈피하지 못한 채 억눌린자들이 살아간다면 그같은 역할은 불가능해진다. 억눌린자들의 교육은 억눌린자나 그들을 억누르는자 양 자가 모두 비인간화의 발로라는 중차대한 사실을 비판적으로 깨닫게 만드는 도구이다.
 해방은 이처럼 하나의 출산이요, 고통스러운 것이다. 거기에서 출현하는 인간은 모든 사람들이 인간화되어 억누르는자-억눌린자의 모순이 해소될 때 비로소 생존할 수 있는 새로운 인간이다. 달리 말하면, 이 모순의 해결은 더 이상 억누르는자도 억눌린자도 아닌 오직 '자유를 성취하는 과정에 있는 사람'인 새로운 인간을 낳는 노력 속에서 태동한다.
 이것은 추상적인 어휘들로는 실현되지 못한다. 억눌린자들이 자신의 해방을 위해서 투쟁할 수 있으려면 억압하는 현

•제1장 억눌린자를 위한 교육의 정당성

실을 출구가 없는 폐쇄된 세계로서가 아니라 그들이 변혁시킬 수 있는 한정된 상황으로 인식해야 한다. 이런 인식은 절실하나 자유를 위한 충분한 조건은 아니다. 이것은 해방을 이룩하는 행동의 원동력이 되지 않으면 안된다. 억눌린자들이, 자기네가 없이는 존재하지 못하는 억누르는자에 대한 반정립으로서 자신이 억누르는자와 변증법적 관계 속에서 존재하고 있다는 사실을 깨닫는 것만으로는 해방은 이루어지지 않는다.* 이 인식이 억눌린자들을 해방의 투쟁 속에다 끌어들일 때에만 그들을 묶어 놓고 있는 모순은 비로소 극복이 가능해진다.

이 점은 한 인격체로서 억누르는자 개인의 경우도 마찬가지이다. 스스로가 억누르는자임을 깨달음으로 인해서 상당한 고통을 맛볼 수도 있지만 그렇다고 해서 그가 반드시 억눌린자들과 결속하게 되는 것은 아니다. 억눌린자들을 종속의 위치에 얽매어 놓고, 온정주의적인 대우를 해줌으로써 자신의 과오를 합리화하려고 해도 소용이 없다. '연대성 solidarity'이란, 자신이 연대감을 갖는 사람들의 입장에 서도록 요구한다. 그것은 하나의 급진적인 자세이다. 헤겔이 주장한 대로** 억눌

---

*헤겔, 앞의 책, 236~237쪽.

**헤겔은, 주인의 의식과 억눌린자의 의식 간의 변증법적 관계를 분석하면서 위의 책에서 이렇게 말하고 있다: "주인은 독립적이고, 그 본질적인 성격은 그 자신을 위해서 존재한다. 억눌린자는 의존적이고 타인을 위한 생활이나 존재를 본질로 한다. 전자는 주인 *Master* 혹은 주 *Lord*이고, 후자는 노예 *Bondsman*이다." 앞의 책, 234쪽

● 페다고지

린자들이 자기 주인의 의식에 종속되는 것이 특징이라면, 억눌린자들과의 진정한 연대성은 그들을 이처럼 '대타존재'로 만드는 구체적인 현실을 변혁하기 위해 그들 편에 서서 싸우는 것을 뜻한다. 억누르는자는 억눌린자들을 추상적 범주로 간주하지 않고, 그들을 부당한 처우를 받고 발언권을 유린당하고 노동력을 착취당하고 있는 인격체로 볼 때, 그리고 그들에게 경건한 체하고, 감상적이고 이기적인 몸짓을 중단하고, 주저없이 사랑의 행위를 실천할 때 그들과 결속된다. 진정한 연대성은 이 사랑의 행위가 가득함 속에서, 그 실존성 안에서, 그 실천 *praxis* 안에서만 발견된다. 인간은 인격체이며 인격체로서 자유로워야 한다고 주장하면서도 그 주장을 현실로 만들려고 하지 않는다는 것은 어릿광대짓에 불과하다.

억누르는자 - 억눌린자의 모순이 구체적인 현실 속에서 존재하고 있는 만큼, 이 모순의 해결 또한 '객관적으로' 입증되는 것이어야 한다. 이 사실에서 스스로가 억누르는자임을 깨달은 사람이나 억눌린자들 모두를 위해서 억압을 낳는 구체적인 상황이 반드시 변혁되어야 한다는 급진적인 요구가 발생하는 것이다.

현실의 객관적 변혁을 위한 이같은 급진적인 요구를 제시하는 것, 억압에 대한 인식을 억압이 저절로 사라지도록 참을성 있게 기다리라는 주관론자들의 부동성을 공격하는 것,

• 제1장 억눌린자를 위한 교육의 정당성

　이 양 자가 결코 체제 변혁을 위한 투쟁에 있어 주관성을 배제하는 것은 아니다. 그와는 반대로, 주관성 없는 객관성이란 상상할 수조차 없다. 이 둘은 서로 상대편 없이는 존재하지도 못하고 이분될 수도 없다. 주관성에서 객관성을 분리하는 것, 현실의 분석이나 그에 따른 행위에 있어 주관성을 부정하는 것이 소위 객관주의이다. 한편, 분석과 행동에 있어서 객관성을 부정함으로써 유아론적 입장에 놓인 주관주의를 고집하는 것은 객관적 사실을 부정함으로써 행동 자체를 부정하는 것이 된다. 여기서 주장하는 바는 객관주의도 주관주의도 그렇다고 해서 심리주의도 아닌, 항구적인 변증법적 관계에 있는 주관성과 객관성이다.
　세계와 역사를 변혁하는 과정에서 주관성의 중요성을 부정하는 것은 고지식하고 지나치게 단순한 처사이다. 그것은 인간 없는 '세계'라는 도저히 불가능한 것을 사실로 인정하는 것이다. 이러한 객관주의적 입장은 세계 없는 인간을 주장하는 주관주의와 마찬가지로 성립될 수 없다. 인간과 세계는 서로 동떨어져 존립할 수 없고 끊임없는 상호작용 속에서 존재한다. 마르크스도 이러한 이분법을 주장한 적이 없으며 비판력 있는 현실론적 사상가들 누구도 마찬가지다. 마르크스가 비판을 가하고 또 과학적으로 부숴버린 것은 주관성이 아니라 주관주의요, 심리주의였다. 객관적인 사회현실은 우연에 의해서가 아니라 인간 활동의 소산으로서 존재하고 있

● 페다고지

듯이, 현실은 결코 우연에 의해서 변혁되지 않는다. 인간이 사회현실을 만들었으므로 (이 현실은 '실천의 전도'로 인간에게 되돌아가 인간을 지배한다.) 그 현실을 변혁시키는 일도 하나의 역사적인 과제, 인간이 맡을 과제가 된다.

억압적이 되는 현실은 억압하는 자와 억압 당하는 자들의 모순 속에서 형성된다. 자기네에게 진정한 연대감을 보여주는 사람들과 더불어 자신의 해방을 위해 투쟁할 과제를 안고 있는 억눌린자들은 이 투쟁의 실천을 통해서 억압을 비판적으로 인식할 수 있어야 한다. 해방의 실현에 대한 가장 커다란 장애물의 하나는 억압하는 현실이 그 속에 있는 이들을 흡수해서 인간들의 의식*을 침몰시켜 버리는 것이다. 기능상으로, 억압이란 '길들이기'이다. 사람이 억압의 힘에 더 이상 먹이가 되지 않으려면 거기에서 탈출해서 그 힘에 항거해야 한다. 그러자면 방법은 오직 실천 *praxis* 즉, '세계의 변혁을 위한 반성'과 '행동'이란 방법밖에 없다. 이에 대해 마르크스-엥겔스는 다음과 같이 말한다.

---

* "해방하는 행동에는 인식과 의지작용의 어떤 계기가 필연적으로 포함된다. 이 행위가 그 계기의 서곡이 되기도 하고 뒤를 이어 그것을 만들어 유지시키는 데 도움을 주는 등, 서로 앞서고 뒤선다. 그러나 지배행위는 필연적으로 이같은 영역이 결여되기 마련이다. 지배구조를 유지하고 있는 것이 자체의 기계적이고 무의식적인 기능성이기 때문이다." 이상은 호세 루이스 피오리의 미간행 저서의 한 대목으로 그분의 승낙을 받아 여기에 인용하였다.

• 제1장 억눌린자를 위한 교육의 정당성

억압을 공개적인 것으로 만들려면 비열한 짓을 더욱 가중스럽게 하는 억압의식을 그 억압에 첨가함으로써 억압을 더욱 더 억압적인 것으로 만들지 않으면 안된다.*

'실제의 억압에다 억압에 대한 의식을 첨가시킴으로써 그것을 더욱 억압적인 것으로 만드는 것'은 주관과 객관의 변증법적 관계에 상응한다. 진정한 실천은 억누르는자 - 억눌린자의 모순 해결에 필수불가결한 것으로, 바로 이 상호의존 속에서만 가능하다. 이 목적을 달성하자면 억눌린자들은 현실을 비판적으로 대변해야 하고 동시에 그 현실을 객관화시키고 거기에 영향을 미쳐야 한다. 현실에 대한 단순한 인식에 뒤이어 비판적인 개입이 따르지 않으면 그 인식은 엄밀한 의미에서 진정한 인식이 못되기 때문에 객관적 현실의 변혁을 가져오지 못한다. 이는 객관적 현실을 무시하고 어떤 '거짓 내용물'을 고안해 내는 자들의 순전히 주관론적 인식의 입장이다.

또 다른 그릇된 인식 형태의 하나는 객관적 현실에서의 변화가 인식자 개인 혹은 그 계급의 이익을 위협하게 될 때 발생된다. 앞서의 경우에는 그 현실이 허구인 까닭에 비판적 개입을 포기하는 경우지만, 이번에는 그같은 개입이 인식자의 계급적 이익에 배치되기 때문에 삼가게 된다. 후자의 경

---

*칼 마르크스와 프리드리히 엥겔스, 『성(聖)가족, 그리고 다른 글들 *La Sagrada Familia y otros Escritos*』 (멕시코, 1962), p. 6,

● 페다고지

우 인식자는 '신경과민적'으로 행동하는 경향을 보인다. 사실은 엄연히 존재한다. 그런데 그 사실과 거기서 빚어질 수 있는 결과 이 모두가 그에게 불리한 것이 될 수 있다. 따라서 사실을 완전히 부정하지 않고 다만 '그것을 달리 볼' 필요가 있게 된다. 방어 도구로서의 이같은 합리화는 종국에는 주관주의와 일치한다. 부정되지는 않으나 그 진실이 합리화되어 버린 사실은 자체의 객관적인 기반을 상실하게 된다. 그것은 구체적인 것이 못되고 인식자의 계급을 옹호하는 변명 속에서 조작된 하나의 산화가 된다.

민중으로 하여금 현실에 비판적으로 개입하지 못하도록 막고 방해하는 원인들 중에 하나가 바로 여기에 있다. (이는 제4장에서 소상히 다루게 된다.) 억누르는자는 이같은 개입이 자신에게 결코 이익이 되지 않으리라는 사실을 충분히 알고 있다. 그에게 이익되는 것은 민중이 억압적 현실 앞에서 무기력하고, 침몰 상태를 지속시켜 나가는 것이다. 이와 관련해서 루카치는 혁명당에 이렇게 경고하고 있다.

> 마르크스의 표현을 빌면, 혁명당은 프로레타리아의 혁명적 체험의 연속성을 확보하기 위해서 뿐만 아니라, 나아가서 이 체험의 궁극적 발전을 위해 의식적으로 활성화시키기 위해서 대중에게 그들 고유의 행동을 설명해야 한다.*

---

*G. 루카스, 『레닌』 (파리, 1965), 62쪽.

• 제1장 억눌린자를 위한 교육의 정당성

이 필요성을 역설하는 가운데, 루카치는 비판적 개입 문제를 확실히 거론하고 있다. "민중에게 그들의 행동을 설명해 주는 것"은, 그 행동을 유발하는 객관적인 사실들과의 관계 그리고 그 행동이 갖는 목적들에 비추어서, 그 행동을 명시하고 밝혀 주는 것이다. 민중은 그들 변혁 행위의 대상이 되는 이 도전하는 현실의 실체를 보다 많이 밝혀 내면 밝혀 낼수록 그만큼 더 비판적으로 현실에 개입하게 된다. 민중들은 이렇게 해서 "후속되는 그들의 체험들의 계발을 의식적으로 촉진시키고" 있다. 만일 객관적인 현실이 없고, 인간의 비아(非我: the not-I)가 되는 세계와 비아에 도전하는 세계가 없다면 인간적 행위란 존재하지 않을 것이다.

그것은 마치 인간이 하나의 '과제'가 아니라면, 인간이 자신을 초월하여 자기의 현실을 감지하고 그것을 변명하기 위해서 이해할 능력이 없다면 '인간적 행위'가 있을 수 없는 것과 마찬가지다.

변증법적 사상 내부에는, 세계와 행위가 밀접하게 상호 의존되어 있다. 그러나 행위는 그것이 단순한 '할 일'만이 아니고 '몰두할 일'이 될 때, 다시 말해서 그것이 사고로부터 분열되지 않을 때 비로소 인간적이다. 행위에 필수적인 이 사고는 "대중에게 그들의 행동을 설명해 주라"는 루카치의 요구 속에 암시되어 있다. 그것은 마치 사고(思考)가 "후속되는 체험들의 계발을 촉진시키는 것"이라는 그의 이 설명으로 귀

• 페다고지

결되는 목적 속에 암시되어 있는 것과 같다.

그러나 우리는 이 요구를 설명해 주라는 말로서보다는 민중들과 더불어 그들의 행위에 관해 대화를 나누라는 말로 본다. 좌우지간 현실은 결코 스스로 변혁되지 않으며,* 루카치가 혁명당에 "대중에게 그들의 행동을 설명해 주라"고 규정한 의무는 곧 실천 praxis을 통해 민중이 현실 속에 비판적으로 개입할 필요성에 대한 우리의 입장과 일치한다. 스스로의 해방을 위해 싸우는 사람들의 교육인 억눌린자들의 교육은 바로 여기에 뿌리를 내리고 있다. 자신이 억눌린자임을 인식하거나 인식하기 시작한 자들은 반드시 이 교육의 촉진제 속에 들어 있어야 한다. 진실로 '해방하는 교육'은 억눌린자들을 불행한 자들로 취급하고 억누르는자들 중에서 그들의 경쟁 모델들을 제시함으로써 이루어지는 것이 절대 아니다. 억눌린자들은 자신의 구원을 위한 투쟁 속에서 자기가 스스로 본보기가 되어야 한다.

값싼 박애주의적 관용이 아니라 참되고 인본주의적인 관용에서 활력을 얻은 억눌린자들의 이해관계 (부권주의라는 거짓된 관용을 뒤집어 쓴 이기주의)에서 비롯되고 억눌린자들을 박애주의의 목적물들로 만드는 교육은, 그 자체가 이미

---

* "인간들은 환경과 가정교육의 산물이며 따라서 개혁된 인간들은 다른 환경과 개혁된 가정교육의 산물이라고 하는 유물론자는, 환경을 변화시키는 장본인이 인간들이며 교육자 자신도 교육받을 필요가 있다는 사실을 망각하고 있다." K. 마르크스.와 F.엥겔스, 『선집』 (뉴욕, 1968), 28쪽.

• 제1장 억눌린자를 위한 교육의 정당성

억압을 지속시키고 체제화하는 교육이다. 그것은 비인간화의 한 도구이다. 우리가 앞서 강조했듯이, 억눌린자들의 교육이 억누르는자에 의해서 계발될 수도, 실시될 수도 없다는 것은 바로 이같은 이유에서이다. 억누르는자들이 해방교육을 실시하면서 동시에 그것을 막는다는 것은 모순이 된다.

그러나 만일 해방교육의 시행이 정치권력을 필요로 하고 억눌린자들에게는 그 힘이 전혀 없다면, 어떻게 혁명에 앞서 억눌린자들의 교육이 가능하겠는가? 이는 가장 중요한 문제로, 제4장에서 시범적으로나마 그에 대한 해답의 윤곽을 잡아 놓았다. 정치권력에 의해서만 변혁이 가능한 '조직교육'과 억눌린자들을 조직화하는 과정 속에서 그들과 '더불어' 실행해야 하는 '교육계획' 사이의 차이에서 이 해답의 한 단면을 발견하게 될 것이다.

인본주의적 그리고 자유주의적 교육으로서의 억눌린자들의 교육은 두 가지 상이한 단계를 갖는다. 첫 단계에서, 억눌린자들은 억압하는 세계의 정체를 밝혀 내고 실천 *praxis*을 통해서 세계의 변혁에 스스로를 '투신'시킨다. 억압하는 현실이 이미 변혁된 다음의 두번째 단계에서는, 억눌린자들에게만 국한되었던 이 교육이 영구적 해방을 도모하는 만인의 교육으로 바뀐다. 이 두 가지 단계에서, 철저한 행동을 하다 보면 항상 지배문화와 대결하게 된다.* 이 '대결'은 첫 단계

---

*이는 '모택동의 문화혁명'의 본질적인 단면과 같다.

● 페다고지

에서는 억눌린자들이 억압의 세계를 인식함으로써 발생하는 변화를 통해서, 그리고 둘째 단계에서는 혁명적 변혁으로 출현한 새로운 구조에 유령처럼 엉겨 다니는, 구질서 속에서 태어나고 성장한 신화들을 제거함으로써 이 대결이 이루어진다.

첫 단계의 교육은 마땅히 억눌린자의 의식과 억누르는자의 의식 문제, 억압하는 인간과 억압을 당하는 인간의 문제를 다룬다. 거기서는 그들의 행동양식, 세계관 및 윤리관이 반드시 고려되어야 한다. 억눌린자들의 이원적 태도는 특수한 문제가 된다. 그들은 억압과 폭력의 구체적 상황 속에서 형성되고 존재하는, 모순되고 분열된 존재들이다.

A가 B를 객관적으로 착취하거나, 책임있는 인격체로서 자아확인을 못하게 방해하는 상황은 억압의 하나이다. 이같은 상황은, 비록 거짓 관용으로 사탕발림을 하더라도, 그 자체가 폭력을 유발한다. 그것이 보다 완전한 인격체가 되려는 인간의 존재론적 역사적 사명을 방해하기 때문이다. 억압의 관계가 설정됨에 따라서 폭력은 이미 시작되었다. 그러나 역사적으로 볼 때 억눌린자들이 먼저 폭력을 유발한 일은 결코 없었다. 그들 스스로가 폭력의 부산물일진대 어떻게 폭력을 만든 장본인들이 될 수 있겠는가? 억눌린자를 종속시키는 폭력이 있기 이전에는 억눌린자란 결코 존재하지 않았을 것이다.

폭력은, 억눌리고 수탈당하고 무시받는 자들이 유발시킨

• 제1장 억눌린자를 위한 교육의 정당성

것이 아니고, 억압하고 착취하고 다른 사람들을 인간으로 인정하지 않는 자들이 만든 것이다. 불만을 유발하는 자들은 미움받는 자들이 아니라 자신밖에는 사랑하지 않음으로 해서 타인을 사랑할 줄 모르는 자들이다. 공포를 조장하는 자들은 무기력하고 공포에 굴복하는 자들이 아니라 자신의 권력으로 "생의 낙오자들"이 나오게 하는 구체적인 상황을 만든 흉악한 자들이다. 폭정을 유발하는 자들은 학정에 시달리는 자들이 아니고 폭군들이다. 증오를 유발하는 자들은 경멸당하는 자들이 아니라 경멸하는 자들이다. 인간을 부정하는 자들은 자신의 인간성을 거부당하는 자들이 아니라 인간성을 부정하는(그렇게 함으로써 그들 자신의 인간성도 부정하는) 자들이다. 힘은 강자의 위압 밑에서 나약해진 자들이 이용하는 것이 아니라 그들을 무력하게 만드는 강자들이 이용하는 것이다.

그럼에도 불구하고 억누르는자들은 항상 불만에 차 있고, '난폭하고', '야만적이고', '악질적이고', '잔악무도한자'들은 억누르는자들의 폭력에 항거하는 억눌린자들이라고 본다. 물론 그들은 '억눌린자'라는 단어를 쓰는 법이 없고 복종하는 사람이냐 아니냐에 따라서 '그자들', '몰지각하고 질투하는 무리들', '폭도들', '원주민들', '정부전복 음모자들'이라고 부를 뿐이다.

그러나, 역설적으로 들릴지는 모르지만, 억누르는자들의 폭

● 페다고지

력에 대한 억눌린자들의 항쟁 속에는 사랑의 표시가 발견될 수 있음이 분명하다. 의식적이든 의식적이지 않든, 억눌린자들의 민중항쟁은(이 행위는 언제나 아니면 거의 언제나 억누르는 자들이 창조한 폭력만큼이나 난폭하게 마련인데), 사랑을 창출할 수 있다. 억누르는자들의 폭력이 억눌린자들로 하여금 온전한 인간이 못되도록 방해하는 데 비해서 그 폭력에 대한 억눌린자들의 항쟁은 인간적이 될 권리를 추구하려는 염원에서 비롯된다. 억누르는자들이 타인의 권리를 짓밟고 그들을 비인간화할 때 억누르는자들 스스로도 비인간화된다. 인간이 되려고 싸우는 억눌린자들이 지배하고 억압하려는 억누르는자들의 힘을 제거할 때, 지배하고 억압하는 가운데 억누르는자들이 상실했던 인간성을 회복시켜 준다.

스스로를 해방함으로써 자기네 억누르는자들을 해방시킬 수 있는 자들은 오직 억눌린자들 뿐이다. 억압 계급에 속하는 억누르는자들은 다른 사람들은 고사하고 그들 자신도 해방시키지 못한다. 따라서 억눌린자들은 필연적으로 스스로를 얽매어 놓은 모순을 해결하기 위해서 투쟁하지 않으면 안 된다. 이 모순은 억누르는자도 억눌린자도 아닌 그러면서도 해방 과정 속에 있는 인간, 즉 신인간이 출현함으로써 해소될 것이다. 만일 억눌린자들의 목표가 온전한 인간이 되는 것이라면 단순히 모순의 관계를 뒤집어 놓는 것으로, 양극을

• 제1장 억눌린자를 위한 교육의 정당성

엎어놓는 것만으로는 그 목표에 도달하지 못할 것이다.
　이것은 간단해 보일지 모르나 그렇지 않다. 억누르는자 - 억눌린자의 모순 해결은 실제로 지배계급으로서의 억누르는자들이 소멸하는 것을 뜻한다. 그렇지만 이전의 억눌린자들이 그들의 억누르는자들에게 제재를 가해서 그들이 이전 자리로 되돌아가지 못하게 하는 것은 '억압'이 되지 않는다. 어떤 행위가 억압이 되는 것은 보다 완전한 인간이 되지 못하게 방해할 때 뿐이다. 따라서 이같이 필요한 제재들은 그 자체가 어제의 억눌린자들이 오늘의 억누르는자들이 되었다는 뜻이 아니다. 억압적 통치의 복고를 막는 행위들은 그것을 유발하고 지속하는 행위들과 비교할 수 없고, 일부 인간들이 인간이 되려는 다수의 권리를 부정하는 행위들과도 비교될 수 없다.
　그러나 새로운 통치가, 지배하는 '관료정치'*로 굳어지는 순간 인본주의자의 투쟁 영역은 상실되고, 더 이상 해방을 이야기하는 것도 불가능하게 된다. 그러기에 우리는 억누르는자 - 억눌린자의 모순의 진정한 해결은 단순히 한 극에서 다른 극으로 옮아가는, 서로의 자리바꿈이 아니라고 주장한다. 그것은 또한 그 전의 억누르는자들과 자기네 해방이라는

---

*이 경직성은 앞 시대의 억누르는자들에게 원인이 있어서 그들이 억압 질서를 회복하지 못하는 데 따르는 부득이한 규제들과는 구분되어야 한다. 그보다도 이것은 (마르크스가 그토록 자주 강조한 대로, 철저하게 억눌러야 하는) 구시대의 억압적이고 관료적인 국가기구를 이용함으로써 부패되어, 민중에게서 등을 돌린 혁명을 말한다.

● 페다고지

미명 아래 억눌린자들을 계속해서 억압하는 새로운 억누르는자들의 자리교체를 의미하는 것도 아니다.

  그렇지만 해방 전사들이 이룩해 놓은 새로운 상황이 진정으로 모순을 해결하는 경우에도 이전의 억누르는자들은 자신이 해방되었다고 생각하지 않는다. 그와는 반대로 스스로를 진짜 억눌린자들로 생각한다. 타인들을 억압하던 경험에 길들여져서 그 어떤 상황도 그들에게는 억압처럼 보이게 되는 것이다. 이전에 그들은, 수백만 명이 먹지 못하고, 입을 것 신을 것이 없고 배우지도 여행하지도 못하고, 베토벤에 귀를 기울인다는 것은 엄두도 못 냈을 때, 먹고 입고 신고 교육받고 여행하고 베토벤을 감상할 수 있었다. 주림과 고통과 슬픔과 실의로 몸부림치다 죽어 간 수백만에게 무관심한 주제에 이전의 이 억누르는자들에게는 공동체의 권익의 이름으로 실시되는 이같은 생활방식의 규제가 무엇이나 자기네 개인권에 대한 심각한 침해로 보인다는 것이다. 억누르는자들에게 있어서 '인간들'이란 오로지 그들만을 뜻하며 그 밖의 민중은 '물건들'에 지나지 않는다. 억누르는자들에게는 오직 하나의 권리, 즉 항상 인정해 주는 것도 아니고 다만 묵인해 줄 뿐인 억눌린자들의 생존권을 억누르고 자신들만 평화롭게 사는 권리만이 존재할 따름이다. 그들이 억눌린자의 권리를 묵인하는 유일한 이유는 억눌린자들의 존재가 그들의 존재에 필요하기 때문이다.

필연적으로 억누르는자들로 하여금 새로운 정권수립을 저지하게 만드는 이러한 행동양식, 이같은 세계와 인간에 대한 이해방식은 지배계급으로서의 그들의 경험에 의해 설명이 된다. 일단 폭력과 억압의 상황이 조성되고 나면, 그것은 억누르는자들이든 억눌린자들이든 관계없이 그 속에 휩싸인 자들 모두에게 하나의 전체적인 생활방식과 행동방식을 야기시킨다. 양자가 모두 이 상황 속에 침몰되고 양자가 모두 억압의 낙인들을 걸머지게 된다. 억압의 존재론적 상황들에 대해 분석하게 되면 그러한 상황들의 발단은 권력자들이 시작한 어떤 폭력 행위로부터 비롯되었음이 드러난다. 하나의 과정으로서, 이 폭력은 그 폭력의 상속자이자 그 폭력의 풍토 속에서 자란 억누르는자들에 의해 대대로 영속화된다. 이 풍토는 억누르는자들 내부에 세계와 인간을 소유하는 강한 소유의식을 조장한다. 억누르는자의 의식은 세계와 인간에 대한 직접적이고 객관적이고 현세적인 소유를 떠나서는 이해되지 못하고, 심지어는 존재할 수도 없게 된다. 이 의식을 놓고 프롬은, 이 소유의식은 그러한 소유가 없이는 "세계와의 접촉이 두절될 것이다"라고 말한 바 있다. 억누르는자의 의식은 그것을 에워싸고 있는 모든 것들을 지배의 대상으로 변모시키려는 경향이 있다. 땅, 재산, 소출, 인간의 창작품, 인간 그 자체, 시간 등 이 모두가 자기 마음대로 할 수 있는 객체의 지위로 전락된다.

● 페다고지

　억누르는자들은 소유하려는 무제한의 욕망 속에서 원하는 것은 무엇이든 획득할 수 있는 대상들이라는 확신을 키운다. 그들의 확고한 물질주의적 존재 관념이 바로 거기에서 유래된다. 돈이 만물의 척도요, 이익이 최우선 목표가 된다. 억누르는자들에게 있어 가치있는 일이란, 덜 가진 혹은 전혀 안 가진 억눌린자들의 희생 위에 더 많이 소유하는 것이다. 그들에게 '한다는 것'은 곧 '가진다는 것'이며 '가진자들'의 계급이 되는 것이다.

　억압 상황의 특혜자인 억누르는자들은, '가짐'이 곧 '존재함'이라 할 때 그것이 모든 인간들에게 필요한 조건임을 깨닫지 못한다. 그들의 관용이 거짓인 까닭이 바로 여기에 있다. 인간성이 하나의 '물건'이고, 억누르는자들은 상속받은 재산처럼, 어떤 독점된 권리처럼 그것을 소유한다. 억누르는자의 의식에는 '타인들'의 인간화, 민중의 인간화가 완전한 인간성의 추구가 아니라 오직 파괴행위로 보인다.

　억누르는자들은 더 많이 가지는 것에 대한 자기네 독점권이 타인들과 자기 스스로를 비인간화하는 특권이라는 것을 인식하지 못한다. 그들은 소유하는 계급으로서 소유에 대한 이기적인 추구 속에서 스스로가 소유물들에 질식이 되어 더 이상 '존재하는' 것이 아니고 다만 '가지고' 있을 뿐임을 알지 못한다. 그들에게 있어서 '더 많이 가지는 것'은 '위험을 무릅쓰는 용기'로 자신의 '노력'을 통해서 획득한 결코 양

도할 수 없는 권리인 것이다. 다른 사람들이 더 많이 못 가지고 있다면 그것은 그들이 무능하고 게으르며, 무엇보다도 고약한 것으로는 지배계급의 '관대한 처사'에 배은망덕하게도 감사할 줄 모르기 때문이다. 엄밀하게 말하면 억눌린자들은 '배은망덕하고', '질투 많은' 자들이기 때문에 반드시 감시하지 않으면 안 될 잠재적인 적들로 간주되는 것이다.

다른 도리가 있을 수 없을 것이다. 억눌린자들의 인간화가 파괴를 의미하는 것이라면, 그들의 자유 또한 마찬가지다. 따라서 끊임없이 억눌린자들에게 제재를 가할 필요가 생긴다. 억누르는자들이 억눌린자들에게 제재를 가하면 가할수록 그만큼 더 그들을 확실히 생명 없는 '물건들'로 변모시키게 된다. 소유하려는 욕망에서 접하는 모든 것과 모든 사람들을 '무기력하게 만드는' 억누르는자의 이 의식 성향은 새디즘의 그것과 명백히 상통한다.

> 다른 사람(혹은 다른 생물)을 완전하게 지배하는 데서 오는 쾌감이 바로 새디즘적 충동의 본질이다. 이 말뜻을 달리 표현하자면 인간을 물건으로, 생명 있는 어떤 것을 생명 없는 어떤 것으로 변조시키는 것이 새디즘의 목적이라는 말이다. 완전하고 절대적인 통제로 생명체가 생명의 본질적인 특성의 하나, 즉 자유를 상실하게 되기 때문이다.*

---

* E. 프롬, 『인간의 마음』 (뉴욕, 1966), 32쪽.

● 페다고지

　새디즘적 사랑은 왜곡된 사랑, 생명에 대한 사랑이 아닌 죽음에 대한 사랑이다. 억누르는자의 의식이 갖는 특성들 중의 하나와 그것이 지니는 '사물시하는' 세계관이 이같은 새디즘이다. 억누르는자의 의식이 지배를 목적으로 생명의 특성을 이루는 창의력과 부단함, 탐구하는 충동을 차단하려고 노력할 때, 그것은 생명을 죽인다. 억누르는자들은 조종과 억압을 통한 억압적 질서의 보존이라는 자신의 목적을 달성하고자 과학과 기술을 유례없이 강력한 권력의 도구로 이용하는 데 박차를 가하고 있다.* 목적물들로서 '물건들'로서, 억눌린자들은, 억누르는자들이 그들에게 규정하는 것 이외에는 아무런 목적도 갖고 있지 않다.

　이상에서 제시된 전후관계 속에서 의심할 여지가 없는 중차대한 또 하나의 문제가 발생한다. 그것은 억누르는자 계급의 어떤 인사들이 해방을 위해 투쟁하는 억눌린자들 편에 가담함으로써 모순의 극에서 다른 극으로 이동한다는 사실이다. 그들의 역할은 근본적인 역할로서 실제로 이 투쟁의 역사를 통해서 그런 역할을 해 왔다. 그러나 그들이 억누르는자나 무관심한 방관자 혹은 단순한 착취의 계승자라는 위치에서 벗어나서 수탈당하는 자 편으로 자리를 옮길 때에도 거의 언제나 자신의 근본 흔적들, 민중들의 알고 원하고 생

---

* '사회 통제의 지배적 제 형태'에 관해서는 H. 마르쿠제의 『일차원적 인간』(보스톤, 1964년)과 『에로스와 문명』(보스톤, 1955년)을 보라.

• 제1장 억눌린자를 위한 교육의 정당성

각하는 능력에 대한 신뢰 부족이 담긴 편견과 기형의 흔적들을 안고 있다. 그러므로 그들이 민중의 큰 뜻을 지지하는 것이 억누르는자들의 그것만큼이나 항상 해악한 선심이 될 위험이 있다. 억누르는자들의 선심은 부당한 질서, 그 선심을 정당화하기 위해서라도 반드시 보존해야 하는, 그 질서에서 양분을 흡수한다. 그에 비해서 우리의 이 전향자들은 진정으로 부당한 질서를 변혁시키고 싶어하지만, 자신의 경력 때문에 스스로가 변혁의 주도자가 되어야 한다고 믿는다. 그들은 민중에 대해서 이야기는 하지만 민중을 믿지는 않는다. 그런데 민중에 대한 믿음은 혁명적 개혁에 필요불가결한 전제조건이다. 진정한 인본주의자는, 민중에 대한 신뢰 없이 그들을 '위해서' 하는 천 가지의 일보다는 자신을 민중의 투쟁에 가담하게 하는 바로 그 신뢰로 훨씬 확실하게 구별할 수 있다.

진정으로 민중에게 투신하고 있는 사람들은 끊임없이 스스로를 다시 반성해야 한다. 근본적으로 전향하려면 반대감정이 병존하는 행위를 허용해서는 안된다. 투신을 단언하면서도 자신을 반드시 민중에게 제공 또는 부과되어야 하는 혁명적 지혜의 소유자로 생각하는 것은 아직도 옛 버릇을 못버렸다는 표시이다. 해방이라는 대의를 위해 헌신하겠노라고 공헌하면서도 민중과 친교를 이루지 못하고 아직도 그들을 진정 무지한 자들로 간주하는 사람은 스스로를 기만하는 자이다. 민중에게 접근하지만 그 민중이 떼어놓는 걸음마다, 민

● 페다고지

중이 제시하는 제안마다 불안을 느끼고, 자신의 '신분'에 편승하려 드는 전향자는 아직도 제 뿌리에 향수를 느끼고 있는 자이다.

민중에의 전향은 심원한 재생을 필요로 한다. 그 일을 하는 자들은 새로운 존재 형태를 취해야 한다. 더 이상 과거의 자기로 남아 있어서는 안된다. 전향자들은 억눌린자들과의 동지관계를 통해서만 비로소 지배구조에 물든 억눌린자의 특수한 생활방식과 행동방식들을 이해할 수 있다. 이같은 특성들 중에 하나가 앞에 언급한 대로 억눌린자들의 존재론적 이원성이다. 억눌린자들은 자기 자신이면서도 억누르는자의 형상을 자기 안에 내면화하여 그 억누르는자가 되기도 하는 것이다. 따라서 그들은 자기네 억누르는자와 뒤이어 자기 자신의 의식을 '발견하기'까지는 거의 언제나 자기의 상황에 대해서 숙명적인 태도를 보인다.

> 농부는 자신이 예속되어 있음을 깨달을 때 그 예속을 극복하는 용기를 갖기 시작한다. 그러기까지는 주인과 함께 지내면서 '제가 뭘 할 줄 알겠습니까? 그저 일개 촌부인뎁쇼' 할 뿐이다.*

피상적으로 분석하게 되면 이 숙명론이 때로는 국민성의

---

*저자와의 인터뷰에서 나온 어떤 농부의 말.

• 제1장 억눌린자를 위한 교육의 정당성

한 면모인 인종(忍從)으로 해석되기도 한다. 인종의 가면을 쓴 숙명론은 한 국민의 행동양식의 어떤 본질적인 특성이 아닌 역사적 사회학적 상황의 결과이다. 그것은 거의 언제나 운명의 힘이나 행운 또는 악운, 불가항력적인 힘이 아니면 왜곡된 신관(神觀)과 관련되어 있다. 마술과 신화의 영향력 밑에 깔려 있는 억눌린자들, 특히 자연 속에 거의 침몰되어 있다시피 하는 농부들*은 마치 하느님이 이 '조직된 부조리'의 창조자나 되는 것처럼 수탈의 결과인 자신들의 고통을 하느님의 뜻으로 본다.

억눌린자들은 현실 속에 침몰되어 그들이 형상을 내면화한 그 억누르는자들에게 이익이 되는 이 '질서'를 명백하게 인식하지 못한다. 이 부당한 질서의 규제들 속에서 안절부절못하는 억눌린자들은 혼히 '횡적 폭력'의 양상을 드러내는데, 지극히 하잘것없는 이유로 제 동료에게 주먹을 휘두르는 사례가 바로 그런 예라 하겠다. 프란츠 파농은 『대지의 저주받은 자들』에서 이런 말을 하고 있다.

> 피식민자는 뼈 속에 누적되어 온 이 불만을 일차적으로 자기 동족에게 터뜨릴 것이다. 흑인들이 서로 치고 받기도 하고, 북아프리카에 범죄의 물결이 밀어닥쳐 그에 놀란 경찰

---

*깐디도 멘데스 *Candido Mendes*, 『브라질 가톨릭보고서―살아남은 자들의 회고록 *Memento dos vivos―A Esquerda católica no Brasil*』(리오 데 자네이로, 1966)을 보라.

● 페다고지

과 행정책임자들이 어찌할 바를 모르도록 당황하는 것이 바로 이 시기이다. (……) 식민주의자들이나 경찰이 평생 동안 권리를 가지고 원주민을 구타하고, 모독하고, 자기에게 아첨하도록 만드는데, 원주민은 다른 원주민이 슬쩍 비치는 적대감이나 눈흘김에도 칼을 찾는 게 눈에 띨 것이다. 그 까닭은 원주민의 최후의 보루가 곧 자기 형제를 상대로 인간성을 방어하는 것이기 때문이다.*

이러한 행동양식에서 그들이 또다시 자신의 이원성을 증명해 보이고 있다 할 것이다. 억누르는자가 억압받는 동료들 내부에 존재하고 있기 때문에, 그들은 동료들을 공략할 때 간접적으로 그 억누르는자도 함께 공략하고 있는 것이다.

한편으로 억눌린자들은 그들의 실존적 체험 내의 어떤 시점에서는 억누르는자와 그의 생활방식에 억누를 수 없는 매력을 느낀다. 이 생활양식에 참여하는 것이 저항 못할 동경의 대상이 된다. 소외된 상태 속에서 억눌린자들은 무슨 수를 써서라도 억누르는자와 비슷해지고, 그를 본받고 따르고 싶어한다. 이러한 현상은, 상류계급의 '저명한' 인사들과 동등해지고자 열망하는 중산층 억눌린자들에게 특히 현저하다. 알베르토 멤미 *Alberto Memmi*는 '식민화된 의식'을 날카롭게 분석한 저서『식민자와 피식민자』에서 자신이 식민자에 대해 느낀 경멸감과 그 감정 속에 섞인 그에 대한 '뜨거운' 매력을 이야기하고 있다.

---

*프란츠 파농,『대지의 저주받은 자들』(뉴욕, 1968), 52쪽

• 제1장 억눌린자를 위한 교육의 정당성

식민자는 피식민자 대중에게 주기적으로 총질을 가하면서 어떻게 제 일꾼들을 감시할 수 있었을까? 피식민자는 어떻게 해서 그토록 잔혹하게 자신을 부정하면서도 그같은 지나친 열망을 가질 수 있었을까? 그는 어떻게 식민자들을 증오하면서도 그토록 그들을 열렬하게 칭찬할 수 있었을까? (나 또한 나도 모르게 이같은 감탄을 느꼈다.)*

자기비하도 억눌린자들의 특성의 하나로, 이는 억누르는자들이 그들에게 내리는 평가를 내면화하는 데서 비롯된다. "너희는 무용지물이다. 아무것도 모른다. 무엇을 배울 능력도 없다. 너희는 병들고 게으르고 비생산적이다"라는 말을 하도 자주 들은 나머지 결국에는 그들 스스로가 쓸모 없다고 확신해 버린다.

농부는 상전이 사물을 알고 일들을 처리할 수 있는 유일한 사람으로 보이기 때문에 그에게 열등감을 느낀다.**

그들은 스스로를 무식하다 하면서 '교수'란 지식이 있고 마땅히 자기들이 귀를 기울여야 할 사람이라고 말한다. 그들에게 주입된 지식의 기준은 인습적인 것들이다. "왜 그림들을 먼저 설명해 주지 않는지요? 그렇게 하면 시간도 덜 걸리

---

*알베르토 멤미, 『식민자와 피식민자』 (보스톤, 1967)
**저자와의 인터뷰에서 나온 어떤 농부의 말.

• 페다고지

고 우리 머리도 아프지 않을텐데"라고 교양회에 참석한 어떤 농부는 말한다.*

그들은 자기들도 이미 세계와 타인들과의 관계 속에서 배운 바 있는 '아는 사실'을 거의 깨닫지 못한다. 그들의 이원성을 유발시킨 환경들을 감안할 때 오히려 그들이 스스로를 불신하는 것이 자연스러울 뿐이다.

교육계획에 참석해서 어떤 생성주제를 놓고 열띤 토의를 시작하던 농부들이 갑자기 입을 다물면서 교육자에게 이렇게 말하는 경우가 적지 않다. "실례했습니다요. 저희가 조용히 해야 선생님이 말씀하실 텐데 그만…… 선생님만 아시지, 저희들은 아무것도 모릅니다요." 그들은 왕왕 자기네가 짐승들과 다를 바 없다고 강조한다. 그 차이를 인정할 경우에는 오히려 짐승 쪽이 더 낫다고 한다. "그것들은 우리들보다야 더 자유롭지요."

그러나 이같은 자기비하가 억압상황 내의 초기 변화들과 더불어 어떻게 변화하는가를 보면 심히 놀랄 수밖에 없다. 어느 '아센따미엔또'** 모임에서 한 농부 지도자가 이런 말을 한 기억이 난다. "그들은 툭하면 우리더러 게으르고 술주정뱅이며 비생산적인 파들이라고 했지요. 그 말은 모두가 순 거짓말입니다. 이제 우리가 인간 대접을 받게 된 마당에

---

*제3 장을 보라. - 역자 주.

**아센따미엔또 Asentamiento란 칠레 농지개혁 실험상의 한 농협을 지칭한다. - 역자 주.

• 제1장 억눌린자를 위한 교육의 정당성

서, 우리는 누구에게나 결코 게으름뱅이도 주정뱅이도 아니었다는 것을 보여주겠습니다. 우리는 수탈당한 겁니다!"

억눌린자들은, 애매한 태도를 지속하는 한, 저항하기를 꺼려하고 스스로에 대한 신념을 전혀 갖지 못한다. 그들은 억누르는자의 '안전성'과 권력에 대한 불가사의한 믿음을 지니고 있다.* 지주의 권력이라는 마술적인 세력이 농촌지역에 특유한 영향력을 갖고 있다. 사회학자인 친구 하나가 라틴 아메리카의 한 국가에서 최근에 라티푼디움(지주의 장원)을 점거한 무장 농민들에 관해서 들려주었다.

무장 농민들이 전략상 지주를 볼모로 잡아 두기로 합의를 보았는데 그 지주를 감시할 만한 용기를 가진 농민이 한 사람도 없더라는 것이다. 지주의 존재 자체가 무서웠던 것이다. 그러니 상전에게 거역하는 행위로 어찌 죄의식을 느끼지 않을 수 있었겠는가? 실제로, 상전은 그들의 '마음 속'에 들어앉아 있었다.

억눌린자들은 억누르는자의 '약점'에서 오는 실례들을 봄으로써 어떤 반대되는 신념이 자신들의 내심에 싹터 오르게끔 해야 한다. 그렇게 될 때까지는, 그들은 계속해서 꺼림칙해 하고, 두려워하고, 기진맥진한 상태를 벗어나지 못하게 될 것이다.** 억눌린자들은 억압 상황의 원인들을 규명하지 못하

---

* "농부는 상전에 대해 거의 본능적인 두려움을 갖는다." 한 농부와의 인터뷰

** 레지 드브레 *Regis Debray*의 『혁명 속의 혁명?』 (뉴욕, 1967)을 보라.

● 페다고지

는 한 숙명적으로 억누르는자의 수탈을 '용납하게'된다. 한걸음 더 나아가서 그들은 자신의 해방과 자기확인을 위해 투쟁할 필요에 직면해도 소원(疏遠)하고 수동적인 방식으로 반응하게 된다. 그러나 그들은 조금씩 조금씩 반항적인 행동 형태들을 시도하려 한다. 해방을 향해 일하는 가운데서, 우리는 이 피동성을 간과해서도 안되고 각성의 순간을 놓쳐서도 안된다.

 억눌린자들이 자기 자신을 억누르는자의 '물건들'로 의식하게 되는 것은 그릇된 자기관과 세계관 때문이다. 억누르는자에게 있어서 '존재하는 것'은 곧 '소유하는 것'으로, 그것도 거의 언제나 아무것도 갖지 않은 자들의 희생 하에서 그렇게 된다. 억눌린자들에게 있어서 그들의 존재론적 체험의 어떤 순간에는, '존재하는 것'은 억누르는자와 비슷해지는 것이 아니고, 그 자의 '밑에 존재하는 것', 그에게 의지하는 것이 된다.

> 농부들은 의타적이다. 그는 자신이 바라는 바를 말하지 못한다. 자신의 예속상태를 발견하기 전에, 그는 고통을 당한다. 그 울분을 집에서 터뜨려 아이들에게 고함치고 두들겨 패며, 절망한다. 아내에 대해서 불만을 터뜨리고 매사를 아주 불쾌하다고 생각한다. 그러나 상전에게는 울분을 토로하지 않는다. 그가 우월한 존재라고 생각하는 까닭이다. 농부는 수많은 시간을 술로 보내며 자기의 한을 달랜다.*

---

*한 농부와의 인터뷰.

• 제1장 억눌린자를 위한 교육의 정당성

　이 완전한 감정적인 예속은 억눌린자들을, 프롬이 말하는 이른바 사물시하는 행동양식, 자신과 억압받는 동료들의 생명을 파괴하는 생의 파괴로 이끌어 갈 수 있다.
　억눌린자들은 억누르는자를 발견하고 자신의 해방을 위한 조직적 투쟁에 뛰어들 때 비로소 자기 자신을 믿게 된다. 이러한 발견은 단순히 지적인 것이어서는 안되며, 반드시 행동이 포함되어야 한다. 그러면서도 단순한 행동주의에 국한되어서는 안되고 반드시 진지한 사고와 결부되어야 한다. 그래야 비로소 그것이 하나의 실천 *praxis*이 된다. 해방을 위한 투쟁이 어느 단계에 있든지 간에 반드시 억눌린자들과 행동을 전제로 하는 비판적이고 자유로운 대화를 나누지 않으면 안 된다.* 그 대화의 내용은 억눌린자들이 현실을 인식하고 있는 수준과 역사적 상황에 따라 다를 수 있고 또 달라야 마땅할 것이다. 그러나 모놀로그, 슬로건, 홍보로 대화를 대신하는 것은 '길들이기'라는 도구를 가지고 억눌린자들을 해방하려고 꾀하는 것이 된다. 억눌린자들이 해방활동에 의식적으로 참여하지 않는 가운데 그들을 해방시키려는 것은 곧 그들을 불난 집에서 살려 내주어야 하는 대상들로 다루는 것이다. 그것은 억눌린자들을 집산주의적(集産主義的) 함정에 빠뜨리고 마음대로 조종할 수 있는 우중(愚衆)으로 변질시

---

*물론 공개적인 것은 아니다. 그렇게 했다가는 억누르는자의 분노를 살 뿐으로, 오히려 더 큰 억압을 받게 된다.

•페다고지

키는 것이다.

　억눌린자들은 자신을 해방시키는 모든 단계에서 스스로가 보다 완전한 인간이 되기 위해 존재론적·역사적 소명에 예정되어 있는 인간들이라는 것을 알아야 한다. 인간성의 개념 내용과 그 역사적 형태들을 이분하는 과오를 범하지 않으려면 사고와 행동이 절대로 필요하게 된다.

　억눌린자들이 자신이 처한 구체적인 상황을 깊이 사고하는 것을 가리켜 탁상공론식 혁명이라고 말할 수는 없다. 오히려 사고, 진정한 사고는 행동으로 이어진다. 한편, 행동이 요구되는 상황에서는 그 행동이 진정한 실천이 되려면 반드시 그 결과들이 비판적인 사고의 대상이 되어야 한다. 이런 의미에서, 실천 *praxis*은 억눌린자들의 새로운 '존재이유'가 된다. 혁명은 이 존재이유의 역사적 계기를 마련한 것으로, 동시적이고 의식적인 참여와 별개로 볼 수가 없는 것이다. 그렇지 못하면, 행동은 단순한 행동주의에 지나지 않는다.

　이같은 실천 *praxis*을 실현하자면 억눌린자들과 그들의 논리적인 추론 능력을 신뢰할 필요가 있다. 이 신뢰심이 결여된 자는 누구나 대화, 사고, 통교(通交)를 개척하지 못하며(혹은 포기하고), 슬로건, 홍보, 모놀로그 및 훈시를 이용하려고 할 것이다. 이런 위험은 해방이라는 대의명분으로 피상적으로 전향한 자들에 의해 수반된다.

　억눌린자 편에 선 정치활동은 말뜻 그대로 진정한 의미에

•제*1*장 억눌린자를 위한 교육의 정당성

서 교육활동이 되어야 하며, 따라서 억눌린자와 함께 하는 활동이 되지 않으면 안된다. 해방을 위해 일하는 이들은 억눌린자들의 감정적 예속, 그들을 둘러싸고 있고 그들에게 그릇된 세계관을 야기시키는 구체적인 지배상황의 산물인 예속에 편승하여 이득을 취해서는 안된다. 이 예속을 이용해서 보다 큰 예속을 조장해 내는 것은 억누르는자의 간교일 뿐이다.

해방활동은 이 예속을 하나의 약점으로 인정하고 사고와 행동을 통해서 그것을 독립으로 변혁시키지 않으면 안된다. 그러나 세상에서 가장 훌륭하게 기획된 지도력이라 할지라도 독립을 선물로서 하사할 수는 없다. 억눌린자들의 해방은 인간들의 해방이지 물건들의 해방이 아니다. 따라서 아무도 각기 자신의 노력만으로 스스로를 해방시키지도 못하지만, 다른 사람들에 의해서도 해방되지 못한다. 하나의 인간현상인 해방은 '반인간들'(半人間:*semi-humans*)에 의해서는 성취되지 못한다. 인간들을 반인간들로 다루려는 획책은 그저 그들을 비인간화할 뿐이다. 인간들이 당하는 억압으로 이미 비인간화되어 있을 때, 해방의 과정은 바로 그 비인간화 방법들을 활용해서는 안된다.

따라서 해방의 과제 속에서 혁명적 지도력이 택해야 할 올바른 방식은 '해방의 선전'이 아니다. 그 지도력은 또한 억눌린자들에게 자유에 대한 믿음을 '주입해서' 그들의 신뢰

● 페다고지

를 얻으려고 생각지 말아야 한다. 올바른 방법은 곧 대화에 있다. 억눌린자들이 자신의 해방을 위해서 싸워야 한다는 신념을 갖게 되는 것은 혁명적 지도력이 부여해 주는 선물이 아니고, 그들 자신의 '의식화'의 결실이다.

혁명지도자들은 자신의 신념 즉, 혁명적 지혜의 한 결정적인 요인이 되는 투쟁의 필요성에 대한 자신의 신념은 다른 사람들이 그들에게 가져다 준 것이 아니라는 사실을 깨달아야 한다. 이것이 참된 신념이다. 이 신념은 포장해서 팔 수 있는 것이 아니다. 사고와 행동의 총합이라는 수단을 통해서 성취되는 것이다. 역사적 상황 속에서 지도자들이 현실에 자발적으로 투신할 때 비로소 이 상황을 비판하고 개혁하고 싶어하게 된다.

확신이 서지 않는 한 스스로 투쟁에 투신하지 않고, 투신을 하지 않을 경우에는 이 투쟁에 절대적으로 필요한 상황들을 유보하게 된다. 그러므로 억눌린자들도 대상으로서가 아니라 주체로서 이 확신에 도달하지 않으면 안된다. 그들은 또한 자신을 둘러싸고 자기에게 영향을 끼치고 있는 상황에 비판적으로 개입해야 한다. 이 일은 선전으로 성취되지 않는다. 투쟁의 필요성에 대한 확신(이것 없이 투쟁은 불가능하다)은 혁명적 지도력에 절대 필요한 것이면서 동시에 억눌린자들에게도 또한 필요한 것이다. 억눌린자들을 '위해서'가 아니고 그들과 '더불어' 하는 변혁 형태만이 유효하다는 것이

• **제1장** 억눌린자를 위한 교육의 정당성

본인의 소신이다.*

이러한 사상들을 제시하는 목적은 혁명이 갖는 탁월한 교육적 성격을 수호하자는 데 있다. 억눌린자들이 자기의 해방을 위한 투쟁을 받아들여야 한다고 역설해 온 매 시대의 혁명지도자들은 암암리에 이 투쟁의 교육적 단면을 인식해 왔다. 그러나 이들 지도자들 가운데 많은 이들이(아마 교육에 대치되는 자연적이고 수긍이 가는 편견으로 말미암아) 종국에 가서는 억누르는자들이 택한 '교도적'(敎導的) 방식들을 이용하게 된다. 그들은 해방과정 속의 교육활동을 부정하고, 억눌린자들을 따르게 할 목적만으로 선전을 이용한다.

억눌린자들은 인간화를 위한 투쟁을 수락할 때 그 순간부터, 투쟁을 위한 자기네 총체적 책임까지 받아들이게 된다는 것을 반드시 깨닫지 않으면 안된다. 그들은 단순히 기아로부터의 자유를 위하여 싸울 뿐만 아니고,

> (……) '창조하고 건설하고 탄복하고 위험을 감수할 자유'를 위하여도 싸우고 있음을 깨달아야 한다. (……) 그같은 자유는 적극적이고 책임있는 개인을 요구하는 것이지 결코 노예나 기계에 꼭 맞는 톱니를 요구하는 것이 아니다…… 인간들이 노예가 아니라는 것만으로는 충분하지 않다. 만일 사회적 조건들이 자동인형들의 존재를 조장하고 있다면, 거기에서 비롯되는 결과는 죽음에 대한 사랑이지 생명에 대한 사랑

---

*이에 관해서는 제4 장에서 상세하게 논의될 것이다.

• 페다고지

이 아닐 것이기 때문에.*

'죽음을 긍정하는' 억압의 환경 속에서 양성된 억눌린자들은 투쟁을 통해서 '생명을 긍정하는' 인간화의 길을 찾아야 하며, 이 길은 비록 더 많이 먹는 일을 내포하고 이 단면을 마땅히 빠뜨릴 수는 없는 것이지만, '단순하게' 더 많이 먹는 일에만 있지 않다. 억눌린자들은 엄격히 말해서 그들의 상황이 그들을 물건들로 전락시켜 버린 까닭에 파괴된 것이다. 그러므로 억눌린자들이 자신의 인간성을 회복하려면 더이상 '물건'이 되지 말고 '인간'으로서 투쟁해야 한다. 이는 아주 시급한 요구이다. 결코 '훗날에' 인간이 되기 위해서 지금은 물체로서 투쟁에 임한다는 것은 있을 수 없다.

투쟁은 자신이 파괴되어 있음을 깨달은 인간들의 깨달음으로부터 시작된다. 선전·조작·조종은 모두가 지배의 무기들로, 그들이 다시 찾으려는 인간화의 도구들이 못된다. 단 하나 효과적인 도구는 혁명지도자들이 억눌린자들과 대화라는 항구적인 상호관계를 설정하는 가운데 이루어지는 인간화 교육 뿐이다. 인간화 교육에 있어 방법은 교사들(이 경우에는 혁명지도자들)이 학생들(이 경우에는 억눌린자들)을 조종하는 도구가 되지 않는다. 그 교육이 학생들 자신의 의식을 표현하기 때문이다.

---

* E. 프롬, 앞의 책, 52~53쪽.

• 제1장 억눌린자를 위한 교육의 정당성

'방법'이란 사실상 행위들 속에 나타나는 의식의 외부형태로서, 의식의 기본자산 – 자체의 지향성 – 으로 모습을 보인다. 의식의 본질은 '세계와 더불어 있는 존재'이고, 또 이 행동양식은 항구적이고 불가피한 것이다. 따라서, 의식은 본질적으로 그 자체로부터 떨어진, 그 자체의 외부에 있는 어떤 것, 즉 의식을 둘러싸고 있고 또 그것이 지닌 관념형성의 능력이라는 수단을 통해서 인식이 이해하는 어떤 것으로 '향하는 길'이다. 이처럼 의식은, 가장 일반적인 의미에서, 분명히 하나의 방법인 것이다.*

혁명적 지도력은 '공동지향적' 교육을 적절하게 실천해야 한다. 현실에 관한 공동지향체인 교사들과 학생들(지도력과 민중)은 양자가 모두 주체들이다. 현실을 벗기고 그럼으로써 그것을 비판적으로 알게 되는 임무에서 뿐만 아니라 그 지식을 재창조하는 임무를 갖는다는 점에서 주체들인 것이다. 그들은 공동사고와 공동행동으로 이같은 현실에 대한 지식을 획득할 때, 자신이 이 지식을 끊임없이 창조해 나가는 재창조자들이라는 사실을 발견하게 된다. 이런 방식으로 자신의 해방을 위한 투쟁에 참가하는 억눌린자들의 존재는 거짓 참여가 아니라 당연히 투신적 개입(投身的 介入)이 될 것이다.

---

*과학의 철학에 관해 저작 중인 알바로 비에이라 뻰또 *Alvaro Vieira Pinto* 의 글 중에서, 본 인용문은(제 2장에서 다루게 되는) 문제제기식 교육을 이해하는 데 무척 주요한 도움을 주리라 믿는다. 저서가 발행되기도 전에 인용을 허락해 준 비에리라 뻰또 교수께 감사드린다.

제 2 장

은행예금식 교육과 문제제기식 교육
― 그 목적과 비판 ―

《주요 내용》

- 억압도구로서의 "은행예금식" 교육 개념 ― 전재와 비판
- 해방을 위한 도구로서의 "문제제기식" 교육 개념 ― 그 전제
- "은행예금식" 개념과 교사 - 학생의 모순
- "문제제기식" 개념과 교사 - 학생 모순의 해소
- 교육 ― 상호과정, 세계의 매개
- 불완전함을 의식하고 있는 불완전한 존재로서의 인간, 그리고 보다 충만한 인간이 되고자 하는 인간의 노력

제 2 장

은행예금식 교육과 문제제기식 교육
－그 목적과 비판－

   학교 안팎을 막론하고, 어떤 수준에서나 교사 - 학생 관계를 엄밀히 분석해 보면 거기에는 근본적으로 '설교적' 성격이 깃들여 있음을 알 수 있다. 이 관계는 설교하는 주체(교사)와 참을성있게 귀를 기울이는 객체(학생)와의 관계다. 그 내용은, 그것이 가치관이든지 현실에 대한 경험 영역이든지 간에 생기를 잃은 화석으로 만드는 '설교 과정'을 지향하게 마련이다.

   교사는 현실을 마치 정지상태이고, 움직이지 않고, 격리된 상태이며, 예견이 가능한 것인 양 이야기한다. 그렇지 않는 경우에는 학생들의 실존적 경험과는 아무런 상관도 없는 주제를 놓고 설교한다. 교사의 임무는 결국, 현실과는 거리가 멀 뿐만 아니라 그 내용에 의미를 부여하고 여건을 조성해 주는 '총체성'과도 무관한 내용으로 학생들을 채워 주는 것이다. 교사의 말은 구체성이 결여되어 있고 허황하고 왜소하며 부질없는 장광설이다.

• 페다고지

 그러므로 '설교식 교육'이 갖는 두드러진 특징은 말의 공허한 '울림'일 뿐 학생을 변혁하는 힘이 되지 못한다. '4에다 4를 곱하면 16이 된다'든지, '파라 주의 수도는 벨렘이다'라고 할 때 학생들은 4에다 4를 곱하는 것이 실제로 무엇을 뜻하는지, 혹은 '파라 주의 수도가 벨렘이다'는 사실에서 '수도'의 참된 의미가 무엇인지, 다시 말해서 벨렘이 파라에 어떤 의미를 지니고 있으며 파라는 브라질에 무슨 의미를 갖는지는 알지도 못하면서 그저 공책에 베껴 두고 암기하기에 여념이 없다.

 교사를 설교자로 만드는 설교식 교육은 학생들로 하여금 설교된 내용을 기계적으로 암기하도록 만든다. 더욱 고약한 일은 학생들을 '그릇', 교사가 채우는 빈 그릇으로 간주하는 것이다. 이 그릇들을 완전히 가득 채우는 교사는 훌륭한 교사이고 그릇에 가득 채워 달라고 공손하게 스스로를 내맡기면 훌륭한 학생이 된다.

 이리하여 교육은 학생들이 예탁소(預託所)가 되고 교사가 예탁자가 되는 예탁행위가 된다. 의사소통 대신에 교사가 여러가지 코뮤니케를 발표하고 '예탁금을 만들면' 학생들은 참을성 있게 받아들여 기억하고 반복한다. 이것이 바로 은행예금식 교육 *banking concept of education* 개념이다. 이 교육에서 허용되는 행동 범위는 고작해야 '예탁금을 받아들이고 채워 넣고 보관하는 일'뿐이다. 사실상 그들은 비축하고 있

제2장 은행예금식 교육과 문제제기식 교육

는 물품들의 목록 편찬자가 될 수도 있고 수집가가 될 수도 있다. 그러나 결국 이 부당한 교육제도 속에는 인간 자신들이 창조력도 없고 변혁의지와 지식도 없는 사람으로 정돈돼 버린다. 탐구를 떠나서는, 실천 *praxis*을 떠나서는 인간이 참으로 인간답게 되지 못한다. 지식이란 발명과 재발명을 통해서, 인간들이 세계 속에서 세계와 더불어 그리고 인간 상호간에 추구하는 부단하고, 의욕적이고, 희망적인 탐구를 통해서만이 출현하게 된다.

  은행예금식 교육개념에 따르는 지식은, 지식이 있다고 자처하는 자들이 스스로 아무 것도 모른다고 생각하는 자들에게 내려 주는 일종의 선물이 된다. 다른 인간들이 완전히 무지하다는 생각, 그것은 억압 관념의 한 특성으로, 탐구과정으로서의 교육과 지식을 부정하는 것이다. 교사는 스스로를 학생들에게 필요한 상대로서 자처한다. 즉 학생들의 무지가 절대적이라고 생각함으로써 자신의 존재를 정당화하는 것이다. 학생들은 헤겔의 변증법 속에 나오는 노예처럼 소외된 채, 자기네 무지를 교사의 존재를 정당화하는 원인으로 받아들일 뿐 노예와는 달리 그들 자신들도 교사를 교육하고 있다는 사실을 깨닫지 못한다.

  거기에 비해서 해방교육은 화해를 향한 충동에 그 존재이유를 두고 있다. 모순의 양극을 화해시켜 양자가 모두 동시에 교사들과 학생들이 되게 함으로써 교사 - 학생의 모순을

● 페다고지

해결하는 데서 교육은 시작되지 않으면 안된다는 것이다.
　은행예금식 개념으로부터는 이와 같은 해결책이 나오지 않는다. 그리고 결코 나올 수도 없다. 오히려 은행예금식 교육은 억압사회의 거울이라 할 수 있는 다음과 같은 여러 가지 자세와 실제를 통해 그 모순을 유지·조장할 따름이다.

1. 교사는 가르치고 학생들은 가르침을 받는다.
2. 교사는 모든 것을 알고 학생들은 아무것도 모른다.
3. 교사는 생각하고 학생들은 생각의 대상이 된다.
4. 교사는 말하고 학생들은 얌전하게 듣는다.
5. 교사는 훈련시키고 학생들은 훈련받는다.
6. 교사는 선택하여 자신의 선택을 강요하고 학생들은 동의한다.
7. 교사는 행동하고 학생들은 교사의 행동을 통해서 행동한다는 환상을 갖는다.
8. 교사는 지식의 권위를 자신의 직업상의 권위와 혼동하고 그 권위로써 학생들의 자유를 억압한다.
9. 교사는 학습과정의 주체이고 학생들은 단순히 객체일 뿐이다.

　은행예금식 교육개념은 인간을 개조할 수 있고 요리할 수 있는 당연한 존재로 간주한다. 맡겨 오는 예탁금을 학생들이 저장하는 작업에 임하면 임할수록 학생들은 세상을 변혁하는 변혁가로서 세계에 개입함에 따라 생겨나는 비판적인 의식이 그만큼 덜 발달하게 된다. 그들에게 부여된 피동적인

• 제2장 은행예금식 교육과 문제제기식 교육

역할을 완벽하게 받아들이면 들일수록 그들은 있는 그대로의 세계에 그저 순응하는 것으로 만족하려는 경향이 짙어지고 자기네 내부에 예탁된 현실에 대한 단편적인 견해만을 갖게 된다.

학생들의 창의력을 극도로 축소시키거나 무력하게 만들고 그들의 '경박한 신뢰'를 촉진하는 은행예금식 교육의 능력은 세계가 폭로되기를 원치 않고 변혁되는 것 또한 바라지 않는 억누르는자들에게 보탬이 된다. 억누르는자들은 자기네 값싼 '박애주의'를 이용해서 유리한 상황을 지켜 나간다. 억누르는자들은 교육에 있어 비판적 기능을 자극하는 실험이나 현실에 대한 부분적인 견해에 만족하지 않고서, 항상 한 요점을 다른 요점과 그리고 한 문제를 다른 문제와 연결짓는 매듭을 찾으려는 새로운 작업이 엿보이면, 거의 본능적으로 거기에 반발한다.

억눌린자들이 현실에 보다 잘 적응할수록 그만큼 그들에 대한 지배는 쉬워진다. 따라서 억누르는자들은 '억눌린자들을 억압하는 억압적 상황을 개조하려고 들기보다는 억눌린자들의 의식을 개조하는 데' 관심을 쏟는다.* 그리고 이 목적 달성을 위해 교육의 은행예금식 개념을 가부장적 사회활동 기구와 연결시켜 이용한다. 억눌린자들은 이 부권주의적

---

*시몬느 드 보봐르,『오늘날의 우익정치 사상 *El pensamiento política de la Derecha*』(부에노스 아이레스, 1963), 34쪽.

● 페다고지

사회활동 기구 속에서 복지 대상자라는 허울 좋은 칭호를 얻는다. 그리고 개별적으로는, 그들은 '선하고 조직되고 공의로운' 사회의 총체적인 유대에서 벗어난 무소속 인간으로 취급당한다. 그들은 건전한 사회에 나타난 병폐로 간주된다. 따라서 이 건전한 사회가 이들 '무능력자이고 게으른' 작자들을 사회의 틀에 짜맞추어야 한다는 것이다. 다시 말해서 이 작자들은 이들이 '저 버린' 건전한 사회 속에서 '통합되고', '흡수될' 필요가 있다는 것이다.

물론 실제에 있어서는 억눌린자들이 결코 소속이 없는 인간들이거나 권외에 사는 사람들도 아니다. 그들은 항상 그들을 '대타존재들'로 만드는 조직 내부에 자리잡고 산다. 따라서 그들을 억압의 조직 속에 '흡수하는' 것이 아니고 그들이 '대자존재들'이 될 수 있도록 구조를 변혁하는 것이 해결책이 된다. 그같은 변혁이 이루어진다면 억누르는자들이 노리는 목적이 침식당하게 될 것은 자명한 사실이며, 따라서 그들은 교육의 은행예금식 개념을 이용해서 학생 의식화의 위협에서 벗어나기를 꾀하게 되는 것이다.

그 예로 성인 교육을 위한 은행예금식 접근은 학생들에게 현실을 비판적으로 인식하도록 하는 일이 결코 없을 것이다. 은행예금식 교육은, 그 대신에, '로저가 염소에게 싱싱한 풀을 주었는가 주지 않았는가' 그리고 그것은 왜 중요한가 하는 중요한 사실을 가르치면서, 단순히 '로저가 토끼에게 싱

• 제2장 은행예금식 교육과 문제제기식 교육

싱한 풀을 주었다'는 사실만을 알아두어야 한다고 주장한다. 은행예금식 방법에 의한 '인본주의'는 인간들을 자동기계로 변질시키려는 노력 즉, 인간이 보다 완전한 사람이 되어야 하는 본체론의 사명을 정면으로 부정하는 노력을 그 속에 숨기고 있다.

 의식적이든 무의식적이든 은행예금식 방법을 쓰는 자들은 예탁금에 현실 모순들이 내포되어 있음을 깨닫지 못한다. (자기가 오직 비인간화에 공헌하고 있을 뿐이라는 사실을 인식치 못하는 선의의 은행서기식 교사들이 무수하기 때문이다.) 그러나 조만간에 이 모순들은 그 동안 피동적이었던 학생들로 하여금 그네들의 '길들이기'와 현실을 길들이려고 하는 시도에 반기를 들게 만든다. 그들은 실존적 체험을 통해서 현재의 생활 방식이, 완전한 인간이 되는 자기네 사명에 부합되지 않는 것임을 발견하기 때문이다. 그들은 현실과의 관계를 통해서 현실이란 부단한 변혁을 수반하는 하나의 '과정'임을 터득하게 된다. 만약 인간이 탐구자이고 그들의 존재론적 사명이 인간화에 있다면, 그들은 조만간에 은행예금식 교육이 그들을 붙잡아매려고 하는 모순을 인식하게 될 것이며 따라서 자기네 해방을 위한 투쟁에 투신하게 될 것이다.

 그러나 인본주의적인 교육가는 이러한 구현 가능성을 그저 앉아서 기다릴 수는 없다. 처음부터 학생들이 비판적인 사고와 상호 인간화를 위한 탐사작업에 뛰어들도록 노력하지 않

• 페다고지

으면 안 된다. 그리고 그 노력 속에서 인간들과 그들의 창의력에 대한 깊은 신뢰심이 스며들도록 해야 한다. 그렇게 하기 위해서 그는 마땅히 학생들과의 관계 속에서 그들의 동반자가 되어야 한다.

은행예금식 개념은 그러한 협동을 인정하지 않으며, 필연적으로 그렇게 될 수밖에 없다. 교사 - 학생의 모순을 제거하는 일, 예탁자요, 명령자요, 길들이는 교사의 역할을 제거하고 학생들 사이에서 교사도 학생이 되고 서로 가르치고 배우는 관계로 되는 것은 곧 억압의 힘을 침식시키는 일이자 해방의 기틀을 마련하는 일이다.

은행예금식 개념 속에는 인간과 세계 사이를 갈라놓는 분열이라는 전제가 암암리에 내포되어 있다. 인간은 단순히 세계 속에 존재할 뿐이지, 세계와 '함께' 혹은 타자들과 더불어 존재하지 않는다. 인간은 구경꾼이지 재창조자가 아니다. 이런 관점에서 보면 인간은 의식하는 존재가 아니다. 인간은 오히려 의식의 소유자일 뿐이다. 외부 세계로부터 오는 현실의 예탁금을 받아들이도록 피동적으로 개방되어 있는 '텅 빈 정신'이다. 예를 들어 내 책상, 내 책, 내 찻잔, 내 앞에 놓여 있는 모든 물체들 즉 나를 둘러싼 세계의 단편들은 어쩌면 나의 '내부에' 존재한다고도 볼 수 있는데, 그것은 내가 지금 서재 '내부에' 있는 것과 하등 다를 바 없다는 것이다. 이러한 사고방식은 '의식에 접근할 수 있다'는 것과 '의

• 제2장 은행예금식 교육과 문제제기식 교육

식 속으로 들어간다'는 것을 구분하지 않고 있다. 그러나 이 구분은 필요불가결한 것이다. 나를 둘러싸고 있는 물체들은 그저 내 의식에 접근할 수 있는 것들이지 내 의식 안에 자리잡고 있는 것들이 아니다. 나는 그것들을 감지하고 있지만 그것들이 내 내부에 자리잡고 있는 것은 아닌 것이다.

의식의 은행예금식 개념에 논리적으로 따르자면 교육자의 역할은 세계가 학생들에게 '들어가는' 길을 조정하는 것이다. 그가 맡은 임무는 자기가 참된 지식이라고 생각하는 정보를 주입시킴으로써 학생들을 '채우는' 일, 이미 자연스럽게 일어나고 있는 과정을 조직화하는 일이다.* 사람들이 세계를 피동적 실체들로 받아들이기 때문에 이 교육은 그들을 보다 더 피동적인 인간으로 만들고 그들을 세계에 어김없이 적응시킨다. 교육받은 인간은 '적응된 인간'이다. 그는 세계에 보다 잘 적응하기 때문이다. 이 개념을 현실적으로 말하면 그야말로 억누르는자들의 목적에 제대로 부합되는 개념이라 할 것이다. 억누르는자들이 누리는 평온이란 그들이 이루어 놓은 세계에 사람들이 얼마나 잘 순응하고, 의문을 어느 정도 적게 던지느냐에 따라 결정되는 것이기 때문이다.

소수 지배자들의 명령 목적에 다수가 보다 완벽하게 적응

---

*이 개념은 싸르트르의 이른 바 '소화 잘 되고', '영양분 있는' 교육개념으로, 여기에서의 지식이란 교사가 학생에게 '그들을 채워주기' 위해서 '먹여주는' 지식이 된다. 장 폴 싸르트르의 「훗설 현상학의 기본 사상」, 『상황 1』, (파리, 1947)을 보라.

● 페다고지

하면 할수록 그 소수는 다수에게 더욱 수월하게 명령을 계속 내릴 수 있다. (지배자들의 명령 목적은 다수에게서 모든 권리를 박탈하는 것이다.) 은행예금식 교육의 이론과 실제는 이를 위해 더없이 효과적인 작용을 한다. 구두 수업, 독서물 과제,* '지식'의 평가방식, 교사와 피교육자 간의 거리, 진급과 진학의 기준 등 모든 것이 이처럼 이미 만들어진 기성복 같은 교육방법에서는 사고를 방해하는 데 보탬을 준다.

은행원식 교육가는 자신의 이상발달(異狀發達)된 역할 속에는 진정한 안전이 없다는 것, 사람은 연대의식 속에서 다른 사람들과 '더불어' 살 방도를 모색해야 한다는 것을 못 깨닫는다. 교사란 자신을 학생들에게 강요해서도 안 되고 그들과 단순히 병존하는 것으로 만족을 느껴서도 안 된다. 연대의식은 진실한 의사소통을 요구한다. 그러나 은행원식 교육가를 이끌어 가는 관념은 상호 의사전달을 두려워하고 통제토록 한다.

인간의 삶이 의미를 가질 수 있는 길은 의사소통을 통하는 길 뿐이다. 교사의 생각은 학생의 생각의 진정성에 의해서만 비로소 인증되는 법이다. 교사는 학생들을 위해서 생각을 대신할 수 없고 자기 생각을 그들에게 강요할 수도 없다. 참된 사상, 현실과 관계되는 사상은 상아탑의 고독 속에서 형성되

---

*예를 들어 어떤 교사들은 자기 독서목록에다 어떤 책은 10페이지에서 15페이지까지 꼭 읽어야 한다는 식으로 일일이 기입해 두고서, 그렇게 해서 학생들을 '도와준다'고 말한다.

• 제2장 은행예금식 교육과 문제제기식 교육

는 것이 아니고 오로지 의사소통 속에서만 이루어진다. 사상이 행위에 의해 세계에 나타날 때야 비로소 의미를 갖는 것이 사실이라면, 학생들이 교사들에게 종속되는 일은 있을 수 없는 일이다.

은행예금식 교육은 인간들을 물체들로 잘못 이해하는 데서 비롯되기 때문에 결코, 프롬의 『인간의 마음』에 나오는, 이른바 생명체 애호 *biophily*를 촉진시키는 대신에 그 반대로 사체(死體)애호 *necrophily*를 산출해 낸다.

> 생명은 구조적이고 기능적인 방식에서 성장하는 것을 그 특성으로 하는데 비해서 사체를 애호하는 인간은 성장하지 않는 것, 기계적인 것 일체를 사랑한다. 사체를 애호하는 인간은, 마치 살아 있는 모든 인간들이 물건들이거나 한 것처럼…… 기계적으로 생명에 접근하고 유기물을 무기물로 변형시키려는 욕망에 따라 움직인다. 체험보다는 기억을, 존재하는 것보다는 소유하는 것을 중시한다. 사체애호가는 꽃이든, 사람이든, 소유해야만 그 객체와 관련을 맺을 수 있다. 따라서 그의 소유물을 위협하는 것은 곧 그 사람 자신을 위협하는 것이 된다. 만일 그가 소유물을 잃게 되면 세계와의 관계를 상실하게 된다…… 그는 지배를 사랑하고, 지배행위 속에서 생명을 죽인다.*

---

*프롬, 앞의 책, 41쪽.

● 페다고지

　억압-저항할 수 없는 지배-은 사체애호다. 그것은 생명체에 대한 사랑이 아니고 죽음에 대한 사랑으로 자양분을 공급받는다. 은행예금식 교육은 억압의 이익을 돕는 사체애호이다. 기계적이고, 정적이고, 박물학적이고, 공간화하는 의식관에 기초를 두고 있는 이 교육은 학생들을 '받아들이는 물체들'로 변형시킨다. 생각과 행동을 지배하려고 시도하고 인간들로 하여금 세계에 적응하도록 이끌어 가고, 그들이 가지고 있는 창조력을 억누른다.

　인간들은 책임성 있는 행동을 하려던 노력이 좌절되었을 때, 자기네 능력을 사용치 못하게 되었다는 사실을 깨달았을 때, 괴로워한다. "무기력에서 오는 이 고통은 자기 마음의 평정에 혼란이 생겼다는 데서 비롯되는 고통이다."* 그러나 고통의 원인인 이 행동할 수 없는 무기력은 인간들로 하여금 그 무기력을 극복하도록 하는 자극제가 되기도 한다. 거기서부터 그들은,

　　……(자기네) 행동 능력을 되찾으려 한다. 그러나 과연 그 일이 가능한 것이며, 가능하다면 어떻게 하면 될 것인가? 하나는 권력을 가진 개인 혹은 집단에 예속되고 그 사람 혹은 그 집단과 제휴하는 길이 있다. 사람들은 이처럼 다른 사람의 삶에 상징적으로 참여함으로써 자신이 행동하는 것처럼

---
*프롬, 같은 책, 31쪽

· 제2장 은행예금식 교육과 문제제기식 교육

착각을 하지만, 사실인즉 행동하는 사람들에게 복속되고 그들의 한 부분이 될 뿐이다.*

아마도 러시아 집단주의자들의 예가 억눌린자들이 이러한 행동양식을 취하는 가장 좋은 증거다. 그들은 카리스마적 지도자들과 제휴하는 것으로써 그들 자신이 활동하고 영향력을 행사한다고 느낀다. 그들이 역사과정 속에서 출현할 때 보여준 반란은 효과적으로 행동하고자 하는 바람에서 비롯된 것이다. 지배 엘리트들은 자유, 질서 그리고 사회 평화(물론 그것은 엘리트의 평화이다.)라는 미명 하에 자행한 지배와 억압을 보다 강화하는 대책을 강구한다. 그리하여 그들의 안목에서 볼 때 지극히 논리적으로 '노동자들의 파업에서 오는 폭력'을 비난할 수도 있고 '그 파업을 중단시키기 위해서 곧바로 폭력을 사용하라고 정부에 요구하는(요구할 수 있는) 것이다.'**

지배력을 행사하는 것으로서의 교육은 학생들에게 억압 세계에 적응하도록 주입시키는 이데올로기적 의도(흔히는 교육자들 자신도 깨닫게 못하는)를 지니고 있고, 또 학생들의 '경박한 신뢰'를 촉진하는 역할을 한다. 여기서 가하고 있는 비판의 목적은 비판을 가함으로써 지배적 엘리트들이 하고 있는 일을 간단하게 포기하리라는 순박한 희망 때문이 아니다. 다

---

*프롬, 같은 책, 같은 페이지
** R. 니이버 Reinhold Niebuhr, 『도덕적 인간과 비도덕적 사회』(뉴욕, 1960), 130쪽.

● 페다고지

만 진실한 인본주의자들로 하여금 그들이 사용하고 있는 은행예금식 교육 방법으로는 해방을 추구할 수 없으며 오히려 그들이 추구하고 있는 바를 스스로 부정하는 결과가 됨을 주목해 주도록 촉구하고 싶을 뿐이다. 혁명 사회가 억압사회로부터 이같은 교육방식들을 물려받아서는 안 된다. 은행예금식 교육을 실시하는 혁명 사회는 오도되고 있거나 아니면 인간들을 신뢰하지 못하고 있음을 보여준다. 어쨌든 그 사회는 결국 반동이라는 유령에서 위협을 받게 되고 만다.

불행한 일은 해방이라는 대의를 신봉하는 사람들이 은행예금식 개념이 산출되는 풍토에 싸여서 영향을 받고 있고, 혼히는 그 개념이 가지고 있는 참뜻과 비인간화하는 힘을 인식하지 못하는 장본인들이라는 사실이다. 그리하여 한심스럽게도 이 소외의 도구를 사용해서 자기 나름으로 해방이라고 생각하는 일을 도모한다. 사실상 이 교육 실시에 도전하는 사람들을 순진파요, 몽상가며, 반동주의자라고 매도하는 자칭 '혁명가'들도 없지 않다. 그러나 사람들을 소외시킴으로써 그들을 해방시키지는 못한다. 참된 해방 - 인간화 과정은 인간 내부에 보관한 또 다른 '예탁금'이 아니다. 해방은 하나의 실천 *praxis*이다. 세계를 대상으로 그것을 변혁시키기 위한 인간의 사고요 행위이다. 진정으로 해방의 대의에 투신한 사람들은 의식이라는 것을 채워져야 할 빈 그릇인 양 간주하는 기계적 개념을 받아들일 수 없을 뿐만 아니라 해방

• 제2장 은행예금식 교육과 문제제기식 교육

이라는 명목으로 지배의 은행예금식 방법(선전, 슬로건-예탁금들)을 사용하는 것도 받아들일 수 없다.

  진실로 투신한 사람들은 은행예금식 개념을 송두리째 내버리고 대신에 '의식하는 존재'로서의 인간개념과 '세계를 향한 의식'으로서의 의식 개념을 채택해야 한다. 그들은 당연히 '예탁금 마련'이라는 교육 목표를 지양하고 대신에 인간이 세계와의 관계 속에서 갖게 되는 문제점들을 제시하는 교육으로 대치한다. 의식의 본질-지향성-에 맞는 문제제기식 교육은 일방적 전달을 지양하고 의사소통을 실현한다. 이 교육은 의식의 특질을 요약한다. 이 특질이란 의식대상들에게 향하는 것으로 그치지 않고,-야스퍼스의 분열 *split* 개념 속에서 의식 자체로 지향하는 의식행위-의식을 의식하는 의식이다.

  해방 교육은 정보의 전달이 아닌 인식 행위로 이루어진다. 해방교육은 인식할 만한 대상(대상, 이것이 인식행위의 목적이 되는 일은 많다)이 인식하는 행위자들, 한편은 교사 한편은 학생들 사이에서 '매개체'가 되는 학습상황이다. 따라서 문제제기식 교육을 실시하려면 무엇보다도 먼저 교사-학생의 모순을 해소시킬 필요가 있다. 그렇지 않으면 동일한 인식대상을 파악하는 일에 협력하는 인식 행위자들의 협동 능력에 절대 필요한 대화적 관계가 불가능하게 된다.

  사실 문제제기식 교육이 자유의 구현이라는 제 기능을 다

• 페다고지

하자면, 오로지 은행예금식 교육의 종적(從的) 성격을 제거하고 위의 모순을 해결해야 한다. 그렇게 되면 '교사의 학생들'과 '학생들의 교사'는 대화를 통해서 모습을 감추고 〈교사 - 학생〉, 〈교사들 - 학생들〉이라는 새 용어가 출현한다. 교사는 더 이상 그저 '가르치는 자'가 아니고 학생들과의 대화 속에서 자신도 배우는 자가 된다. 학생들도 그들대로 배우는 가운데 가르치는 자들이 된다. 이로서 그들은 서로 연결 되어 모두가 함께 성장하는 '과정'에 책임을 진다. 이 과정 속에서는 권위에 근거한 논쟁은 이제 무익한 것이 된다. 여기서 권위가 제 구실을 다 하려면 자유를 거슬러서는 안되고, '자유의 편'이 되지 않으면 안된다. 이제 아무도 타인을 일방적으로 가르치지도 않게 되고 혼자서 배우는 사람도 없어진다. 인간들은 서로를 가르치게 되고, 따라서 세계, 그리고 은행예금식 교육에 있어서는 교사에 의해서 '소유되던' 인식 대상이 매개체 구실을 하게 된다.

은행예금식 개념(이는 모든 것을 둘로 나누려는 경향이 있다)은 교육자의 행위를 두 단계로 구분짓는다. 첫 단계는 교사가 연구실이나 실습장에서 학습에 필요한 준비를 하면서 인식 대상을 인식하는 단계다. 그리고 둘째 단계는 그 인식 대상을 학생들에게 상세하게 설명하는 단계이다. 이 때 학생들은 알기 위해서가 아니고 다만 교사가 서술하는 서술 내용을 암기하기 위해서 자리를 지킨다. 학생들은 어떠한 인식행

• 제2장 은행예금식 교육과 문제제기식 교육

위도 일체 감행하지 않는다. 인식행위는 반드시 방향설정이 되어야 하는데도 불구하고, 그 대상이 교사와 학생 양자의 비판적인 사고를 일깨워 주는 매개체라기 보다는 교사의 소유물이 되기 때문이다. 결코 '문화와 지식의 보존'이라는 명목으로 우리는 참다운 지식도 참다운 문화도 이룰 수 없는 제도를 하나 가지고 있는 셈이다.

문제제기식 방법은 교사 - 학생의 활동을 결코 이분하지 않는다. 교사가 어느 시점에서는 '인식하는' 처지가 되고 어느 시점에서는 '설교하는' 처지가 되는 법은 없다. 그는 학습안을 작성할 때나 학생들과 함께 대화를 나눌 때나 항상 인식한다. 그는 인식할 수 있는 대상을 제 사유물로 간주하는 일이 없이, 자신과 학생들의 사고 대상으로 생각한다. 이런 방법으로 문제제기식 교육자는 학생들의 사고 속에서 본인의 사고를 부단히 변형시켜 *reform* 나간다. 더 이상 유순하기 만한 청취자가 아닌 학생들은 교사와의 대화 속에서 이제는 비판력을 가진 공동탐구자가 된다. 교사는 학생들에게 생각할 재료를 제공하고, 학생들이 그들의 생각을 이야기할 때 교사는 이전에 가지고 있던 자신의 생각을 재검토한다. 학생들과 더불어 영광과 동격인 지식을, 이성과 동격인 참된 지식으로 전환하는 여건을 창조하는 것이 곧 문제제기식 교육자의 역할이다.

은행예금식 교육은 창조력을 마비시키고 억제하지만 문제제기식 교육은 끊임없이 현실을 벗겨낸다. 전자는 의식의

• 페다고지

'침몰'을 지속시키려고 하지만 후자는 의식의 "출현"과, 현실에의 '비판적 개입'을 위해 노력한다.

학생들은 세계 속에서 그리고 세계와 더불어 차츰 그들 자신에게 관계되는 여러 문제들을 접함에 따라서 점차 자신들이 도전받고 있다는 사실과 그 도전에 의무적으로 대응해야겠다는 생각을 갖게 될 것이다. 그들이 이 도전을 하나의 이론상의 문제로서가 아니라 전체 관계 속에서 다른 문제들과 관련을 맺고 있는 도전으로 이해하는 만큼, 점차 비판적인 성격을 띠는, 그러면서 계속해서 소외감이 줄어드는 이해에 도달하게 된다. 도전에 대한 그들의 반응으로 새로운 도전들이 야기되고 또 거기에는 새로운 이해들이 뒤를 잇는다. 이리하여 학생들은 점점 스스로를 투신한 자로 여기게 되는 것이다.

자유의 행사로서의 교육 — 지배력 행사로서의 교육과 대립되는 — 은 인간이 추상적이고, 소외되고, 독립적이고, 세상과 격리된 존재가 아니라고 주장한다. 또한 세계가 인간으로부터 동떨어진 현실로 존재하는 것이 아니라고 말한다. 진정한 사고란 추상적인 인간도, 인간 없는 세계도 대상으로 삼지 않고 다만 '세계와의 관계 속의 인간'을 대상으로 삼는다. 이 관계 속에서는 의식과 세계가 동시적인 것이 된다. 의식의 세계를 앞서는 것도 아니고 뒤따르는 것도 아니다.

의식과 세계는 동시에 부여된다. 세계는 본질적으로 의식

• 제2장 은행예금식 교육과 문제제기식 교육

의 외부이므로 의식과 세계는 서로 상대적이다.*

칠레 내의 우리 교양 서클 가운데 한 그룹이 (기호화에 관한 도표를 토대로 하여) 문화에 대한 인류학적 개념을 토의할 때였다.** 한참 토의가 진행되고 있을 즈음에 은행예금식 기준에서 보면 완전히 무지하다고 할 농부 하나가 "이제야 인간이 없으면 세계도 없다는 사실을 알겠습니다"라고 했다. 그 말에 교육자가 대꾸하기를 "가령 이런 반론이 나올 수도 있습니다. 지구상의 인간들 모두가 죽는다고 하더라도 지구는 남는다. 거기에는 나무들도 있을 것이고 조류와 짐승들, 강과 바다와 별들도…… 남아 있을 것이다. 이 모두가 바로 세계가 아니겠습니까?" 그러나 그 농부는 단호하게 말하는 것이었다. "천만에요 「이것이 세계다」라고 말할 사람이 아무도 없을 걸요."

이 농부가 표현하고자 한 사상은 세계에 대한 의식이 필연적으로 의식의 세계를 수반한다는 것이었다. 자아는 비아 없이 존재할 수 없다. 그 대신 비아는 자아의 존재에 의존하고 있는 것이다. 의식을 존재케 하는 세계는 바로 그 의식의 세계가 된다. 앞서 "의식과 세계는 동시에 부여된다"라고 한 싸르트르의 주장을 인용한 이유도 여기에 있다.

---

*싸르트르, 앞의 책, 32쪽.
**제3장을 보라.‐ 역자 주.

● 페다고지

　인간들이, 그들과 세계를 동시에 사고하여 그들의 인식을 확대시킬 때, 그들은 이전에 의식하지 못한 현상들을 직시하게 된다.

　　이른바 분명한 자각으로서의 인식 속에서 나는 객체, 예를 들어 '종이'라는 객체에 눈을 준다. 나는 이것이 지금 이곳에 존재하는 존재임을 감지한다. 모든 자각은 하나의 선발(選拔)이며, 모든 객체는 체험상 하나의 배경을 갖고 있다. 이 종이의 주변 여기저기에 책들, 연필들, 잉크병 등이 놓여져 있으며 어떤 의미로는 이것들도 또한 '직관의 영역' 속에서 인식되며 인식 가능성을 지니고 그 곳에 자리하고 있는 것이다. 그러나 내가 일단 '종이'로 눈을 돌리고 있는 동안에는 그들 쪽으로 주의가 가지 않고, 이차적인 의미 내에서도, 그 것들에 대한 지각이 발생하지 않는다. 그것들이 비록 모습을 드러내 놓고 있는 것은 사실이지만 아직 선발되지도 않았으며 그들의 자의에 의해 놓여 있는 것도 아니다. 만일 '직관하는 일'이 이미 눈을 주고 있는 존재의 상태를 포함시키고 있을 경우에, 한 사물에 대한 모든 인식에는 그처럼 배경직관대(背景直觀帶) 혹은 배경인식대(背景認識帶)가 존재한다. 그리고 이 인식은 하나의 '의식적인 체험'이며 혹은 보다 간단하게 말해서 모든 것, 사실에 관련된 공동의식적 객관적 배경 속에 자리하고 있는 모든 것에 대한 인식이다.*

---

*E, 훗설, 『이데아 - 현상학 일반 서론』(런던, 1969), 105~106쪽.

• 제2장 은행예금식 교육과 문제제기식 교육

　객관적으로 존재했으면서도(그것이 실제로 일단 인식되었다는 가정에서) 그것이 지니고 있는 보다 깊은 의미를 인식치 못했던 것이, 문제의 성격과 그로 말미암은 도전의 성격을 알게 됨으로써 '부각'되기 시작한다. 그리하여 인간들은 '배경의식'으로부터 부각된 요소들을 선발해 내고 그것들에 대해서 사고하기 시작한다. 이 요소들이 이제 인간들의 사고 대상들이 되고, 마찬가지로 그들의 행위와 인식의 대상이 되는 것이다.
　인간들은 세계와 함께, 세계 안에서, 그들 스스로를 발견한다. 바로 그 세계 속에서 인간들은 문제제기식 교육을 통해 '그들이 존재하는 방식'을 비판적으로 인식하는 힘을 기른다. 그들은 세계를 정지상태에 있는 현실로서가 아니고 진행 중에 있는, 변형되어 가고 있는 현실로 간주한다.
　인간들과 세계의 변증법적 관계들은 비록 이 관계가 인식되는 방법과 무관하게 존재하더라도 (혹은 그것들이 일단 인식되든지 되지 않든지 간에), 인간들이 채택하는 행위 형태는 대게 그들이 세계 속에서 자기네 스스로를 인식하는 방법 역할을 한다. 그러므로 교사 - 학생 그리고 학생들 - 교사들은 이 사고를 행위와 이분하지 않고서 자신들과 세계를 동시에 사고하고 또 그렇게 함으로써 행위와 사상의 진정한 형태를 확립한다.
　우리가 분석하고 있는 두 가지 교육개념과 실천은 여기서 또 한번 상충된다. 은행예금식 교육은 (분명한 이유들 때문에), 현실을 신화화함으로써, 사람들이 세상에 존재하는 방법을 설명해 주는 확실한 사실들을 숨기려고 든다. 문제제기식 교

• 페다고지

육은 비신화화(非神話化)하는 임무를 수행한다. 은행예금식 교육은 대화를 방해한다.

　문제제기식 교육은 대화야말로 현실을 폭로하는 인식 행위에 없어서는 안되는 것이라고 생각한다. 은행예금식 교육은 학생들을 도와주어야 할 대상들로 다룬다. 문제제기식 교육은 그들을 비판적인 사고자들로 만든다. 은행예금식 교육은 창의력을 억누르고(비록 완전히 파괴하지는 못하더라도) 세계로부터 의식을 분리시켜서 의식의 지향성을 길들이고, 그렇게 함으로써 인간의 존재론적·역사적 사명을 부정한다. 문제제기식 교육은 그 자체가 창의력에 바탕을 주고 있고 현실에 관한 참된 사고와 행위를 자극한다. 그렇게 함으로써 탐구와 창조적 변형에 참여할 때에야 비로소 참된 존재가 된다는 인간 사명에 응하게 만든다. 이상을 요약하자면, 고정시키고 고착화하는 힘으로서의 은행예금식 이론과 실천은 인간들을 역사적 존재들로 인정하지 못한다. 문제제기식 이론과 실제는 인간의 역사성을 그 시발점으로 삼는다.

　문제제기식 교육은 '되어 가는' 과정에 놓여 있는 존재, 마찬가지로 미완성된 현실과 더불어, 그리고 그 현실 속에 존재하는 불완전하고 미완성된 존재로서의 인간을 긍정한다. 역사적인 존재는 아니지만 미완성 상태에 있는 여타의 동물들과는 달리 인간들은 그들 스스로가 미완성임을 안다. 스스로의 비완전성을 자각하고 있는 것이다. 오로지 인간만의 발로인 교육이 뿌리내리고 있는 곳이 바로 이 불완전성과 자

• 제2장 은행예금식 교육과 문제제기식 교육

각이다. 인간은 미완성적 존재이고 현실 변혁적인 성격을 지녔기 때문에 교육은 이를 위해 부단히 실시되어야 한다.

교육은 이렇게 해서 실천 *parxis* 속에서 끊임없이 개조된다. '존재하기 위해서는 되어야 한다'는 베르그송 철학의 어의로 교육의 지속은, 〈항구불변〉과 〈변화〉라는 대립의 상호작용 속에서 나타난다. 은행예금식 방법은 항구불변을 강조하고, 보수주의로 된다. '잘 길들여진' 현재도 예정된 미래도 받아들이지 않는 문제제기식 교육은 스스로가 동적인 현재에 근거를 두고 있고 따라서 혁명적이 된다.

문제제기식 교육은 혁명적 미래성이다. 따라서 그것은 예언적이고 희망적이며 인간의 역사적 성격에 부합한다. 이 교육은 인간들을 스스로 초월하는 존재, 앞으로 전진하며 전방을 주시하는 존재, 정지를 무서운 위협으로 알고 과거를 볼 때도 자신이 과거에 누구였고 어떤 인간이었는가를 보다 분명하게 이해하여 미래를 더욱 지혜롭게 건설할 목적에서만 되돌아오는 존재로 재인식한다. 그러므로 이 교육은 인간들을 스스로의 불완전성을 의식하는 존재로서 받아들이는 운동, 즉 그 출발점, 그 주체들과 목적들을 지니고 있는 운동과 동일한 것이다.

이 운동의 출발점은 곧 인간들 자신 안에 있다. 그러나 인간이 세계를 떠나서, 현실을 떠나서 존재할 수 없기 때문에 이 운동 또한 인간 세계 상호관계 속에서 시작되지 않으면 안된다. 그러므로 출발점은 항상 '지금, 여기에' 인간들과 더

● 페다고지

붙어 있어야 한다. 우리가 말하는 '지금, 여기에'는 인간들이 거기에 침몰하고 거기서부터 출현하고 그 속에 개입하는 상황을 성립시킨다. 오로지 이 상황 – 인간들의 인식을 결정한 상황 – 에서 출발함으로써만 인간들은 동작을 시작할 수 있다. 진정으로 이 일을 수행하기 위해서, 인간들은 그들의 상태를 변화 불가능한 숙명적인 것으로서가 아니고 단순히 한정된 것으로, 따라서 도전해 볼 만한 것으로 인식해야 한다.

은행예금식 방법은 인간들이 자기들의 상황을 숙명적으로 인식하도록 직접·간접으로 강요하는 데 비해서, 문제제기식 방법은 이 상황 자체를 하나의 문제로서 인간들에게 제시한다. 상황이 인간들의 인식대상이 되려면, 인간에게 숙명론을 안겨준 소박하고 마술적인 거짓 인식을 탈피하여 현실을 있는 그대로 바라볼 수 있게 해야 한다. 그렇게 되어야만 현실을 비판적으로 대상화할 수 있는 것이다.

사람들은 자기들 상황을 깊이 의식하게 되면 그 상황이 변혁에 민감한 역사적 현실이라는 사실을 이해하게 된다. 체념이, 그들 스스로가 억제하고 있다고 느끼는 변혁과 탐구를 향한 충동으로 바뀐다. 만약에 인간들이 탐구 활동 중에, 역사적 존재로서 다른 사람들과 관련을 맺게 될 때, 그 활동을 조절하지 않는다면 그것은 사람들의 인간성을 침해하는 일종의 침해가 될 것이다. (그리고 실제가 그렇다.) 어떤 인간들이 다른 인간들로 하여금 탐구 과정에 관계하지 못하도록 방해하는 상황은 하나의 폭력이다. 사용된 방법은 중요하지

• 제2장 은행예금식 교육과 문제제기식 교육

가 않다. 인간들이 스스로 결정을 내리지 못하게 따돌리는 행위는 그들을 물건화시키는 행위이다.

이 탐구 활동은 인간화, 인간의 역사적 사명에로 방향설정이 되어야 한다. 그러나 완전한 인간성 추구는 고립이나 개인주의 속에서는 불가능하고 우정과 공동일치 속에서만 가능하다. 따라서 이 일은 억누르는자들과 억눌린자들 사이의 적대관계 속에서는 전개될 수가 없다. 누구나 진정으로 인간답게 되려면 다른 사람들이 인간답게 되는 일을 방해해서는 안된다. 개인적으로 〈보다 인간답게〉 되려는 태도는 이기적으로 〈보다 많이 소유〉하는 일과 연결된다. 이것은 비인간화 형태의 하나다. 물론 인간이 〈인간적으로 되기〉 위해서는 〈소유하는 것〉이 긴요치 않다는 말이 아니다. 그것이 필요하기 때문에, 일부 인간들의 〈소유〉가 다른 인간들의 〈소유〉에 장애되는 일을 방치하거나, 다수 인간을 짓누르기 위해서 소수 인간들의 힘을 강화하도록 허용해서는 안된다는 것이다.

휴머니스트를 길러 내고 인간해방을 위한 실천 *praxis*을 정립하는 문제제기식 교육은 지배력에 종속된 인간들이 스스로 노예해방을 위해서 투쟁하는 일을 그 기본으로 삼는다. 이 목적을 위해서, 교사들과 학생들은 권위주의와 소외적 주지주의를 극복하여 교육과정의 주체들이 되게 한다. 이 교육은 또한 인간들이 가지고 있는 현실에 대한 그릇된 인식을 극복하게 한다. 세계 ― 더 이상 헛된 말로 묘사되지 않는 어

● 페다고지

떤 것-는 사람들의 인간화에서 비롯되는, 인간들의 변혁하는 행위의 대상이 된다.

문제제기식 교육은 억누르는자의 이익에 보탬을 주지 않으며 또한 줄 수도 없다. 억압 질서는 그 어느 것도 억눌린자에게 "왜?"라고 질문을 시작하게 내버려두지 않는다. 문제제기식 교육이 제도적으로 실시되자면 혁명 사회가 이루어진 후에라야 하기 때문에, 혁명 지도자들은 이 방식을 채택할 수 있게 되기 전까지는 전력을 기울일 필요는 없다. 그렇지만 혁명과정에서 지도자들은, 순수한 혁명적 방식으로 행해지는 문제제기식 교육과 함께 편의라는 구실 아래 하나의 임시 수단으로 은행예금식 방법을 활용해서는 안된다. 혁명 지도자들은 그 출발부터가 혁명적, 다시 말해서 대화적이 되어야 한다.

제 3 장

대화론 : 자유의 실천으로서 교육의 본질

《 주요 내용 》

- 대화론 – 자유의 실천으로서 교육의 본질
- 대화론과 대화
- 대화와 프로그램 내용의 탐색
- 인간 – 세계 관계, '생성 주제들', 그리고 자유의 실천으로서 교육 프로그램 내용
- '생성주제들'의 탐색과 그 방법
- '생성주제들'의 탐색을 통한 비판적 의식의 각성
- 탐색의 여러 단계

제 3 장

대화론 : 자유의 실천으로서 교육의 본질

 '대화'를 인간 현상의 하나로 분석하다 보면, 대화 그 자체의 본질인 어떤 것이 발견된다. 그것은 곧 '말'이다. 이 '말'은 대화를 가능하게 하는 도구 이상의 것이다. 따라서 우리는 말을 이루고 있는 구성 요소들을 고찰하지 않을 수 없게 된다. 말에는 두 가지 영역이 있다. 사고의 영역과 행동의 영역이다. 이 둘은 근본적인 상호작용 속에서 하나가 '부분적으로라도' 희생되면 곧바로 다른 쪽도 상처를 입는다. 행동 없는 참된 말이란 존재하지 않는다.* 따라서 진정한 말을 한다는 것은 곧 세계를 변혁 *transform*시키는 일이다.**

 이들 구성 요소들이 이분되지 않을 수 없는 상황에서는 현실을 변혁시키지 못하는 말, 신용할 수 없는 말이 튀어나온다.

---

*   행동, 사고
    ‖
   말=일=실천 *praxis*
   행동의 포기=표현주의 *verbalism*
   사고의 포기=행동주의 *activism*

**이러한 생각의 일부는 에르나니 마리아 피오리 *Ernani Maria Fiori* 교수와의 대담을 통해서 얻은 것이다.

● 페다고지

말이 그 행동영역을 상실하면 사고영역 또한 자동적으로 피해를 입게 된다. 이럴 때의 말은 한가한 잡담이 되고, 표현주의로, 소외시키면서 동시에 소외당하는 '허튼 소리'로 변질된다. 세계를 고발할 수 없는 빈 말이 되고 만다. 고발이란 변혁을 위해 뛰어드는 투신이 없이는 불가능한 것이고, 행동 없는 변혁 또한 있을 수 없기 때문이다.

한편, 사고를 묵살하면서 전적으로 행동만을 강조하게 되면, 말은 행동주의화 한다. 이 경우는 -행동을 위한 행동으로 -진정한 행동을 부정하고 대화의 길을 막아 버린다. 사고와 행동을 이분하는 것은 양자가 다 거짓된 존재 형태들을 창조하고 또한 거짓된 사고 형태들을 조직해 내는 결과를 낳는다. 이러한 결과는 다시 원래의 분열을 강화하게 된다.

인간 존재는 침묵이 될 수 없으며 거짓말로 비옥해질 수도 없다. 그것은 오직 세계를 변혁하는 참된 말들로 인해서 비로소 비옥해질 수가 있다. 인간답게 존재하는 것은 곧 세계를 이름짓는 것이고 세계를 변화시키는 것이다. 세계는 일단 '이름지어'지면, 이름지은 자들에게 하나의 문제로서 재등장하고, 그들에게 새로이 '이름지어' 주도록 요구하게 된다. 인간들은 침묵* 속에서가 아닌 말 속에서, 일 속에서, 행동·

---

*여기서 말하는 침묵은 심오한 명상의 침묵이 아니다. 인간은 오로지 명상을 통해서 세계를 벗어나고, 거기에서 이탈해서 그 세계의 전체를 고찰하고, 그렇게 함으로써 세계와 더불어 자리를 같이 하게 된다. 그러나 이같은 명상은 명상하는 사람이 현실 속에 '푹 잠겨'있을 때 비로소 진정한 것이 된다. 다시 말해서 명상이 세계를 경시하고 '역사적 정신분열증 historical schizophrenia' 형태로 세계에서 도피하는 행위가 되지 않을 때 비로소 진정한 것이 된다.

• 제3장 대화론 : 자유의 실천으로서 교육의 본질

사고 속에서 도약된다.
　참된 말-이는 곧 일이며 실천 *praxis*이다-을 한다는 것은 세계를 변혁시킨다는 것이다. 이때 행해지는 말은 일부 소수인들의 특권이 아니고 만인의 권리라는 뜻이다. 어느 인간이나 홀로 참된 말을 할 수는 없으며 그가, 다른 사람들의 '말'을 그들에게서 빼앗아 버리는 규정된 행위를 통해서, '다른 사람을 대신하여' 참된 말을 할 수도 없다.
　대화란 세계가 매개체가 되어 세계를 '이름짓기' 위해서 이루어지는 인간들 사이의 만남이다. 따라서 세계를 '이름짓고 싶어하는' 사람들과 반대로 '이름짓고 싶어하지 않는' 사람들 사이에는, 다시 말해서 다른 사람들의 말할 권리를 부정하는 사람들과 말할 권리를 상실당한 사람들 사이에는, 대화가 이루어지지 않는다. 그러므로 자기네 말을 이야기할 원칙적인 권리를 상실한 사람들은, 우선 이 권리를 되찾고, 이같은 비인간화하는 침해가 계속되지 못하도록 막아야 한다.
　인간들은 자기네 말을 이야기하는 가운데, 세계를 '이름지음'으로써 세계를 변혁하게 된다면, 분명 대화는, 인간들이 인간으로서의 의미를 찾는 길이다. 대화란 이처럼 실존을 확인하는 것이다. 대화는 대화자들의 일치된 사고와 행동을 변형하고 인간화해야 할 세계에 전달해 주는 만남이기 때문에, 이 대화를 어떤 사람이 다른 사람에게 망각을 '예탁하는' 행위로 전락시킬 수도 없고, 토의자들이 그저 '소비시킬 뿐인' 사상 교환으로 변질시켜서도 안된다. 대화는, 하나의 창

● 페다고지

조행위다. 이것을 한 인간이 다른 인간을 지배하는 교활한 지배도구로 삼는 일은 없어야 한다. 대화 속에 내재하는 지배는 곧 대화자들에 의한 세계의 지배다. 그것은 인간해방을 위해 세계를 정복해 버리는 짓이다.

그러나 대화는 세계와 인간들을 위한 심오한 사랑 없이는 존재할 수가 없다. 세계에 '이름 붙이는' 일은, 하나의 창조와 재창조의 행위로서, 사랑이 투입되지 않으면 불가능한 일이다.* 사랑은 대화의 기반이자 대화 그 자체인 것이다. 결국 사랑은 책임있는 '주체들'이 맡는 숙제로서, 지배관계 속에서는 존재하지 못한다. 지배란 사랑이 병든 현상이다. 지배자에게는 사디즘으로 피지배자에게는 마조히즘으로 나타나는 증상이다. 사랑은 공포의 행위가 아니고 용기의 행위인

---

*나는 진정한 혁명가들은 혁명을, 그 창조적이고 해방시켜 주는 본질로 인해, 하나의 사랑의 행위로 인식해야 한다고 거듭 확신하는 바이다. 나로서는 혁명이, 혁명이론－곧 과학－없이는 불가능한 것으로서 결코 사랑과 배치되는 것이 아니라고 본다. 오히려 그와는 정반대이다. 혁명이란 인간이 자신들의 인간화를 성취시키기 위해서 수행하는 것이다. 사람들의 비인간화, 이것이야말로 인간들을 혁명가로 만드는 가장 깊은 동기가 아니고 무엇이겠는가? 자본주의 세계가 '사랑'이라는 단어에 가한 왜곡도 본질적으로, 사랑하는 존재로부터 비롯되는 혁명을 막을 수 없을 뿐만 아니라 혁명가들이 삶에 대한 그들의 사랑을 확인하는 일을 방해하지도 못한다. 게바라 Ché Guevara도('어리석게 보이는 위험'을 인정하면서도) 그 사랑을 확인하는 일을 주저하지 않는다. 분명히 말하거니와, 비록 어리석게 보일 위험은 있지만 진정한 혁명가는 강력한 사랑의 감성에 따라 움직인다. 이러한 자질이 없이는 진정한 혁명가라고 말할 수가 없다. 존 제라씨 John Gerassi 판, 『우리는 이길 것이다.－체 게바라의 연설과 기록 Venceremos-The speeches and writings of Ché Guevara』 (뉴욕, 1969), p.398

• 제3장 대화론 : 자유의 실천으로서 교육의 본질

만큼 다른 사람들을 향한 투신이다. 억눌린자들이 그 어느 곳에서 발견되더라도, 사랑의 행위는 그들이 대의, 즉 해방이라는 대의에 뛰어드는 투신이 된다. 그리고 이 투신은 사랑하고 있기 때문에 대화적이 된다. 사랑은 용기의 행위인 만큼 결코 감상적인 것이 될 수는 없다. 하나의 자유 행위와 사랑이, 기만의 평계 구실이 되어서는 안되기 때문이다. 사랑은 반드시 또 다른 자유행위를 생성시켜야 한다. 그렇지 못하면 그것은 사랑이 못된다. 억압상황으로 인해 불가능한 것이 되어 버린 사랑을 본래 모습으로 바꾸어 놓으려면 그 억압 상황을 뒤엎는 수밖엔 다른 도리가 없다. 내가 만일 세계를 사랑하지 않는다면, 내가 만일 인간들을 사랑하지 않는다면, 나는 결코 대화에 임할 수가 없는 것이다.

또한 대화는 겸손이 없으면 존재하지 못하게 된다. 세계에 '이름 붙이는' 일이란, 인간들이 끊임없이 세계를 재창조해 나가는 일로, 결코 어떤 오만의 행위가 될 수는 없는 것이다. 배우고 행동한다는 공통과제로 연결되는 .인간들이 만나는 행위인 대화는 대화자들(혹은 그들 중의 하나)이 겸손하지 못하면 결렬되고 만다. 만일 내가 자신의 무지는 깨닫지 못하면서 언제나 다른 사람의 무지를 탓하려고만 든다면 어떻게 대화가 이루어지겠는가? 만일 내가 나 자신을 다른 사람들-그들 속에서는 다른 '나'를 찾고 인정할 수 없는 그저 '그것들'-과는 별개의 인간으로 간주한다면 어떻게 대화가 이루

● 페다고지

어지겠는가? 만일 내가 내 자신을 '순수한' 사람들로 이루어진 집단 내(內) 일원으로, 진리와 지식을 가진 자로 여기면서, 다른 사람들은 모두 '이 사람들' 혹은 '하층민들'로 간주한다면 어떻게 대화가 이루어지겠는가? 만일 내가 세계에 '이름붙이는' 작업은 엘리트가 할 일이며, 역사 속에 민중이란 존재는 마땅히 피해야 할 저질의 표시라고 전제하고 있다면 어떻게 대화가 가능하겠는가? 만일 내가 다른 사람들의 공로를 무시하고, 심지어는 그 때문에 기분이 나빠지기라도 한다면, 만일 내가 쫓겨날 가능성이 있다 해서 괴로워하고 나약해진다면, 어떻게 대화가 있을 수 있겠는가? 오만과 대화는 병존할 수 없다. 겸손이 결여된(혹은 그것을 상실한) 사람들은 민중에게 접근하지 못하고, 그들의 동료가 되어 세계에 '이름붙이는' 작업을 할 수가 없다. 자기도 다른 사람들과 마찬가지로 유한한 존재라는 사실을 인정할 줄 모르는 사람은 만남의 장소에 가기에는 아직도 요원한 사람이다. 만남의 자리에는 철저하게 무지한 사람도 완벽하게 현명한 현인도 있을 수 없다. 다만 그들이 현재 알고 있는 것보다 좀 더 배우려고 함께 노력하는 인간들이 존재할 뿐이다.

나아가서 대화는 인간들에 대한 강한 믿음, 만들고 제조하며 창조하고 재창조하는 인간 능력에 대한 믿음, 보다 완전한 인간이 되어야 하는 인간 사명(어떤 엘리트의 특권이 아닌 모든 인간들이 천부적 권리)에 대한 믿음을 요구한다. 인간에 대한 믿음은 곧 대화에 필요한 선험적 요구이다. '대화적 인간'은 심지어는 서로 얼굴을 맞대기 전부터 다른 사람들을 믿는다. 그렇다고 해서 그 믿음이 고지식한 것은 아니다. '대화적인 인간'은 비판력도 지니고 있고, 소외라는 구체적인 상황에서 창조하고 변혁하는 일이 인간의 힘으로 이루어지는 것이면서도 그 힘의 사용으로 말미암아 인간들에게 해를 미칠 수도 있다는 사실을 모르지 않는다. 그는 인간에 대한 믿음을 조금도 훼손시키지 않는 가운데 이 가능성을 맞서야 할 도전으로 받아들인다. 그는 창조하고 변혁하는 힘이 비록 구체적인 상황 속에서 방해받고 있을 때라 하더라도 되살아날 소지가 있음을 확신한다. 노예 노동을, 생의 의미를 맛보게 하는 자유 노동으로 대체시키는 가운데 이같은 재생이 이루어질 수 있다. 이는 무상으로 얻어지는 것이 아니고 해방을 위한 투쟁 속에서 얻어지는 것이다. 인간에 대한 이러한 믿음이 없으면 대화는 부권주의적 기반으로 타락하는 어릿광대극이 될 수밖에 없다.

　대화가 사랑, 겸손 그리고 믿음을 그 바탕으로 하게 되면 자연히 참석자들은 서로를 신뢰하는 수평 관계를 맺는다. 사랑하고 겸손한 마음과 믿음으로 충만된 대화가 상호신뢰의 분위기를 만들어 민중들로 하여금 보다 밀접한 협력관계 속에서 세계에 '이름붙이는' 일에 임하도록 유도하지 못한다면, 그것은 하나의 모순이 된다. 은행예금식 교육방법이 갖는

● 페다고지

〈대화 배척〉의 성격에서는 분명히 이같은 신뢰를 찾아볼 수 없다. 인간에 대한 믿음이 대화에 필요한 선험적 조건인데 비해서 대화로 인해서 확인되는 것은 곧 신뢰이다. 만일 대화로 신뢰가 확인되지 못할 경우가 생긴다면 그것은 선결조건이 미비됐기 때문이다. 거짓된 사랑과 위장된 겸손, 인간에 대한 빈약한 믿음은 신뢰를 낳지 못한다. 한 인간이 자기의 진실하고 구체적인 의향을 다른 사람들에게 펼쳐 보이는 증거로 부수되어 나오는 것은 오직 신뢰밖에 없다. 그가 입으로 한 말이 행동과 부합되지 않을 경우에는 신뢰란 있을 수 없는 것이다. 이렇게 말하고 저렇게 행동하는 처사는 결코 신뢰감을 주지 못한다. 민족주의를 찬양한다면서 민중들의 입을 틀어막는 짓은 광대놀이에 불과하다. 휴머니즘을 떠들어대면서 인간을 부정하는 자는 거짓된 자이다.

대화는 또한 희망이 있어야 존재할 수 있다. 희망이란 인간의 불완전성에 뿌리박고 서 있는데 사람들은 끊임없는 추구—다른 사람들과의 친교 속에서만 실행될 수 있는 추구—속에서 움직여 그 불완전성으로부터 나와야 한다. 절망은 침묵의 한 형태요, 세계를 부정하고 거기로부터 도피하는 도피 행각이다. 부조리한 질서에서 빚어지는 비인간화는 절망의 이유가 될 수 없으며 오히려 불의로 말미암아 부정되는 인간성을 부단하게 추구할 수 있도록 유도해 주는 희망의 동기가 된다. 그러나 희망이란 팔짱을 끼고서 그저 기다릴 성

• 제3장 대화론 : 자유의 실천으로서 교육의 본질

질의 것이 아니다. 내가 투쟁하고 있을 때 나는 희망으로 움직이고 있다. 그리고 내가 희망을 품고 싸울 때 나는 기다릴 수 있게 된다. 보다 완전한 인간이 되려는 사람들의 만남인 이 대화는 절망이라는 풍토 위에서는 이루어지지가 않는다. 대화에 참여하는 자들이 자기네 노력에서 기대할 것이 아무 것도 없다면, 그들의 만남은 공허하고 헛되고 형식적이고 지루한 만남이 되고 말 것이다.

끝으로 진정한 대화는 비판적인 사고 즉, 세계와 인간을 이분하는 것을 인정하지 않고, 양자가 분리될 수 없는 어떤 결합을 이루고 있음을 식별하는 사고, 현실을 정지된 실제로서보다는 과정이자 변형으로 인식하는 사고, 사고 그 자체를 행동에서 분리시키지 않고, 도사리고 있는 위험들을 두려워하지 않으면서, 현세에 깊숙이 파고들기를 마지않는 사고 없이는 존재하지 못한다. 비판적인 사고는, '역사의 시간을 하나의 무게로, 누적된 습득물로, 과거의 체험들로'* 보고 거기서부터 표준에 맞추어지고 '행실이 방정한' 현재가 출현해야 한다고 생각하는 고루한 사고와는 대조적이다. 고루한 사상가에게는 표준에 맞추어진 '오늘'에 적응하는 일이 중요하다. 그러나 비판적인 사상가에게 중요한 일은 지속적인 인간들의 인간화를 위해서 현실을 끊임없이 변혁시키는 것이다. 삐에르 푸르터는 말하고 있다.

---

*어떤 친구의 편지에서

• 페다고지

이제는 보증된 공간을 파악하여 현세의 위험물을 줄여 보자는 것이 목표가 아니고 오히려 공간을 현세화하는 것이 목표가 된다. (……) 우주가 나에게는, 적응할 수 있을 뿐인 거대한 '현재'를 떠맡기는 공간으로서가 아니고, 내가 거기에 작용함으로써 형성되는 하나의 범위요 영역으로 보인다.*

고지식한 사고에 따르면 분명히 이 보증된 공간을 꽉 붙잡고 거기에 순응하는 것이 목표가 될 것이다. 그러나 그런 식으로 현세를 부정하는 것은 목표 그 자체마저 부정하는 결과를 낳는다.

오직 대화, 비판적인 사고를 필요로 하는 대화만이 비판적인 사고를 산출할 수가 있다. 대화 없이는 의사소통이 안되고 의사가 소통되지 않는 참된 교육이란 있을 수 없다. 학생과 교사 사이의 모순을 해소시킬 수 있는 교육이란, 학생과 교사 양자가 모두, 중재를 받는 대상을 그네들의 인식 대상으로 삼는 상황 속에서 이루어진다. 이처럼 자유의 실천으로서의 교육이 지니는 대화적 성격은, 교사 - 학생이 어떤 교육학적 상황 속에서 학생들 - 교사들과 마주치는 데서 비롯되는 것이 아니고, 전자가 후자와 가지게 될 대화가 어떤 것인지를 스스로 자문하는 데서 표출된다. 그리고 대화 내용에 대한 편견 또한 실제로는 교육 계획 내용에 대한 편견이 되는 것이다.

---

*뻬에르 푸르터 *Pierre Furter*,『교육과 생활 *Educaçao e Vida*』(리오 데 자네이로, 1966), 26~27쪽

• 제3장 대화론 : 자유의 실천으로서 교육의 본질

　대화를 배척하는 은행예금식 교육자에게 대화 내용 문제는 단지 그가 학생들에게 적용할 프로그램과 관계될 뿐이다. 그리하여 그는 스스로 자신의 프로그램을 짜 맞춤으로써 이 문제의 해답을 내린다. 그러나 대화적인, 문제제기식 교사 - 학생에게는, 이러한 방식의 교육 프로그램 내용은 선물도 부과물(학생들에게 예탁할 지식 나부랭이들)도 아니다. 오직 그네들이 좀더 알고자 하는 사물들을 개인들에게 새롭게 제시해 주는, 조직적이고 제도적이며 발전된 새로운 제시가 된다.*

　참된 교육은 A가 B를 '위해서' 혹은 A가 B에 '대해' 실시하는 것이 아니고, 세계-A, B 모두에게 의견과 견해를 불러 일으켜서 그들에게 감명을 주고 아울러 그들에게 도전하는 세계-를 매개체로 A가 B와 '더불어' 실천하는 교육이다. 근심과 의혹, 희망 혹은 전망으로 말미암아 배태되는 이러한 견해들은 교육계획 내용이 마련될 수 있는 기반에 관한 중요한 주제들을 암시한다. 고지식한 휴머니즘은 흔히 '착한 인간'을 창조해 내려는 욕심에서 구체적이고 실존적인 현 상황을 무심히 지나쳐 버린다. 그러나 진정한 휴머니

---

*앙드레 말로와의 장시간 대담 중에 모택동은 이렇게 못박았다. "나는, 당신도 알다시피, 우리가 민중들로부터 혼란스럽게 받아들였던 그것을 분명하게 그들에게 가르쳐야 한다는 것을 그전부터 명백히 해 왔소" 앙드레 말로, 『회고록, Anti-Memoirs』(뉴욕, 1968), 361～362쪽
이 말 속에는 교육 프로그램 내용을 짜는 방법에 대한 완전한 대화의 이론이 내재되어 있다. 이런 식의 교육 프로그램 내용은 '교육자가 자기 학생들에게 가장 바람직하다'고 생각한 대로 짜내는 내용과는 전혀 다르다.

● 페다고지

즘은, 삐에르 푸르터의 말처럼, '하나의 조건이자 의무로서, 하나의 상황이자 계획으로서, 완전한 인간성을 자각하는 의식이 출현하도록 허용한다.'* 우리는 우리 스스로가 만들어 낸 교육 내용 속에 포함되는 '착한 인간'이라는 틀을 둘러 씌우기 위해서, 혹은 '지식'을 불어넣어 주기 위해서 은행예금식 방법으로 노동자들 – 도시 노동자나 농민들** – 에게 접근할 수는 없는 일이다. 여태껏 수많은 정책들과 교육계획이 무위로 끝난 이유는, 그것을 위반한 인간들이 자기네 개별적인 현실관에 따랐을 뿐, 그 계획이 외적으로 추구하는 '상황인 ma–in–a–situation'을 (자기네 행위의 단순한 목적물로밖에는) 계산에 넣지 않았기 때문이다. 진정한 휴머니스트 교육자, 진정한 혁명가에게 있어 행위의 대상은 결코 '타인들'이 아니고 그 사람들과 함께 변혁시켜야 할 현실이다. 이에 반해 억누르는자들은 사람들에게 사상을 주입시켜서, 결코 손을 대서는 안되는 현실에 적응하도록 만든다. 불행한 일이기는 하지만 혁명지도자들 중에서도 그들의 혁명적 행동이 민중의 지지를 얻게 하려고 은행예금식 방법에 따라 일체의 프로그램을 스스로 선전하는 자들이 없지 않다. 그들은 민중의 입장이 아니라 그들 자신의 입장에 맞는 계획안을 가지

---

*푸르터, 앞의 책, 165쪽.

**후자는, 일반적으로 식민관계 속에서 침몰되는 자들로서, 자신을 '형성하는 자'라기 보다 오히려 구성 부분으로 느끼는 가운데 압제자 세계와는 거의 탯줄로 연결되다시피 한 자들이다.

•제3장 대화론 : 자유의 실천으로서 교육의 본질

고 농민들이나 도시 노동자들에게 접근한다.* 이러는 그들은 그들의 근본 목적이 민중들의 약탈당한 인간성을 회복하기 위해서 그들과 함께 싸우는 것이지 '민중들을 내편으로 설득하는' 것이 아니라는 사실을 망각하고 있는 것이다. '민중을 내편으로 설득한다'는 말은 억누르는자에게나 맞는 말이지 혁명 지도자들에게는 조금도 어울리지 않는다. 민중과 더불어 해방하고 해방되는 것이 혁명가의 역할이지 결코 민중을 설득하는 것이 그들의 역할은 아니기 때문이다.

지배 엘리트들은, 그들의 정치 활동 속에서 억눌린자들의 '침몰된' 의식상태에 맞추어 은행예금식 개념을 이용하여 그들이 저항을 못하도록 조장하고, 또한 조장된 무저항의 이

---

* "우리 문화의 역군들은 커다란 열정과 헌신으로 민중들에게 봉사해야 하며, 스스로 민중들로부터 이탈하지 않고 오히려 그들과 결속되지 않으면 안된다. 그렇게 하기 위해서 그들은 민중의 요구와 원하는 바에 따라서 행동해야 한다. 민중을 위해 한 일은 무엇이나 그들의 요구로부터 출발된 것이어야지, 제아무리 선의적인 것이라 할지라도 어떤 개인의 요구에서 비롯된 것이어서는 안된다. 객관적으로 볼 때 민중에게 어떤 개혁이 분명히 필요한데도 그들은 주관적으로 그 필요성을 의식하지 못하고, 아직은 그러한 변혁을 원하지도, 결정하지도 않은 경우가 많다. 그럴 때 우리는 참을성있게 기다려야 한다. 우리는 민중의 대다수가 그 필요성을 인식하고, 자발적으로 개혁을 수행키로 결정할 때까지는 우리의 노력으로 변혁을 이루어서는 안된다. 그렇지 않을 경우 우리는 민중으로부터 격리당하게 된다…… 여기에는 두 가지 원칙이 있다. 첫째는 우리가 민중에게 필요한 것이라고 판단하는 추측이 아니라 민중의 실제적인 요구이다. 둘째는 우리가 민중을 위해서 그들의 마음을 결정하는 대신에 그들이 자기네 마음을 결정함으로써 표출되는 민중의 '원하는'바이다."
「문화작업에 있어서의 연합전선」(1944. 10. 30),『모택동 선집 제3권』(북경, 1967), 186~187쪽.

• 페다고지

점을 활용해서 자유에 대한 공포를 키우는 슬로건으로 억눌린자들의 의식을 '채운다.' 이같은 처사는, 억누르는자들의 슬로건들을 '내몰아 버리도록' 힘이 돼 주는 행동, 진정한 해방을 가져다주는 행동과 방향이 크게 다르다. 그러므로 휴머니스트들은 억누르는자들의 슬로건에 반대하는 슬로건을 내걸어서 억눌린자들이 무슨 시험대나 되는 것처럼 먼저는 이 슬로건을 후에는 저 슬로건을 '수용하도록' 해서는 안된다. 그들이 할 일은 억눌린자들이 그들 내부가 억누르는자들을 '수용하고' 있는 이중적 존재가 되어서는 결코 참된 인간이 될 수 없다는 사실을 의식해 가는 것을 지켜보는 일이다.

여기에는 또 다른 임무가 포함되어 있다. 그것은 혁명 지도자들이 민중에게 다가갈 때는 그들에게 '구원'의 메시지를 전하러 가는 것이 아니고, 민중의 구체적인 상황과 그 상황에 대한 민중들의 의식-그들이 '함께' '안에서' 존재하는 그 세계와 민중들 자신에 대한 여러가지 인식 수준-을 알아보려는 목적으로 접근해야 한다는 것이다. 민중이 가지고 있는 특수한 세계관을 존중하지 않는 교육적 정치적 행동 프로그램에서는 결코 긍정적인 결과를 기대할 수 없다. 그런 프로그램은, 설령 그 의도가 선의적인 것이라 할지라도 '문화적 침범 cultural invasion'*이 되는 것이다.

교육적 행위 혹은 정치적 행위에 대한 계획 내용은, 민중

---
*이 점은 제4장에서 상세히 논하기로 한다.

• 제3장 대화론 : 자유의 실천으로서 교육의 본질

의 열망을 반영하는 실존적이고 구체적인 현 상황을 그 출발점으로 삼아야 한다. 근본적인 분명한 모순들을 활용해서 민중들에게 이 실존적이며 구체적인 현 상황이 자기네에게 도전하고 있고 그 도전에 응답-지식의 차원에서가 아니라 행동의 차원에서-하기를 요구하고 있다는 사실을 밝혀 보여주어야 한다.*

우리는 그저 현 상황에 대한 설교를 늘어놓는다든가, 민중의 편견, 의혹, 희망 및 공포에 거의 혹은 전혀 관계가 없는 프로그램, 때로는 억눌린자들의 공포의식을 더욱 조장하는 프로그램을 작성하는 일이 있어서는 안된다. 민중들에게 우리의 세계관을 말해 준다거나 그 세계관을 떠맡기려 드는 일이 우리의 역할이 아니다. 우리의 역할은 우리의 견해와 그들의 견해를 놓고서 그들과 대화를 갖는 일이다. 민중이 행동을 통해서 여러가지로 표현하고 있는 그들의 세계관 속에는, 세계 속의 그들의 상황이 반영되고 있음을 알아야 한다. 교육적 혹은 정치적 행위가 이 상황을 비판적으로 인식하지 못할 때 그것은 '은행예금'이 아니면 사막에다 대고 설교하는 강연이 되고 말 소지가 다분히 있다.

교육자나 정치가들은 흔히 말을 하지만, 그들이 하는 말이 청중들의 구체적인 상황에 부합되지 못하는 까닭에 먹혀 들

---

*진정한 휴머니스트가 은행예금식 방법을 사용한다는 것은 보수주의자가 문제제기식 교육을 활용한다는 것과 마찬가지로 자기 모순이다. (후자는 항상 철저하다-그들은 결코 문제제기식 교육학을 활용하는 일이 없다.)

● 페다고지

어가지 않는다. 결국 그들의 이야기는 청중을 소외시키면서 동시에 소외당하는 미사여구가 되고 마는 것이다. 교육자나 정치가(정치가는 가장 광의의 교육자가 되어야 함이 갈수록 뚜렷한 사실로 드러나고 있다)의 언어는, 민중의 언어와 마찬가지로, 사상이 없이는 존재할 수가 없고, 언어나 사상은 그들이 관련되어 있는 어떤 구조가 있어야 존재할 수 있는 것이다. 따라서 교육가나 정치가가 효과적으로 의사를 전달하고자 한다면, 반드시 민중들의 사상과 언어가 변증법적으로 형성되어 가는 구조적 상황을 이해해야 한다.

우리는 인간들을 중재하는 현실에서, 교육자들과 민중이 끌어가는 현실에 대한 인식에서 교육계획 내용을 찾아야 한다. 본인이 이름붙인 민중의 '주제세계 *thematic universe*'* - 민중의 '생성주제 *generative theme*'들이 모여 이루어진 복합체 - 를 다루는 연구에서는, 대화교육을 자유의 실천으로 부르고 있다. 이 연구의 방법론 또한, 생성주제들을 발견하고 이 주제들과 연결되는 민중의 의식을 고양시키는 기회를 부여해 줌으로써, 대화적인 것이 되어야 함은 물론이다. 대화교육의 목적인 '인간해방'에 부합되도록 하려면, (인간이 마치 수술대에 올려진 물건인 양) 인간을 연구 대상으로 삼는 일은 없어야 한다. 연구 대상은 인간들이 현실과 관계를 맺는

---

* '유의미적 주제군 *meaningful thematics*'이라는 표현과 동일한 뜻으로 쓰인다.

• 제3장 대화론 : 자유의 실천으로서 교육의 본질

언어와 사상, 현실을 인식하는 인식 수준, 그들의 생성주제가 인지되는 세계관이 되어야 한다.

우선 '최소의 주제세계'가 주는 의미를 확실하게 밝혀 주는 생성주제에 관해서 자세한 설명을 하기에 앞서 사전에 생각해 두어야 할 몇 가지 사실이 있다. 생성주제의 개념은 임의의 발명품이나 증명되어야 할 '실제적인 가설'이 아니다. 만일 그것이 증명되어야 할 가설이라고 한다면 우리는 그 주제의 본질을 알아야 하는 일에 앞서 주제 자체의 존재 유무를 먼저 알아내지 않으면 안될 것이다. 결국 그 주제의 풍부함, 깊은 의미, 많은 수효, 변형들 및 역사적 구성을 이해하는 것보다 그것이 객관적인 사실인지 아닌지를 증명하는 일이 우선되지 않을 수 없을 것이다. 사실이 증명된 연후에야 그것을 이해하는 일에 착수할 수가 있을 것이다. 그리고 비판적 의혹을 품는 태도는 합리적이면서도, 그러한 태도는 각자의 실존적 체험을 통해서 뿐만 아니라, 인간 - 세계의 상호관계와 실존적 체험 속에 내재하는 인간들 간의 상호관계에 대한 비판적인 사고를 통해서도 생성주제의 실체를 증명할 수가 있다고 본다.

이 점은 좀더 면밀히 고찰할 필요가 있는 문제다. 극히 일반적인 것이기는 하지만, 불완전한 존재인 인간이 자신의 행위뿐만 아니라 자기 자신까지도 사고의 대상으로 삼을 수 있는 존재임은 누구도 부인하지는 않는다. 바로 이 능력으로

● 페다고지

해서 인간은, 자신과 자신의 행동을 분리할 줄도 모르고 그 일에 관해서 생각하지도 못하는 동물들과 구별된다. 그의 생활 공간 속에서 각자의 행동을 한정하는 경계선들은 바로 이같이 명확한 외적 차이 안에 자리하고 있는 것이다. 동물들의 활동은 그들 자신의 연장이기 때문에 그 활동의 결과 역시 그들과 분리시킬 수가 없다. 동물들은 목적들을 설정할 줄도, 자연을 넘어선 어떤 의미를 가지고 자연을 변형시킬 줄도 모른다. 뿐만 아니라 활동을 하려는 '결정'도 그들에게 속한다기보다는 그들의 종(種)에 속한다. 결국 동물들은 본질적으로 즉자존재(卽自存在)들인 것이다.

동물들은 스스로 결정할 능력이 없고 그들 자신이나 그들의 행동을 객관화하지 못하고, 스스로 설정하는 목적도 없고, 그들이 어떤 의미도 부여하지 못하는 세계 속에 '침몰되어' 살고, 현재에 압도되어 존재하는 까닭에 '내일'도 '오늘'도 없는, '비역사적' 존재들이다. 비역사적인 그들의 삶은, 엄밀한 의미로 보면, '세계' 속에 존재하지 않는 삶이다. 동물에게 세계란 그 자신을 자아와 분리시켜 주는 비아가 못되기 때문이다. 인간 세계는, 역사적인 것으로, 즉자존재를 받쳐주는 단순한 지주(支柱) 역할을 한다. 동물들은 마주친 외부세계에 의해 도전받는 일이 없다. 단순히 자극을 받을 뿐이다. 그들은 그들이 감행하는 모험을 의식하지 못하기 때문에, 그들의 삶은 위험에 처한 삶이 아니다. 위험이란 사고로 인식되는 도전이 아

• 제3장 대화론 : 자유의 실천으로서 교육의 본질

니고, 단지 그것을 가리켜 주는 표시들에 의해서 '알아차리는 도전'일 뿐이어서 결정이라는 반응을 요구하지 않는다.

　결론으로 동물들에게는 투신이 불가능하게 된다. 그들이 처하는 비역사적인 상황은 그들로 하여금 생을 '탈취하도록' 허용하지 않는다. 그들은 생을 '탈취하지' 않는 까닭에 그것을 구축하지도 못한다. 또한 생을 구축하지 못하기 때문에 그 형태를 변형시키지도 못한다. 그들이 자기네 '지주'세계로, 문화와 역사를 포용하는 의미있는 상징적인 세계로 확대할 능력을 가지지 못하기 때문에, 삶에 의해 파괴되리라는 사실을 감지하지 못한다. 결국 동물들은 그들 스스로를 '동물화'하기 위해서 그들의 외부세계를 '동물화'하는 일이 없고, 그렇다고 해서 그들 자신을 '비동물화'하지도 않는다. 그들은 동물원 속에서도 '동물 같지만' 수풀 속에서도 여전히 즉자존재 상태로 지속할 뿐이다.

　거기에 반해서 인간들은 자신들의 행동과 그들이 처해 있는 세계를 의식하고, 그들 스스로 설정한 목적이라는 함수에 따라 행동하고, 자신들 내부에, 세계와 다른 사람들과의 관계를 불어넣음으로써 동물과는 다르게 생활할 뿐만 아니라 다르게 존재한다.* 그 존재는 역사적인 존재인 것이다. 동물들은 일시적, 평면적, 획일적 지주로 삶을 영위한다. 그러나 인

---

*영어에서 'live (산다)'와 'exist (존재한다)'는 말은 어원상 서로 상반된 의미를 가지고 있다. 여기서 사용하고 있듯이 'live'는 보다 기초적인 용어로 단순한 생존을 뜻하고, 'exist'는 '생성' 과정이라는, 발전을 내포한 보다 깊은 의미를 지니고 있다.

● 페다고지

간들은 그들이 부단히 변형시키고 재창조하는 세계 속에서 존재한다. 동물에게는 '여기'란 그들이 접촉하는 서식지에 불과하다. 그러나 인간에게 '여기'란 하나의 형이하학적 공간일 뿐만 아니라 역사적인 공간도 된다.

엄격한 의미에서 말하자면 '여기', '지금', '거기', '내일'이나 '어제'는 존재하지 않는다. 동물들은 '여기', '지금' 혹은 '거기'가 부여하고 있는 한계들을 극복하지 못한다.

그러나 인간들은, 그들 자신을 의식하고 또 세계를 의식하기 때문에, 곧 '의식적인 존재'들이기 때문에, 한계의 설정과 자기네 자유 사이의 변증법적 관계 속에서 존재하고 있다. 그들은 스스로 객관화시킨 세계에서 자신을 분리할 때, 그들의 행위에서 자신들을 분리할 때, 또한 자기의 내부에 그리고 세계와 타인들과의 관계 속에다 결정이라는 장을 마련할 때, 그들을 제외하는 상황 즉, '한계상황'*을 극복한다. 이 상황을 일단 인간들이 그들의 해방에 장애가 되고 착오가 된다고 인식되게 되면 그 상황의 근거를 뚜렷하게 드러나도록 하여, 주어진 현실이라는 구체적인 역사적 영역으로서의

---

*알바로 비에이라 삔또 Alvaro Vieira Pinto 교수는 '한계상황'의 문제를, 본래 야스퍼스에게서 발견되는 염세적 면이 없는 개념을 사용하여 명확하게 분석한다. 비에이라 삔또에게 '한계상황'이란, 가능성들이 종지부를 찍는 "통과할 수 없는 경계가 아니고 모든 가능성들이 시작되는 진정한 경계"이다. 그것은 "존재를 무로부터 분리시키는 경계가 아니고 존재를 보다 풍요한 존재와 분리시키는 경계"이다. 알바로 비에이라 삔또, 『민족의식과 현실, Conciência e Realidade Nacional, 2권』(리오 데 자네이로, 1960), 284쪽

• 제3장 대화론 : 자유의 실천으로서 교육의 본질

그 상황이 지닌 참된 본질을 파악하게 된다. 그러면 인간들은 거기에 따라서, 비에이라 뻰또가 말한 바와 같이 이른바 '한계행위'로 맞서 도전하게 된다. 이때의 행동들은 주어진 바를 그대로 받아들이기보다는 그것을 부정하고 극복하려는 방향으로 전개된다.

따라서 절망의 분위기는 인간 속에 자리하고 있고 또 인간이 지니고 있는 한계상황들에 의해서 유발되는 것이 아니다. 주어진 역사적 순간에 인간이 그 상황들을 어떻게 이해하느냐 하는 시각에서 비롯되는 것이다. 인간들이 그 상황들을 족쇄로 또는 극복할 수 없는 장벽으로 이해하게 되면 이 절망의 분위기는 생기는 것이다. 비판적 인식이 행동으로 구체화되면, 희망과 신뢰의 분위기가 무르익고 따라서 인간들은 한계상황들을 극복하려 들게 된다. 이같은 목표는, 한계상황들을 역사적으로 파악하게 하는 구체적이고도 역사적인 현실에 입각한 행동을 통해서만 성취될 수 있다. 현실을 변혁하고 이 상황들을 극복하고 나면 새로운 상황들이 출현할 것이며, 거기에 맞추어 새로운 한계행위들이 나타나게 될 것이다.

동물들의 지주(支柱) 세계에는, 그들이 갖는 비역사적 성격으로 인해서 한계상황들이 내재해 있지 않다. 또한 동물들에게는 한계행위들을 실천할 능력이 없다. 왜냐하면 한계행위란 세계에 대한 결정력있는 자세, 다시 말해서 세계를 변형시키기 위해서 스스로 그 세계로부터 분리되어 그것을 객관

● 페다고지

화하는 자세를 필요로 하기 때문이다. 구조상 완전히 자기네 지주에 매여 있는 동물로서는 자신과 세계를 구별하지 못한다. 그러므로 동물들은 한계상황들 - 이것들은 역사적인 것들이다 - 에 의해 제약받는 것이 아니고 전체적인 지주에 의해서 제약을 받는다. 그들은 지주와 '관련'을 맺는 것 - 이렇게 되면 그 지주는 곧 세계가 될 것이다. - 을 그들의 합당한 역할로 삼는 것이 아니고, 그 지주에 '적응'하는 것을 역할로 삼고 있다. 따라서 그들이 둥우리를 틀거나 집을 짓거나 굴을 파는 등 무엇을 만들 때 그 일들이 한계행위로 인해서 이루어진, 다시 말해서 변형 반응으로 인해서 이루어진 창조적 산물이 되지 못한다. 그들이 하는 이 생산 활동은 도전한다기 보다는 자극받고 있는, 물질적 요구에 대한 만족에 종속되는 활동일 따름이다. "동물의 생산물은 곧 그 육체에 귀속되지만, 인간은 스스로 자신의 산물에 맞선다."*

어떤 존재의 활동에서 비롯되면서도 그 육체에 귀속되지 않는 생산물(이들은 육체를 밀폐시켜 버릴 수도 없지 않지만)만이 그 활동 전후 관계에 의미의 영역을 제공할 수 있는 것이며, 하나의 세계가 이렇게 해서 이루어지는 것이다. 그러한 생산이 가능한 존재(필연적으로 자아를 의식하는 대자존재)는 그가 관련을 맺고 있는 세계 안에서 '존재 과정 속에' 자리

---

*칼 마르크스, 『1844년의 경제 및 철학 원고』, (뉴욕, 1964) D. 스투럭 편, 113쪽

• 제3장 대화론 : 자유의 실천으로서 교육의 본질

잡지 않으면 '존재'하지 못한다. 이는 그가 존재하지 않으면 세계도 존재하지 않게 되는 것과 같은 원리이다.

동물들과 인간들과의 차이는 인간들만이 실천 praxis의 존재라는 데 있다. 동물들은 그들의 활동이 한계행위들이 못되기 때문에 그들 자신과 분리된 생산물을 창조하지 못한다. 반대로 인간들은 그들의 행위가 세계에 작용함으로써 문화와 역사의 영역을 창조한다. 인간들만이 실천 praxis을 갖는다. 이는 현실을 진정으로 변혁시키는 행동과 사고로서, 지식과 창조의 원동력이 된다. 실천 praxis 없이 발생하는 동물들의 활동은 창조적이지 못하다. 그러나 인간들의 변형 활동은 창조적인 것이다.

인간들이 그들과 현실과의 항구한 관계 속에서 물질적인 생산물 – 만져서 알 수 있는 물체들 – 뿐만 아니고, 사회 제도들, 사상들 및 개념들을 산출해 낸 것도 그들이 변형하고 창조하는 존재들이기 때문이다.* 그들은 그들의 지속적인 실천 Praxis을 통해서 역사를 창조함과 동시에 역사·사회적 존재가 된다. 그들은 동물들과는 달리, 시간을 과거, 현재, 미래로 삼분할 수가 있는 만큼, 역사는 그들 스스로가 지닌 창조적 기능 속에서 끊임없이 변혁 과정으로 발전을 거듭하며, 이 변혁 과정 속에서 '새 시대' 단위들이 실현되는 것이다. 물

---

*이 점에 관해서는 카렐 코식 *Karel Kosik*의 『실제의 변증법 *Dialéctica de Concreto*』 (멕시코, 1967)을 보라.

127

● 페다고지

론 이 새 시대 단위들은 결코 인간을 제약하는 폐쇄된 기간이나 고정된 구획은 아니다. 만약 그것들이 폐쇄된 기간들이거나 굳어지는 기간이라면 역사의 기본 조건 가운데 하나-역사의 영속성-가 사라지게 되고 말 것이다. 그러나 사실은 이 새 시대적 단위들은 역사의 영속성이라는 역학에 밀접하게 연결되고 있는 것이다.*

하나의 새 시대가 갖는 특징은 사상들, 개념들, 의문들, 가치관들 그리고 도전들이 각각의 대립 요소들과의 상호작용 속에서, 완전을 향해 투쟁하는 복합체라는 것이다. 이들 사상들, 가치들, 개념들 및 희망들에 대한 표현은 인간들이 완전한 인간화를 방해하는 저해 요소들에 대한 표현과 마찬가지로 그 시대의 주제가 된다. 이 주제들 속에는 거기에 대립되거나 반정립적인 여타의 주제들이 함축되어 있다. 이들도 또한 실천되고 완성되어야 할 숙제들이다.

역사적인 주제들은 분리되거나 독자적인 것이 되지도 않고, 따로 끊기지도 고정되어 버리지도 않는다. 이들 주제들은 항상 대립 주제들과 변증법적으로 상호작용하는 것이다. 이러한 주제들은 인간세계 관계 안에서만 성립된다. 한 시대 속의 상호작용하는 주제들의 복합체가 바로 '주제세계'이다.

변증법적 모순 속의 이 '주제세계'에 마주서면 인간들은,

---

*역사적 대 이변 문제에 관해서는 한스 프레이어 Hans Freyer, 『현 시대의 이론 Teoría de la época atual』 (멕시코)을 보라.

• 제3장 대화론 : 자유의 실천으로서 교육의 본질

일부는 그 구조들을 지탱하려고 일하고 일부는 그것을 개혁하려고 일하는, 똑같이 모순된 입장을 취하게 된다. 현실의 표현인 주제들 사이에 대립이 심화될 때, 주제들과 현실 그 자체를 신화적으로 해석하려는 경향이 생겨 불합리와 파벌을 낳는다. 이러한 풍토가 조성되면 주제들이 지니고 있는 보다 깊은 뜻이 누출될 염려가 있고 주제들의 특징인 활력적 면모를 상실할 위험이 생긴다. 이같은 상황 하에서는 신화를 창조하는 불합리 그 자체가 하나의 중대한 주제로 등장한다. 여기에 대립되는 주제는 현실을 밝혀 보이고자 노력하고, 신화화의 가면을 벗겨내고, 인간해방을 위한 항구적인 현실 변혁이라는 인류의 숙제를 온전하게 인식토록 하는 비판적이고도 역동적인 세계관이 된다.

결국 '주제들'*은 '한계상황들'을 포함하면서 동시에 그 상황 속에 포함된다. 그리고 이 주제에서 비롯되는 숙제들은 '한계행위들'을 요구하게 된다. 이 주제들이 한계상황들 때문에 숨겨져서 분명하게 이익이 되지 않을 때는, 거기에서 발생하는 숙제들-역사적인 행동 속에서 나오는 인간들의 응답-을 진정으로 그리고 비판적으로 완수할 수 없게 된다. 인간들은 이런 상황 속에서는 한계상황들을 초극하지 못하

---

*내가 이 주제들에 '생성'이란 말을 붙인 이유는 (그것이 어떻게 이해되고 무슨 행동을 야기시키든지 간에) 그것들이 또 다시 수많은 주제들로 펼쳐져 나가 그것들대로 성취해야 할 새로운 과제들을 필요로 하게 될 가능성을 내포하고 있기 때문이다.

며, 이 상황들의 이면에-그리고 이 상황들과 대조적인 모순 속에-어떤 '시험해 보지 않은 실현 가능성'이 존재한다는 사실을 알아내지 못하고 만다.

　요약하자면, 한계상황 속에는, 이 상황 때문에 직접·간접으로 덕을 보는 사람들과 이 상황 때문에 부정당하고 구속당하는 사람들이 존재한다. 그런데 후자들이 이 상황들을 존재와 무 사이의 경계라기보다는 존재와 보다 인간적인 존재 사이의 경계라고 인식하게 되면, 그들 속에서 점증되어 가는 비판적 행동 방향은 일단 인식된 인식 속에 내재하는 시험해 보지 않은 실현 가능성을 성취시켜 보려는 방향으로 향하게 된다. 여기에 반해서 현재의 상황에서 덕을 보고 있는 사람들은 이 시험해 보지 않은 실현가능성을 결코 실현되도록 허용할 수 없는 위험한 한계상황으로 간주하고서, 기존 질서 유지를 위해 행동하게 된다. 결국 하나의 역사적 환경에 작용하는 해방을 위한 행위들은 비단 생성주제들에 부합되어야 할 뿐만 아니라 이 주제들을 인식하는 방법과도 합치되지 않으면 안된다. 이같은 필요조건은 유의미적 주제들의 연구라는 다른 요구를 은연중에 내포하고 있다.

　생성 주제들은 동심원적 집단들 내부에 자리잡을 수 있는 것으로서, 일반적인 것에서 특수한 것 쪽으로 옮겨간다.

　가장 폭넓은 새 시대 단위는 대륙·지역·국가적 단위 등 여러 단위들과 제 단위들의 다양화된 맥이 내재하는 것으로, 보편적인 주제들을 포함하고 있다. 우리 시대의 기본적인 주

• 제3장 대화론 : 자유의 실천으로서 교육의 본질

제를 생각한다면, 그것은 '지배'라는 주제일 것이다. 물론 이 주제 속에는 대립 주제인, 성취해야 할 목표로서의 '해방'이 포함되어 있다. 바로 이 끈질기게 붙어 다니는 주제가 앞서 언급된 바 있는 인류학적 성격을 우리 시대에 부여해 주고 있는 것이다. 비인간화의 억압을 제거하는 것을 전제로 하는 인간화가 이루어지려면, 인간들을 물건들로 전락시키는 한계상황들을 무조건 타파해야 할 절대적인 필요성이 있다.

보다 작은 집단들 속에서도, 동일한 대륙 혹은 다른 대륙들에 존재하는 사회들의 특성인 한계상황들과 주제들을 찾아볼 수 있는데, 바로 이 주제들과 한계상황들을 통해서 사회는 역사적 동질성을 공유하게 된다. 예를 들자면, 저개발은 의존이라는 상관관계를 떠나서는 이해하기가 곤란한 것으로, 제3세계 사회들이 특성으로 지니고 있는 공통된 한계상황을 보여준다. 이 한계상황이 제시하는 숙제는 이들 '목적' 사회들과 대형화된 사회들과의 모순된 관계를 극복하는 일이다. 이 숙제가 곧 제3세계에서는 시험해 보지 않은 실현가능성이 되는 것이다.

보다 광범위한 새 시대 단위에 속하는 일정한 사회는 어느 것이나 보편적 대륙적 혹은 역사적으로 유사한 주제들 외에, 그 나름의 특수한 주제들과 한계상황들을 지니고 있다. 그런데 보다 작은 집단 내에서는 – 지역들 및 소지역들로 나누어지는 등 – 같은 사회 속에서도 주제의 다양화를 발견할 수가 있는데, 이들 모두는 '사회적 전체'와 관계를 갖는다. 이들은 새 시대의 소단위들이 된다. 예를 들면, 동일한 국가 단위 속에서도

• 페다고지

'이 시대인들의 공존'이라는 모순을 발견할 수 있는 것이다.
 이들 소단위들 내에서는, 국가적 차원의 주제들은 그 진정한 의미가 인식될 수도 있고 인식되지 못할 수도 있다. 그저 단순하게 '느껴질' 뿐일 수도 있고 때로는 그러한 느낌마저도 없을 수도 있다. 그러나 이 소단위들 내부에 주제들이 부재한다는 것만은 절대로 불가능하다, 어떤 지역에 사는 개개인들이 하나의 생성주제를 인식하지 못한다거나 왜곡된 방식으로 인식하고 있다면 이는 곧 인간들이 아직도 억압이라는 한계상황 속에 침몰되어 있다는 사실을 드러내 보임으로써 그 억압이라는 한계상황을 스스로 폭로하고 있다 할 것이다.
 일반적으로, 지배당하는 의식이 하나의 한계상항을 총체적으로 인식하지 못하게 되면, 그 상황에서 오는 부수현상만을 이해하게 되어 그 한계상황의 고유한 성질인 억압력을 뒷세대에게 전해 주게 된다.*
 이는 생성주제를 연구하는 데 있어 대단히 중요한 사실이다. 인간이 자기네 현실을 비판적으로 이해하지 못하고 단편적으로만 이해하게 되면 현실의 단편적인 이해가 그 현실과 상호작용하는 전체의 구성요소들을 인식하지 못하게 만드는

---

*중산층의 개체인들은 방법이야 농부와는 다를지라도 흔히 이같은 행동양식을 보여준다. 그들은 자유에 대한 공포 때문에 메카니즘과 원칙을 숨기고, 우연을 강조하고, 구체적인 현실을 부정하는 합리화를 비호하게 한다. 분석해 가는 가운데 어떤 한계상황을 불편하게 인식하게 되는 문제에 당면하면 그들은 외면만을 검토할 뿐 문제의 핵심에 도달하려는 노력을 반대하는 경향이 있다. 그들은 누군가가 자신이 일차적으로 중시해 오고 있는 우연이나 이차적인 일들을 설명하는 근본적인 입장을 지적할 때 당황하고 고민에 빠지고 만다.

• 제3장 대화론 : 자유의 실천으로서 교육의 본질

까닭에, 그 현실을 있는 그대로 이해할 수 없게 되어 버린다. 따라서 현실을 있는 그대로 파악하려면 그들은 자기네 출발점을 뒤엎어야 한다. 즉, 전후관계에 대한 종합적인 안목을 가짐으로써 그 현실의 구성 요소들을 선별 분석하고, 이 분석을 통해서 전체에 대한 보다 명확한 인식을 가질 필요가 있는 것이다.

한 개인의 전후관계적, 현실의 유의미적 영역들을 제시하려는 이같은 노력 즉, 그로 하여금 여러가지 구성요소들의 상호작용을 이해하도록 만드는 그 무엇에 대한 분석은, 주제 연구 방법론에 있어서나 문제제기식 교육에 있어서나 필요하기는 마찬가지다. 한편 유의미적 영역들은, 그들 나름대로 상호작용에 있어 일부분들을 이루는 것들로서, 총체적인 현실 영역들로 인식되지 않으면 안된다. 그렇게 해야만, 하나의 유의미적, 실존영역을 분석하는 비판적 분석으로부터 한계상황들에 대한 참신하고 비판적인 자세가 비롯될 수 있는 것이다. 그럼으로써 현실에 대한 인식과 이해가 올바르게 되고 그 깊이를 더하게 된다. 최소한의 주제 세계 속에 포함된 생성주제(상호작용 속의 생성주제)를 탐구하는 작업은, '의식화'의 방법론과 더불어 실시하게 되면 인간들에게 그들 세계에 대한 비판적인 사고 자세를 불어넣거나 불어넣기 시작하게 된다.

그러나 인간들이 현실을 불투명하고 침투가 불가능하며 밀폐된 것으로 인식하게 되면, 추상작용이라는 수단을 통한 연구로 밀고 나갈 수밖에 도리가 없다. 이 방법은 구체적인 것

● 페다고지

을 추상적인 것으로 변형(이러한 변형은 현실의 변증법적 본성에 대한 부정을 표시한다) 시키는 것이 아니다. 오히려 이 두 요소들을 사고라는 행위 속에서 변증법적으로 상호작용하는 대립 요소로서 지속하게 해준다. 이같은 사고의 변증법적 움직임은 하나의 구체적이고 실존적이고 기호화된 상황에 대한 분석 속에서 완벽하게 예증된다. 그것에 대한 '해독'이 '추상'에서 '구체'로의 이동을 요구하고 있는 것이다. 이는 부분에서 전체로 이동해서 다시 부분들로 환원되도록 요구한다.* 또한 이는 '주체'가 '객체'(도표화된 구체적인 실존 상황) 속에서 자아를 인식하고, 객체를 다른 주체들과 함께 그 속에 들어서서 자아를 발견할 상황으로 인식하도록 요구한다. 만일 '해독'이 잘 되면, 하나의 도표화된 상황을 분석하는 데서 생겨나는 '추상'에서 '구체'로의 흐름과 그 반대 흐름으로 인한, '구체'에 대한 비판적 인식에 따른 추상적 개념은 사라지고, 따라서 불투명하고 침투할 수 없는 현실도 없어지게 된다.

어떤 개인이 도표화된 실존적 상황(추상적인 개념을 실존적 현실이라는 구체적 사실로 이끄는 그림이나 사진)과 더불어 존재하면, 그 도표화된 상황을 '분할'하려는 경향을 보이게 된다. 이 분할은, '해독' 과정 속에서 우리가 말하는 '상황의 묘사'

---

*실존 상황의 기호화는 그 상황의 재현으로, 상호작용하는 자체의 구성요소들 몇 가지를 보여준다. 해독은 그 기호화된 상황에 대한 비판적인 분석이다.

• 제3장 대화론 : 자유의 실천으로서 교육의 본질

단계와 부합되는 것으로서, 분리된 전체와 부분들 사이에 이루어지는 상호작용을 발견하는 데 촉진제 역할을 한다. 이 분할이 이루어지면, 여태껏 막연하게 이해되던 전체(도표화된 상황)는, 사상이 여러가지 영역들로부터 그곳으로 되흐르기 때문에, 의미를 지니기 시작하게 된다. 그러나 도표를 만드는 일은 하나의 실존적 상황에 대한 표현이기 때문에, 해독자는 그 표현에서부터 구체적인 상황 즉, 그가 그 속에서 그리고 그것과 더불어서 자아를 발견하게 되는 바로 그 구체적인 상황으로 움직이려고 한다. 이러한 이유 때문에 일단 현실이 막다른 골목으로 여겨지지 않고 그것의 참된 모습, 인간들이 누구나 대면해야 하는 도전이라는 참된 모습을 드러내게 되면, 각 개인들이 그 객관적 현실에 대해서 다르게 행동하게 되는 것이다.

인간들은 그들의 세계관을, 어느 해독 단계에서나, 밖으로 드러내 보이게 된다. 그리고 그들이 세계를 숙명적으로 역동적으로 혹은 고정된 것으로 생각하고 거기에 대처하는 방법 속에서 생성주제들이 발견되기도 한다. 하나의 생성적 주제군을 구체적으로 표현하지 않는 집단은 – 마치 주제들의 부재를 암시하는 것 같은 진상은 – 침묵의 주제라는 극적인 주제를 제시하고 있는 셈이다. 이 침묵의 주제는 한계상황들의 압도적인 힘에도 아랑곳없이 '벙어리 체제'를 암시해 준다.

현실과 동떨어진 인간이나 인간과 동떨어진 현실 속에서는 생성주제가 결코 발견되지 않는다. 더군다나 '인간 없는 땅'

• 페다고지

에서 이 주제를 찾는다는 것은 완전히 불가능한 일이다. 이 주제는 오직 인간-세계 상호관계 속에서만 그 이해가 가능하다. 생성주제를 연구하는 것은 곧 현실에 대한 인간의 사고와 행동을 연구하는 일, 다시 말해서 인간의 실천 *praxis*을 연구하는 일이다. 이러한 분명한 이유로 해서, 연구자들과 민중들(보통 이 연구의 대상으로 생각되는 사람들)이 '공동 연구자'가 되어 행동에 임하지 않으면 안되는 것이다. 인간들이 보다 적극적인 자세로 주제군 연구에 임할수록 현실에 대한 그들의 비판 의식은 더욱 심화되고 이들 주제군을 해독하는 가운데 그 현실을 보다 확실하게 소유하게 된다.

어떤 사람들은 민중들을 그네들의 유의미적 주제군 연구의 일원으로서 받아들일 것이다. 이때 그들로부터 침투* 되는 영향력으로 말미암아 연구 결과들이 '훼손될' 것이며 그에 따라 연구의 객관성에 피해를 입히게 될 것이기 때문에, 바람직하지 못한 일이라고 생각하는 사람이 있을지도 모르겠다. 만에 하나라도 이와 같이 생각하는 사람이 있다면 그는 주제들이 인간과 동떨어진 채 객관적 순수성을 지니고 존재한다고 잘못 알고 있는 사람이다. 주제는 '사물'이 아니다. 그것은 세계와 관계, 구체적인 사실들과 관계를 맺는 인간들 속에 존재하는 것이다. 이래서 동일한 객관적 사실이라 할지

---

*이 '침투'는 이 교육이 그들 자신의 교육인 만큼 가장 관심을 갖고 있는, 또는 마땅히 가져야 하는 것이다.

• 제3장 대화론 : 자유의 실천으로서 교육의 본질

  라도 상이한 시대적 소단위들 속에서 상이한 생성주제들의 복합체가 생겨날 수 있는 것이다. 이렇게 본다면, 주어진 객관적 사실과 이 사실에 대한 인간들의 인식 및 생성주제들 사이에는 어떤 관계가 있음이 분명해진다.
  유의미적 주제군을 표현하는 것은 인간들이며, 따라서 만일 인간들이 그 주제들에 관계되는 객관적 사실을 파악하는 그들의 인식을 바꾸었을 경우에는, 일정한 표현 계기는 앞서의 계기와 달라지게 될 것이다. 연구자 관점에서 보면 인간들이 '일정한' 사실을 구상화하는 출발점을 발견하는 일, 연구과정에 있어 현실을 인식하는 그들의 방법에 어떤 변화가 일어나고 있는지 여부를 실증하는 일은 중요하다. (물론 객관적 현실은 무변화 상태로 지속된다. 그리고 연구 과정 속에서 그 현실에 대한 인식이 변한다 하더라도 그 사실로 인해서 연구의 타당성이 훼손되지는 않는다.)
  우리는 유의미적 주제군 속에 내재하는 열망들, 동기(動機)들 및 목적들은 곧 '인간의' 열망이요 동기요 목적임을 깨달아야 한다. 그것들은, 마치 고정적인 실물들처럼 '바깥쪽 거기' 어디에 존재하고 있는 것들이 아니다. 그것들은 일어나고 있다. 이들이 역사적인 것들임에는 인간들과 다를 바가 없다. 따라서 인간들과 분리해서 그것들을 이해할 수는 없다. 이 주제들을 이해하고 열망들과 동기들 및 목적들을 파악하는 것은 곧, 그것들을 유형화하는 인간들과 그들 인간들이

● 페다고지

관계를 맺고 있는 현실을 모두 이해하는 것이다. 그러나 엄격히 말해서 이 주제들은 인간들과 분리해서 이해할 수는 없는 일인 만큼 여기에 관련된 인간들이 그 주제들을 그만큼 잘 이해해야 할 필요가 있다. 이렇게 해서 주제 연구는 현실에 대한 인식과 자아인식을 향한 하나의 공동투쟁이 되며, 이 투쟁은 주제 연구를, 교육과정을 위한 혹은 해방하는 성격의 문화 행동을 위한 출발점으로 만든다.

이 연구가 처할 수 있는 진짜 위험은 결코 이 연구의 가상적인 대상으로 가정된 사람들이 자기네가 공동 연구자들이라는 사실을 깨달음으로써 분석 결과에 피해를 가져오는 것이 아니다. 오히려 위험은 연구의 초점을 유의미적 주제군에 맞추지 않고 민중들 자신에게 돌려 맞춤으로써 마치 연구의 대상들로 취급하는 데 있다. 이 연구가 노리는 바는 교사-학생과 학생들-교사들이 동일한 대상에 대한 그네들의 인식들을 연결지을 수 있게 만드는, 어떤 교육프로그램을 진전시키도록 토대를 마련하는 데 도움을 주는 것인 만큼, 연구 그 자체도 행위의 상호성에 기초를 두지 않으면 안된다.

인간들의 영역 속에서 이루어지는 이 주제 연구는 결코 기계적인 행위로 전락될 수가 없는 것이다. 지식과 글에 따른 창조를 탐구하는 하나의 탐구과정으로서의 이 연구는, 유의미적 주제군과의 연결 속에서, 상호 침투하는 문제점들을 찾아내도록 연구자들에게 촉구한다. 이 연구가 가장 교육적이

• 제3장 대화론 : 자유의 실천으로서 교육의 본질

되는 것은 가장 비판적으로 되는 때이며, 가장 비판적이 되는 때는 그것이 부분적 시야 또는 '국부적인' 현실관의 좁은 시야를 벗어나서 '전체 현실'을 이해하는 데 충실하게 될 때이다. 따라서 유의미적 주제군에 대한 연구과정 속에는 응당 주제들 간의 연결에 대한 관심, 주제들을 문제로서 제시하려는 생각 및 그들의 역사·문화적 배경에 대한 관심이 포함되어 있어야 한다.

교육자가 사람들에게 제시할 프로그램을 자세하게 설명치 않아도 되듯이, 연구자들도 그가 마음먹어 온 문제들에서 출발하고 있는 주제 세계를 탐구하는 일에 필요한 '일정 계획'을 상세하게 설명하지 않을 수도 있다. 이를 뒷받침해 주기 위한 교육과 연구는, 그 계획이 부단히 '이루어져 나감'으로 인해 복잡하게 얽혀지는 가운데 인식되는, 현실에 대한 공동 체험과 의사소통으로 이루어져야 한다.

연구자가 과학적인 객관성이란 이름 아래 유기체를 무기체로, '되어 가고 있는 것'을 '존재하는 것'으로, 생명을 죽음으로 변형시킨다면 그는 변화를 두려워하고 있는 인간이다. 그러한 인간은 (그가 부정하지는 않지만 동시에 바라지도 않는) 변화 속에서 생명의 표지가 아닌 죽음과 부패의 표지를 발견하는 인간이다.

그는 변화를 연구하려 하지 않는다. 다만 변화를 정지시키려 할 뿐이며 변화를 죽음의 표지로 보고, 그에 대한 확실한

●페다고지

 증거물을 구하고자 민중들을 연구대상으로 삼게 된다. 그럼으로써 결국 그는 자신이 생명을 죽이는 살해자임을 스스로 드러내는 것이다.

 반복하거니와 주제군의 연구 속에는 민중의 사상-더불어 현실을 탐구해 나가는 인간들 속에서만 생성되는 사상-에 대한 연구가 포함된다. 나는 '타자들을 대신해서' 혹은 '타자들 없이' 생각할 수 없으며, 타자들도 '나 대신' 생각하지 못한다. 비록 민중의 생각이 미신적이고 소박한 것이라 할지라도, 그들이 자기네 생각을 만들고 거기에 따라 행동함으로써-타인들의 생각을 사용하는 것이 아니라-그러한 과정이 반드시 이루어진다.

 인간들은 '상황 속의' 존재로, 그들 자신이 시간적·공간적 조건 속에 뿌리박고 있음을 안다. 이 조건은 인간들에게 자국을 남기고, 반대로 인간들은 거기에 자국을 남긴다. 그들은 자기네 상황성(狀況性)을 숙고하고 그것에게 도전받아 거기에 영향을 미치려고 시도한다. 그들이 존재하는 것은 곧 상황 속에 존재하기 때문이다. 그리고 그들이 자기네 존재에 관해서 보다 비판적으로 사고할 뿐만 아니라 보다 더 비판적으로 거기에 작용을 가할 때 보다 잘 존재하게 될 것이다.

 상황성에 대한 사고는 곧 존재 조건에 대한 사고이며, 인간들이 서로에게 '상황 속에' 존재함을 깨닫게 해주는 비판적인 사고이다. 상황이 하나의 불투명하고 밀폐된 현실로서

• 제3장 대화론 : 자유의 실천으로서 교육의 본질

혹은 가망 없는 막다른 골목으로서 나타나지 않을 때, 그리고 인간들이 그것을 하나의 객관적인 문제상황으로 인식하게 될 때 비로소 투신의 실현이 가능해진다. 현실이 제 모습을 드러내면, 인간들은 침몰에서 출현하고 현실 속에 '개입'하는 힘을 얻는다. 현실에의 개입-역사적 의식 그 자체-이란 출현에서 일보 진전된 것으로, 상황의 '의식화'에서 비롯된다. '의식화'는 완전한 출현이 갖는 특성을 의식하는 자세를 심화시키는 작업이다.

역사 의식을 깊게 하는 '주제연구'는 어느 것이든지 참으로 교육적인 것이며, 진정한 교육은 어느 것이나 사상을 연구하기 마련이다. 교육자들과 민중이 민중의 사상을 보다 잘 연구하고 거기에 따라서 연대적으로 교육을 받게 되면, 연구는 보다 잘 지속되어 나가게 된다. 문제제기식 교육개념 안에서 교육과 주제연구는 동일한 과정 속의 다른 계기일 뿐이다.

은행예금식 교육 방법의 비대화적·비의사소통적 성격을 띤 '예탁금'과는 달리, 문제제기식 프로그램 내용은 매우 대화적인 것으로서 학생들이 자기네 생성주제들을 찾게 되는 그 세계에 대한 세계관에 의해서 이루어지고 체계화된다. 따라서 그 내용은 부단히 확대되고 자체적으로 새로워진다. 대화적인 교사가, 전문분야가 다른 사람들이 함께 일하는 팀 내에서 그 팀의 연구 결과로 나타난 주제 세계에 작용을 하면서 해야 할 일은, 그에게 그 세계를 맨 처음 제시해 준 민

● 페다고지

중에게 '환원시키는' 일이다. 물론 그 세계를 환원시킬 때에는 어떤 강의로 하는 것이 아니라 하나의 문제로써 환원시켜야 한다.

예를 들어, 어떤 그룹이 무학자 비율이 높은 농촌 지역에서 실시할 성인교육 계획을 마련한다고 가정하자. 그 계획 속에는 탈문맹화운동과 탈문맹화 이후의 단계가 포함될 것이다. 문제제기식 교육은 우선 첫 단계에서 '생성어'를 찾아내서 연구를 한다. 그러나 탈문맹화 이후 단계에서는 '생성주제'를 찾아 연구하게 된다.

그러나 여기에 우리는 생성주제들 혹은 유의미적 주제군에 대한 연구만을 고찰해 보기로 하자.* 연구자들이 자기네가 논할 영역을 일단 선정하고 제2차적 자료들을 통해서 그곳에 대한 기초적인 지식을 갖게 되면, 그들은 이미 연구의 첫 단계에 들어선 셈이다. 이렇게 출발한 시작은 (여타의 인간활동들의 시작이 그렇듯이) 어려움과 위험을 안고 있는 것이며, 어떤 점에서 볼 때 오히려 그것이 정상이다. 이 어려움과 위험들은 그 지역 사람 개개인과 처음 접촉할 때에는 분명하게 제 모습을 드러내지 않는다. 연구자들은 이 첫번째 접촉을 통해서 그 지역 사람 상당수로 하여금 그 지역에서 그들의 현존이 갖는 목적들에 관해서 이야기를 나눌 수 있도록 비공식 회합을 갖는 일에 동의하게 만들 필요가 있다. 그리

---

*조사와 '생성어'의 사용에 관해서는 『해방 실천으로서의 교육』을 보라.

• 제3장 대화론 : 자유의 실천으로서 교육의 본질

고 이 모임 석상에서 그들에게 진행하려는 연구의 동기나 실시 방법, 쓰일 용도들을 설명해 주고, 한 걸음 나아가서 상호 이해와 신뢰의 관계가 없으면 이 연구는 불가능하다는 사실을 이야기한다. 그리하여 만일 참석자들이 그 연구를 좋다고 생각하고 다음 과정이 실시되는 데 동의한다면,* 연구원들은 참가자들 가운데서 보조원으로서 도와줄 몇 사람의 지원자가 나와 줄 것을 부탁한다. 이 사람들은 그 지역 생활에 관해 필요한 일련의 자료들을 수집하는 일을 하게 된다. 따라서 무엇보다도 중요한 것은 이 지원자들이 적극적으로 연구에 참여하는 일이다.

그러는 동안에 연구원들은 몸소 그 지역을 돌아보되 억지로 무리하지 말고 그들이 보는 바를 '이해하는' 태도로 호의적인 관찰자답게 행동할 것이다. 연구원들이 그 지역에 올 때는 이미 그들의 인식에 영향을 미치는 가치관을 지니고 오는 것은 정상적인 일이지만, 그렇다고 해서 그들이 주제 연구를 그 가치관의 강요 수단으로 변형시킬 필요는 없다. 이 가치관은, 자기네 주제가 연구 중에 있는 그 인간들이 참여하게 될 것이라는 바람(연구원들은 이같은 능력을 가지고 있

---

*브라질의 사회학자 마리아 에디 페레이라 Maria Edy Ferreira의 (미발행 저서에서의) 말에 따르면 주제 연구는 그것이 진실로 민중에게 속하는 것을 민중에게 돌려주는 선에서만 정당화될 수 있다. 즉, 민중에 관한 지식 습득 시도가 아닌 민중에게 도전하는 현실을 민중과 더불어 알려고 하는 시도일 때 비로소 정당화된다.

• 페다고지

다고 본다)으로, 현실을 들추어내기 위해서 현실에 접근할 수 있도록 올바른 방법을 부여하는, 세계에 대한 비판적인 인식 때문에 값어치가 있는 것이다. 그리고 이 비판적 인식은 결코 강요되어서는 안되는 것이다. 이 때문에 주제연구는 그 출발에서부터 하나의 교육적인 추구로, 문화적 행동으로 표현되는 것이다.

연구원들은 여러 차례 그 지역을 방문하고 연구하는 가운데 그 지역에 대한 자신의 비판 '목표'를 선정하되, 그것을 해독하지 않으면 안될 엄청나고 유일무이하며 살아 있는 기호로 여긴다. 그들은 그 지역을 하나의 '전체'로 간주하고, 계속해서 찾아가 인상적인 부분 영역들을 분배함으로써 이 전체의 분할을 시도한다. 이러한 과정을 통해서 연구원들은 여러가지 부분들이 어떻게 상호작용하는가에 대한 이해를 넓히고, 그럼으로써 후에 전부 그 자체 속으로 침투하는 힘을 가지게 될 것이다.

이러한 해독단계가 진행되는 동안 연구원들은 때로는 직접, 때로는 주민들과의 비공식적인 대화를 통해서 그 지역의 확실한 삶의 '계기'를 관찰한다. 연구원들은 모든 것을 노트에 기록하되, 민중들이 말하는 방법이나 생활 양식, 교회에서 혹은 작업에 임해서의 태도 등과 같은 크게 중요한 것 같지 않는 사실들도 적어 둔다. 그들은 그 민중이 사용하고 있는 언어를 기록한다. 그들의 표현, 어휘 및 구문법

•제3장 대화론 : 자유의 실천으로서 교육의 본질

(부정확한 그들의 발음이 아니라 그네들의 사상을 조립하는 방식)을 적어 놓는다.*

연구원들은 변화하는 상황 속에서 그 지역을 관찰하는 일을 소홀히 해서는 안된다. 들판에서의 노동, 지역 조합회의 (참가자들의 행동, 사용하는 언어, 공직자들과 구성원들과의 관계를 주시), 여자와 젊은이의 역할, 휴식 시간, 소일거리 및 스포츠, 가족들과 가정 내의 대화(남편, 아내 그리고 부모 자녀 상호관계에서 오는 실례들을 주시)를 관찰한다. 이 지역을 답사하는 이 첫 단계에 연구원들은 어느 활동에나 빠짐 없는 주의를 쏟아야 한다.

각각의 답사가 끝나면 연구원들은, 전문 연구원들과 지역 보조원들 모두가 얻어낸 결과들에 대한 평가를 놓고 팀 전체가 토의에 임할 수 있도록 간단한 보고서로 작성하여 제출해야 한다. 보조한 사람들이 보다 쉽게 참여할 수 있도록 평가회는 그 지역 내에서 개최되도록 해야 한다.

평가회는 독특하고 살아 있는 기호를 해석하는 제2단계에 해당한다. 각 사람이 어떤 사건 혹은 상황을 인식하거나 느

---

*브라질의 소설가 G. 로사 *Guimarães Rosa*는 작가가 민중의 발음상의 오류나 문법상의 오류를 포착하는 선에 머무르지 않고 민중의 구문, 즉 그들의 사고 구조 자체를 진정으로 파악할 수 있는가를 보여주는 탁월한 실례가 되고 있다.(이 점은 작가로서의 그의 탁월한 진가에 결코 흠이 되지 않는다.) 그는 진정 브라질 오지에서 사는 주민들의 '유의미적 주제군'에 대한 탁월한 연구가였다. 파울로 데 타르소 *Paulo de Tarso* 교수는 현재 이 소설가의 작품인 『내륙에 덕보는 악마』 (뉴욕, 1963) 중에서 별로 고려되지 않은 이 측면을 분석하는 논문을 준비하는 중이다.

● 페다고지

 낀 방식은 그가 제출한 해독의 글 속에 표현되어 있기 때문에, 그의 답사결과는 다른 해독자들에게, 그들 나름대로 인식한 동일한 현실을 새로이 제시해 줌으로써, 도전하게 된다. 이 때 연구원들은, 다른 사람들의 '고찰'을 통해서 자신의 '고찰'을 제고하게 만든다. 이리하여 각 해석자가 분석한 현실분석은 논리적으로 분할된 전체로 연구원들을 되돌려 보내게 되며, 이 분할된 전체는 다시 그들로 하여금 새로운 분석을 하도록 만드는 하나의 전부가 된다. 그리고 거기에 따라서 새로운 평가 및 반성회가 소집된다. 이때 주민 대표들은 연구 팀의 일원으로서 모든 활동에 참여할 것이다.

 그 그룹이 전부를 여러 차례 분할하고 재통합시키는 작업을 거듭하면 할수록, 그 지역 주민들이 포함되는 근본적 모순들과 이차적인 모순들의 핵심에 보다 가까이 접근할 수가 있다. 연구원들은 이 모순들의 핵심의 위치를 파악함으로써, 이 단계에서도 실시할 교육 행위의 프로그램 내용을 마련할 수는 있다. 프로그램 내용에 이 모순들이 반영되어 있다면 분명 그것은 이 지역의 유의미적 주제군이 포함되어 있을 것이다. 뿐만 아니라 이러한 관찰을 기반으로 이루어진 교육은 '위로부터의 결정'에 근거를 둔 교육보다 성공할 확률이 훨씬 클 것임은 자명하다. 그러나 연구원들은 이같은 가능성에 현혹되는 일이 있어서는 안된다. 근본문제는 (보다 큰 시대 단위인 사회가 지니는 근본적인 모순을 포함해서) 이 모순들의 핵심에 대한 초보적인 인식에서 출발하여, 그 주민들이 지니고 있는 이 모순들을 인식하는 인식 수준을 연구하는 데 있기 때문이다.

이 모순들은 본질적으로, 한계상황들의 구성 요소이며, 그 속에는 개인들이 이 한계상황들 속에 완전히 구속되어서 그 상황으로부터 자신을 분리시키지 못하면, 그 상황들에 대한 그들의 주제는 '숙명론'이 되고 만다. 그리고 이 주제가 그들에게 제시하는 숙제는 '숙제의 결핍'이 된다. 한계상황들은 개개인에게 필요한 것을 환기시켜 주는 객관적인 현실들이기는 하지만, 개인은 다른 개인들과 더불어서 이 상황들에 대한 자기네 의식 수준을 연구하지 않으면 안 된다.

하나의 구체적인 현실로서의 한계상황은 다른 지역 내에 사는 사람들 및 동일한 지역 내의 소지역들 내에 사는 사람들에게 정반대되는 주제들과 할 일들을 야기시키는 일도 있을 수 있다. 따라서 연구원들의 기본 용무는 골드만이 명명한 '실제의식'과 '잠재의식'에 대한 지식에 집중되어야 한다.

> 진정한 의식이란, 경험적 현실의 서로 다른 요소들이 서로 대립되고 잠재의식에 의한 현실화를 제시하는 수많은 탈선과 장애의 결과다.*

---

*L. 골드만, 『인문과학과 철학』 (런던, 1969) 118쪽.

● 페다고지

　실재의식 속에는 한계상황 이면에 있는 '시험해 보지 않은 실현가능성'을 인식하지 못하는 인식불가능성이 내재하고 있다. 그러나 이 시험해 보지 않은 실현가능성이 비록 '실재 (혹은 현재) 의식'으로는 인식되지 못한다 하더라도, 그것이 지금까지 계속해서 인식되지 않을 수 있던 생존력을 보여주는 '시험하는 행위'를 통해서는 그 인식이 가능하게 된다. '시험해 보지 않은 실현가능성'과 실재의식은 '시험하는 행위'와 잠재의식과의 관계처럼 연결되어 있다. 골드만이 사용한 잠재의식의 개념은 니콜라이의 '인식되지 않은 실천가능한 해결들'*(이 책의 '시험해 보지 않은 실현가능성')과는 비슷하나, '인식된 실천가능한 해결들'과 '현재 실천된 해결들'과는 대조적인 것이다. 따라서 연구원들이 연구의 첫 단계에서 모순들의 복합체를 약간 이해는 할지 모르나, 그 정도의 단계에서 교육 행위에 필요한 프로그램 내용을 마련한다는 것은 주제넘는 일이다. 그들이 지니고 있는 현실인식은 그들 자신의 것이지 민중들의 것이 못되기 때문이다.
　연구의 제2단계는 이 모순들의 복합체를 이해하는 데서 시작된다. 항상 팀으로서 행동하는 연구원들은 이 모순들 가운데서 일부를 선택해 주제연구에 사용할 수 있도록 기호화한

---

* A. 니콜라이 André Nicolaï, 『경제적 행동과 사회구조』 (파리, 1960)를 보라.

• 제3장 대화론 : 자유의 실천으로서 교육의 본질

다. 기호라는 것 (그림이나 사진들)*은 해독자들이 비판적인 분석에 임하는 데 중재역을 맡는 '객체들'이기 때문에, 이를 마련하는 데는 시각적인 자료들을 만드는 일반 법칙과는 다른 어떤 원칙에 따르지 않으면 안된다.

이 기호화는 자기네 주제들을 검토받고 있는 사람들 개개인에게 낯익은 상황들을 제시해서 그들이 그 상황들을 쉽사리 알아차릴 수 있도록, 그리하여 그 상황들과 자기들과의 관계를 파악할 수 있도록 마련되는 것이 그 첫째 요건이다. 연구 과정 중에나 혹은 그 다음 단계에서나, 유의미적 주제군을 프로그램 내용으로 표현할 때 참석자들에게 익숙하지 못한 현실모습을 먼저 들이미는 일이 있어서는 안된다. 그런 것들은 (친숙하지 못한 현실을 분석하는 가운데 개개인은 그것을 자신의 현실과 비교하여 자신의 한계점들을 발견하게 되기 때문에, 변증법적이라 말할 수는 있지만) 참석자들의 침몰 상태가 제시하는 보다 근본적인 것, 다시 말해서 개개인이 자기네 현실을 분석하여 이전에 지녔던 자기네 인식이 왜곡되었음을 알고, 그럼으로써 그 현실에 대한 새로운 인식을 갖는 과정보다 선행되어서는 안된다.

기호화 작업에 못지 않는 기본 요건이 있다면 그것은 주제

---

*기호화들은 구어적인 것도 될 수 있다. 이 경우에 그것들은 해독에 입각한, 어떤 존재론적 문제를 제시하는 적지 않은 말들로 이루어진다. 칠레의 "농업개혁 연구소 *Instituto de Desarrollo Agropecuario*" 팀은 이 방법을 주제연구에 성공적으로 활용하였다.

● 페다고지

핵심이 지나치게 노골적이지도, 너무나 애매모호하지도 않도록 되어야 한다는 것이다. 주제 핵심이 지나치게 노골적인 경우는 단순한 선전이 되어 버린 나머지 미리 결정된 분명한 내용을 제시해 주는 일 이외에는 진정으로 해독해야 할 내용이 없어져 버릴 우려가 있다. 그리고 주제 핵심이 애매모호한 경우는 수수께끼나 무슨 알아맞히기 놀이같이 될 염려가 생긴다.

기호화된 주제들은 실존적 상황들을 제시하고 있는 것들인 만큼, 그것들의 복합체 내부도 단순해야 하며 선전의 세뇌적 성향을 탈피해서 여러가지 해석가능성을 부여할 수 있어야 한다. 기호화는 슬로건이 아니다. 그것은 인식할 수 있는 객체들이며 해석자들의 비판적 사고를 몰고 갈 도전들인 것이다.

해석 과정에서 여러가지 분석이 나올 수 있는 가능성을 부여하기 위해서 기호들은 마치 '주제 날개 *Thematic fan*'처럼 마련되어야 한다. 해석자들이 그 기호를 고찰할 때에 그것은 다른 주제들의 방향으로 연결시켜 주는 작용을 해야 한다. 이러한 연결(이는 주제 내용이 너무 노골적이거나 너무 애매모호한 것인 경우에는 기대할 수 없는 연결이다)은 주제들 그리고 그 주제들과의 대립, '주제들' 사이에 존재하는 변증법적 관계 인식에 꼭 필요한 연결이다.

이처럼 실존적 상황을 반영하고 있는 기호들은 구체적으로

• 제3장 대화론 : 자유의 실천으로서 교육의 본질

하나의 전부를 이루지 않으면 안된다. 그리고 이 전부의 부분들은 전체를 이루기 위해 상호작용을 해야 한다.

해석 과정에서 참석자들은 자기네 주제들을 구체화시키고 그럼으로써 그들의 실재의식을 분명하게 만든다. 이 일이 이루어지면 그들은 현재 분석하고 있는 상황에 처해서 어떻게 행동해 왔던가를 직시할 수 있게 되고, 그럼으로써 '그들의 이전 인식의 인식'에 도달한다. 그리고 이같은 각성이 이루어지면 그들은 현실을 다르게 인식한다. 그들의 인식 시야가 넓어짐에 따라 '배경 의식' 안에서 좀 더 쉽게 현실의 두 영역들 사이의 변증법적 관계들을 발견할 수 있게 된다.

해독 작업은, '이전 인식에 대한 인식'과 '이전 지식에 대한 지식'을 촉진시킴으로써, 새로운 인식 출현과 새로운 지식 발전을 촉진한다. 새로운 인식과 새로운 지식은 구조상으로 교육계획의 출발과 직결되며, 이 교육 계획의 출발로 '시험해 보지 않은 실현가능성'이 '시험하는 행동'으로 변형되고 잠재의식은 실재의식의 자리에 들어서게 된다.

기호화의 준비는 가능하면 그 기호들이 목하 연구 중인 그 지역의 모순 구조를 이루고 있는 여타의 문제점들을 '포괄하는' 모순제시가 되도록 해야 한다.* 그리고 이 '포괄적인'

---

*이는 호세 루이스 피오리 *José Luis Fiori*가 그의 미간행 저서에서 권유하고 있는 바이다.

● 페다고지

  기호들이 각기 마련되면 그 속에 '포함된' 다른 모순들도 해독해야 한다. 전자의 해독은 후자의 해독에 의하여 변증법적으로 명확해질 것이다.
  칠레의 가장 중요한 정부 기구 중 하나인 INDAP(Instituto de Desarrollo Agropecuario)*에 근무하는 젊은 관리 가브리엘 보데는 이 점에 있어서 우리의 방식에 대단히 귀중한 보탬을 주었다. 그가 탈문맹화 이후 단계에서 이 방식을 적용하는 가운데 농민들이 자기네 필요와 직결되는 기호에 관해서만 논의의 홍미를 느낀다는 사실을 목격한 것이다. 그들은 그러한 기호를 벗어나거나 교육자가 해석토의를 다른 영역으로 유도하려 들면 즉시 입을 다물고 무관심해져 버렸다. 그런가 하면 기호**가 그들이 느끼는 필요와 그 필요의 원인이 되고 있는 직접·간접적인 요인들과의 관계를 거의 인식하지 못했다. 이는 그들의 필요를 만드는 한계상황 이면에 놓여 있는 '시험해 보지 않은 실현가능성'을 인식하지 못한 결과라 해도 좋을 것이다.
  이리하여 보데는 결국 상이한 상황들에 대한 동시적 계획으로 시험해 보았다. 우리에게 기여한 바는 바로 이 기술이었다. 그는 처음에 하나의 실존적 상황에 대한 지극히 단순

---

* INDAP는 최근까지 경제학자요 진정한 인본주의자인 쟈크 촌촐 *Jacques Chonchol*이 이끌어 왔다.
**이들 기호들은, 피오리의 정의에 있어서는 '포괄적인' 것이 아니다.

• 제3장 대화론 : 자유의 실천으로서 교육의 본질

한 기호를 마련하였다. 그리고 이 첫 기호를 '본질적인' 기호라고 명명했다. 이 기호는 근본적인 핵심을 제시하고 보조적인 기호들로 이어주는 '주제 날개'를 작동시킨다. 본질적인 기호가 해석되고 나면 교육자는 그 기호가 지닌 설정된 이미지가 그대로 참가자들에게 참고가 되도록 유지해 나가면서, 그에 맞게 보조적 기호를 성공적으로 기획한다.

그리하여 본질적인 기호와 직접 연결되는 보조적인 기호들을 통해서 참가자들의 관심은 생생하게 유지가 되고, 참가자들은 그들대로 하나의 합에 도달할 수 있게 되는 것이다.

가브리엘 보데가 이루어 놓은 위대한 업적은 곧, 본질적인 기호와 보조적인 기호들 사이의 논리를 이용해서 참가자들에게 자부에 대한 감각을 갖게 했다는 데 있다. 그럼으로써 현실 속에 침몰되고 자신의 필요를 단순하게 느끼기만 하던 개개인이, 현실 속에서 '출현'하고 자기네 필요의 요인들을 인식하게 된다. 그들은 이런 식으로 실재의식의 수준을 넘어서 훨씬 빠른 속도로 잠재의식에 도달하게 된다.

일단 기호들이 작성되고 전문 분야가 다른 협업 팀이 그들의 가능한 주제 단면들을 모두 연구하고 나면, 연구원들은 '주제연구 서클'*에서 해석하는 대화가 시작될 수 있도록 그 지역으로 되돌아감으로써 연구는 제3단계에 들어간다. 앞

---

*이 '연구 서클'은 인원이 최대한 20명으로 되어야 한다. 지역 또는 부속 지역 인구의 10%를 (참가자들로) 포함시킬 만큼 많은 서클들이 있어야 한다.

● 페다고지

에서 준비된 자료를 해독하는 이 토의는 전문 분야가 다른 협업 팀에 의해 계속될 분석을 위해서 녹음을 해 둔다.* 해석 조정자 역할을 맡은 연구원 외에 두 사람의 전문가들-심리학자 한 사람과 사회학자 한 사람-이 동회합들에 참석한다. 그들이 할 일은 해독자들의 중요한 (그러면서도 외관상으로 무의미하게 보이는) 반응들을 포착해서 기록하는 일이다.

해독 과정에서 조정 담당자는 개인들의 이야기에 귀를 기울일 뿐만 아니라 기호화된 실존적 상황과 그들 자신의 답변들을 문제로 제시함으로써 그들에게 도전해야 한다. 이것이 지니고 있는 내뱉도록 만드는 힘 때문에 주제연구의 참가자들은 자기 자신과 세계 및 타인들에 대한 그들의 감정 및 의견들을 토로하게 되는데, 이런 일은 다른 분위기 속에서라면 표출되지 않을 것들이 된다.

산티아고에서 실시된 주제연구들** 중에 하나를 소개한다. 상당수의 셋방생활을 하는 주민들이 한 자리에 모여 토론을

---

*이 후속되는 분석 회의에서 연구에 협조한 선각자들과 '주제연구 써클'의 일부 참가자들을 반드시 참석시켜야 한다. 그들의 공헌은 그들의 자격을 부여받은 하나의 권리이거니와 전문가들의 분석에 없어서는 안될 필수적인 도움이다. 전문가들의 공동연구자들로서 그들은 전문가들이 발견결과에 내리는 해석들을 확인하거나 정정하게 될 것이다. 방법론적 입장에서 보면, 그들이 참석함으로써 시작부터 '교감적인' 상호관계에 바탕을 둔 본 연구를 지켜주게 된다. 민중 대표들의 비판적인 참여가 시작에서부터, 해방하는 문화적 행위로서의 교육적 행위에 관한 프로그램 내용 조직에 이르는 주제분석의 최종단계에까지 지속되기 때문이다.

**이 특수한 연구는 불행히도 끝맺지 못하고 말았다.

• 제3장 대화론 : 자유의 실천으로서 교육의 본질

벌였다. 술취해서 길거리를 비틀거리며 걷는 사람과 구석에서 한가하게 이야기를 나누고 있는 세 사람에 대한 이야기였다. 그런데 거기서 모아진 의견의 결과는 의외의 것이었다.

"생산적이고 국가에 유익한 사람은 술주정꾼 뿐이다. 그는 가족들의 필요 때문에 저임금을 받으며 하루 종일 고된 일을 한 다음에 술을 마시고 집으로 귀가하고 있는 것이다. 그 사람만이 유일한 노동자이다. 그는 우리처럼 떳떳한 일꾼이자 술꾼이다."

그 연구자*의 의도는 알코올 중독의 단면들에 대해 연구하는 데 있었다. 아마 그가 스스로 설문지를 작성해서 참석자들에게 돌렸던들 그와 같은 대답을 얻지는 못했을 것이다. 그가 직선적으로 질문을 던졌더라면 그들은 자기네가 술을 마신다는 사실조차 부인했을지도 모른다. 그러나 그들이 인지할 수 있고 또 그 속에서 자기 스스로를 인식할 수 있는 어떤 실존적 상황에 대한 '기호화'를 놓고 이야기하는 가운데, 실제로 느껴 온 바를 털어놓은 것이다.

이들의 반응을 나타낸 위의 진술 속에는 중대한 두 가지 단면이 실려 있다. 하나는, 그들이 저임금과 수탈에 대한 감정 및 술주정 – 현실 도피로서, 무위(無爲)라는 좌절을 극복하려는 시도로서, 철저한 자기 파괴적인 해결책으로서의 술주

---

*심리학자 P. 로페스 *Patrício Lopez*. 그의 업적은 『해방 실천으로서의 교육』에 실려 있다.

●페다고지

정꾼-사이의 관계를 이야기하고 있다는 것이다. 다른 하나는 그들이 술주정꾼을 높이 평가해야 하는 필요성을 명백하게 하고 있다는 점이다. 그는 "다른 사람들이 그저 지껄이고 있는 동안에, 일을 하기 때문에 국가에 유익한 또 하나의 인간"인 것이다. 이렇게 술주정꾼을 칭찬한 다음에 그들은 그들 자신도 그와 다를 바 없이 술을 마시는 노동자들로서 - '떳떳한 노동자들'로서 - 그 술주정꾼과 동일시하고 있다.

이런 결과에 비해서, 이 사람들이 보기에는 조금도 덕이라고 생각되지 않는 어떤 덕행을 실례로 들어가면서, 알코올 중독을 공박하는 강론이나 하는 도학자적인 교육자가* 맞이하는 결과를 상상해 보라. 이 경우도 마찬가지지만 어느 경우에나, 건전한 작업이 진행되려면 오직 상황에 대한 '의식화'가 이루어져야 하며, 이 의식화는 주제연구 출발점에서부터 비롯되지 않으면 안된다. (분명히 의식하는 어떤 상황에 대한 단순한 주관적 인식 수준으로 끝나는 것이 아니고 행동을 통해서 인간들로 하여금 그들의 인간화에 방해가 되는 장애물들에 대항하여 투쟁하도록 준비시킨다.)

농부들과 함께 나눈 또 다른 체험에서, 나는 들판에서의 노동을 묘사한 하나의 상황을 전체적으로 토의하는 가운데 변하지 않은 주지사항이 있음을 발견했다. 임금인상에 대한 요구와 이 특정한 요구를 관철하도록 조합을 만들기 위한

---

*니이버, 앞의 책을 보라.

• 제3장 대화론 : 자유의 실천으로서 교육의 본질

단합의 필요성이 있음을 목격한 것이 그것이다. 이 기간 중에 토의한 상황은 세 가지였는데 토의 줄거리는 역시 마찬가지였다.

어떤 교육자가 이 사람들을 위해서 '자신의' 교육 계획을 짰는데, 그것이 '물이 우물 속에 있다'는 사실을 배울 수 있도록 '유익한' 책들을 읽는 것이었다고 상상해 보라. 그러나 이런 식의 일이 교육과 정치 양면에서 줄곧 발생하고 있는 게 엄연한 사실이다. 그것은 교육의 대화적 본질이 주제 연구에서 시작된다는 사실을 깨닫지 못하는 데에 그 이유가 있다.

서클들 내부에서 해독이 완결되면, 연구원들은 그들의 연구결과들에 관해서 서로 다른 전문 분야 간의 협업적 연구를 수행하는 것으로 연구의 최종 단계에 들어간다. 해독기간 중에 녹화된 테이프를 들고, 심리학자와 사회학자의 기록을 조사함으로써 연구원들은 회기 기간 중에 제기된 주장들 속에 명시되어 있거나 혹은 함축되어 있는 주제들을 열거한다. 이 주제들은 여러 사회과학 분야에 따라 분류된다. 이렇게 하는 것은 프로그램을 마련할 때 주제들이 하나씩 분리된 영역에 귀속되도록 만들라는 뜻이 아니고 다만 그 주제들이 관련되어 있는 사회과학 분야들에 의해서 나름대로의 방식으로 조사되도록 만든다는 것을 뜻할 뿐이다. 예를 들어, 발

● 페다고지

 전이라는 주제는 특히 경제학 영역에 적합한 주제이면서도 전적으로 거기에만 속하는 주제는 아닌 것이다. 사회학, 인류학 및 사회 심리학이라는 초점에 맞출 수도 있는 주제(문화적 변형과 태도 및 가치관의 수정과 관련된 영역들-발전 철학에 똑같이 관계되는 제 문제들)이다. 이는 또한 정치과학의 초점에 맞출 수도 있고(발전을 포함하고 있는 제반 결정에 관한 영역), 교육이나 그 밖의 것들에 초점을 맞출 수도 있다. 하나의 전일적 성격을 보이는 주제들은, 이같은 식으로, 딱 정해 놓고 접근할 수가 없다. 만에 하나라도 이 주제들이, 현실의 여러 가지 상이한 단면들 속에 스며들어 얻어낸 풍부한 내용으로 연구된 다음에 그런 식으로 다룸으로 해서, 그 주제들이 지닌 그 풍부한 내용(과 힘)이, 전문이라는 속박 아래 희생되는 일이 생긴다면 그것은 불행한 일이 아닐 수 없다.

 일단 주제의 경계설정이 완성되면 각 전문가는 자신의 주제 '분해'를 위한 계획서를 전문 분야가 다른 협업 팀에 제출한다. 그리고 이 주제 '분해' 작업을 통해서, 학습단위들의 설정과 어떤 절차 마련으로, 주제의 일반적인 입장을 부여하고 있는 근본적인 핵심들을 찾는다. 하나의 전문 계획이 논의되는 과정에서 다른 전문가들은 필요한 제안을 하게 된다. 이때 제안된 사항들은 계획안 속에 포함될 수도 있고 주제에 관한 간단한 소론에다 집어넣을 수도 있을 것이다. 서지

• 제3장 대화론 : 자유의 실천으로서 교육의 본질

(書誌)의 안건들이 추가되는 이 소론서들은 '문화서클'에서 일할 교사-학생들의 양성에 유익한 보탬이 될 것이다.

유의미적 주제군 분석을 위한 노력이 계속되는 동안 팀에서는, 이제까지의 연구에서 민중들이 직접적으로 제기하지 않은 어떤 기본 주제들을 포함시켜야 한다는 사실을 인정하게 될 것이다. 이같은 주제들의 삽입은 그 필요성이 입증되어 왔으며, 교육이 갖는 대화적 성격에도 부합이 되는 일이다. 만일 교육의 프로그래밍이 대화적인 것이라면, 교사-학생들에게는 이전에 제기되지 않은 주제들을 포함시킴으로써 그 일에 참여할 권리가 있는 것이다. 나는 이 후자의 주제형태를, 그들의 기능을 감안해서, '중심 주제'라고 이름 붙였다. 이들 주제는 두 주제 사이에 있을 수 있는 틈을 메워 줌으로써, 두 주제들 사이의 연결을 촉진하고, 일반 프로그램 내용과 민중들이 갖는 세계관 사이의 관계를 분명히 해주는 역할도 한다.

문화의 인류학적 개념은 이들 핵심 주제들 가운데 하나다. 그것은 세계 속에 그리고 세계와 더불어 있는 인간들의 역할이, 적응하는 존재의 역할이라기보다도 변혁하는 존재의 역할임을 명백하게 해준다.*

---

*문화의 인류학적 분석의 중요성에 관해서는 『해방의 실천으로서의 교육』을 보라.

● 페다고지

주제군의 분해가 완결되고 나면* 각 주제와 그 주제의 제시에 필요한 의사전달의 최선의 통로를 선택하는 기호화 단계가 뒤따른다. 단일한 기호화나 복합적인 기호화 모두 가능하다. 단일한 경우는 시각(화보나 도표), 촉각 및 청각의 통로를 이용한다.** 화보나 도면이라는 통로를 선택할 경우에는, 기호화된 자료들에 따라서 뿐만 아니라 의사를 소통하려는 개개인들의 학식 정도에 따라 그 선택이 좌우된다.

주제들이 기호화된 다음에는 가르치기 위한 자료들(사진, 슬라이드, 필름, 포스터, 독서물 등)을 준비한다. 그 팀은 일부 주제들의 단면들을 외부 전문가들에게 부탁해서 인터뷰 형식으로 녹음시킬 수도 있다.

발전이라는 주제를 일례로 들어보자. 우선 그 팀은 학파가

---

*전체 프로그램은 자체적으로도 총체물이 되는 상호관련된 단원들로 이루어진 총체임을 주의하라.
  주제들은 자체적으로 총체들이지만, 상호관계 속에서 전체 프로그램의 주제단원들을 구성하는 요소들이기도 하다.
  주제의 분해는 총체주제들을 쪼개어서 부분 요소들에 해당하는 그것들의 중심체들을 찾아낸다.
  기호화 과정은 실존적 상황의 재현 속에서 결합되지 않은 주제를 재결합하려 한다.
  해독함으로써, 개개인은 기호의 불투명한 주제나 주제군을 이해하고자 그 기호를 쪼갠다. 변증법적 해석과정은 거기에서 끝나지 않고, (그것이 갖는 다른 기호화된 상황들, 실존적 상황들을 재현하는 모든 것들과의 관계가 그렇듯이) 그로써 한결 명백하게 이해되는, 흩어져 있는 전체의 재결합으로 완성된다.

**기호화
  a) 단일한 경우 : 시각의 매개 ; 화보 ; 도면 ; 촉각의 매개 ; 청각의 매개
  b) 복합적인 경우 : 매개체들의 동시발생

•제3장 대화론 : 자유의 실천으로서 교육의 본질

다른 두 사람이나 그 이상의 경제학자들에게 접근해서 프로그램을 이야기해 주고, 그 주제에 관해서 청중들이 알아들을 수 있는 말로 이야기해 주도록 인터뷰를 부탁한다. 만일 그 전문가들이 승낙을 하면 15분에서 20분에 걸치는 인터뷰를 해서 녹음한다. 그리고 이야기하고 있는 전문가의 모습을 각각 사진찍어 둔다.

녹음된 인터뷰가 문화 서클에 입수되면, 말하는 사람이 누구이며, 그가 쓴 글, 그의 행적 및 현재 그가 하고 있는 일을 소개하는 서언을 붙이고 그의 사진은 스크린에 영사시킨다. 예를 들어 그가 대학 교수라면, 참석자들이 대학을 어떻게 생각하고 있는가 그리고 그들이 그 대학에서 무엇을 기대하고 있는가 하는 것을 하나의 문제로서 소개말 속에 포함시킬 수도 있다. 그리고 그 사람들에게는 녹음된 인터뷰를 들은 다음에 그 내용(이는 청각적 기호의 기능을 한다)에 관해 토의하게 될 것임을 미리 알려준다. 토의 중에 나온 참석자들이 반응을 그 전문가에게 보고한다. 이같은 수단은 지식인들 —흔히 선의적이지만 민중의 현실에서 소외되어 있는 경우도 적지 않다—을 그 현실과 연결시켜 준다. 또한 이로 인해서 민중들은 지식인들의 사상을 듣고 비판할 수 있는 기회를 갖게 된다.

어떤 주제들 혹은 핵심들은 극화해서 제시할 수도 있다. 이때의 극(劇)은 주제를 담을 뿐이지 '해결'을 제시해서는

• 페다고지

안된다. 각색이 하나의 기호로서, 토의되어야 할 문제제기식 상황으로서, 역할을 하도록 만드는 것이다.

또다른 방식으로는-그것이 교육에 대한 은행예금식 접근이 아니고 문제제기식 접근일 경우에-(경과로부터 시작해서) 잡지에 실린 글, 신문 혹은 서적을 읽고 토의하는 방법이 있다. 이때는 녹음 인터뷰에서처럼 그룹이 내용을 토의하기 전에 저자를 먼저 소개한다.

같은 방법에 따라서, 어떤 주어진 사건들에 관련되는 신문사설 내용들도 분석할 필요가 있다. "동일한 사실을 가지고 다른 신문마다 왜 다르게 해석하고 있는가?" 이같은 작업은 민중에게 비판감각을 길러 주어, 그들로 하여금 신문들이나 방송들을 수동적으로 받아들이는 공보물들로서 대하지 않고 자유를 추구하는 의식으로 대하게 한다.

교육 자료들을 모두 갖추고 거기에 짤막한 소개말을 빠짐없이 붙이고 나면, 교육자 팀은 민중들에게 그네들 자신의 주제를 체계화하고 확대한 형태로 제시할 준비를 완료하게 된다. 이렇게 해서 민중들에게서 나온 주제군을-예탁해야 하는 내용으로서가 아니고 풀어야 할 문제들로서-그들에게 다시 되돌아 보내게 되는 것이다.

기초 교육에 임하는 교사들이 맨 먼저 할 일은 보편적인 교육운동 프로그램을 민중에게 제시하는 일이다. 민중들이 그 제시된 프로그램을 볼 때 거기에서 그들 자신을 발견하게

• 제3장 대화론 : 자유의 실천으로서 교육의 본질

된다. 그 프로그램은 바로 그들에게서 비롯된 만큼 민중들은 결코 그것을 왜소하게 생각하지 않을 것이다. 교사들은 또한 (교육이 갖는 대화적 성격을 바탕으로) 프로그램 안에 들어 있는 '핵심 주제군'과 그 주제들의 의미도 설명할 것이다.

만일 교육자들이 위에서 말한 대로 기초적인 주제연구를 실시할 수 있는 충분한 재원이 마련되지 못할 경우에는 ― 그 상황에 대한 최소한도의 지식으로 ― '연구할 기호들'이 될 수 있는 몇몇 기본 주제들을 선정할 수가 있다. 그렇게 해서 그들은 입문적 주제부터 시작해서 동시에 보다 깊은 주제연구를 추진할 수 있게 된다.

이 기본 주제들 가운데 하나(내가 핵심적이고 절대적인 것으로 생각하는 주제 중의 하나)는 문화의 인류학적 개념이다. 주체들이 농민들이거나 도시 노동자들이거나, 글을 배우고 있거나 탈문맹화 이후 프로그램에 참여하고 있거나, 그들이 좀 더 알고자 하는 탐구의 시발점(도구적 낱말 뜻 차원에서)은 개념논쟁이다. 그들이 문화의 세계를 토의할 때 그들은 자기네의 현실에 대한 의식 수준을 표현하게 되며, 그 속에는 여러 가지 주제들이 내재하게 된다. 그들의 토의는 또한, 커 나가는 비판적 태도로 인식하게 되는 다른 현실 단면들에도 손을 댄다. 그리고 이 단면들은 그들대로 다른 많은 주제들을 암시해 준다.

지난날의 체험에 비추어 보건대, 문화 개념이 그 모든 영

● 페다고지

역 혹은 대부분의 영역에 걸쳐 풍부한 상상력으로 토의되고 나면 분명히 하나의 교육 프로그램의 여러가지 단면들을 제공해 줄 수 있다고 확신한다. 며칠 동안 서클 참석자들과 대화를 나눈 뒤에 교육자들은 직접 그들에게 "이밖에 우리가 토의할 수 있는 주제들 혹은 문제들은 무엇이 있는가?"라고 물어 볼 수도 있다. 사람들이 저마다 거기에 대답을 하면 그 답변을 기록해서 그 즉시 하나의 문제로서 그들에게 제시할 수가 있다.

예를 들어 그룹 구성원들 중에 하나가, "나는 민족주의에 관해서 이야기했으면 좋겠다"고 말할지도 모른다. 그러면 교육자는 "좋은 생각이오"라고 하면서 그 제안을 기록하고 나서 이런 질문을 덧붙인다. "민족주의가 의미하는 바는 무엇인가? 민족주의에 대한 토의가 우리의 관심사가 되는 까닭은 무엇인가?" 본인의 경험에 비추어 보면, 어떤 제안 하나가 문제로서 그 그룹에 제시되면 새로운 주제들이 나타난다. 만일 모든 '조정 담당자들', '교육자들'이 (예를 들어) 같은 날 저녁에 30개 문화 서클이 모이는 지역에서 이같은 방식으로 진행시킨다면, 그 팀은 연구할 수 있는 아주 다양한 주제자료를 풍부하게 얻을 수 있을 것이다.

해방주의적 관점에서 볼 때, 중요한 일은 인간들이 그들 자신과 동료들의 제안들 속에 외적·내적으로 분명하게 드러나는 사상과 세계관을 토의함으로써 스스로가 자기네 사상의

• 제3장 대화론 : 자유의 실천으로서 교육의 본질

주인들임을 느낄 수 있도록 하는 일이다. 이와 같은 교육관은 그것이 자체의 프로그램을 마련할 수 없으며 민중들과의 대화 속에서 이 프로그램을 찾지 않으면 안된다는 확신에서 출발되고 있는 만큼, 그것은 자기네 노고가 담겨 있는 『억눌린자를 위한 교육학』을 소개하는 데 보탬을 주는 것이다.

제 4 장

대화와 反대화

《주요 내용》

- 문화행동의 이론들을 제시하는 모체로서
반(反)대화(지배의 도구)와 대화(해방의 도구)

- 反대화적 행동의 이론과 그 특성 —
정복, 분할과 통치, 조종, 그리고 문화 침해

- 대화적 행동의 이론과 그 특성 —
협력, 해방을 위한 일치, 조직, 그리고 문화 종합

제 4 장

대화와 反대화

  이 장은, 反대화적이고 대화적인 모체들로부터 발전한 문화적 행동에 관한 여러 이론들을 분석하는 장으로서, 앞의 세 장을 통해서 지적한 요점들을 자주 들추어 가면서 그 요점들을 서술하고 또한 새로운 주장들을 확실하게 피력하는 장으로 삼고자 한다.
  우선 '실천 *praxis*의 존재'인 인간들은 단순한 '활동의 존재'인 동물들과는 다르다는 사실을 재차 밝혀 둔다. 동물들은 세계를 의식하지 않는다. 다만 그 속에 침몰되어 있을 뿐이다. 그러나 인간들은 세계로부터 부상하고, 그것을 대상화하며 그렇게 함으로써 그것을 이해하고 자기네 작업을 통해서 그것을 변혁시킨다.
  작업을 하지 않는 동물은 스스로를 변혁시킬 수 없는 환경 속에서 살아갈 뿐이다. 동물의 종들은 각자에게 맞는 맥락 속에서 삶을 영위하는데, 이 맥락이라는 것은 인간에게는 노출되면서도, 동물들 사이의 의사소통은 가능하게 하지

• 페다고지

못한다.

그러나 인간의 활동은 사고와 행동으로 되어 있다. 이는 곧 실천 *praxis*이며, 세계의 변혁이다. 그런데 실천 *praxis*으로서의 활동은, 그것을 설명해 주는 이론을 필요로 한다. 인간들의 활동은 이론이며 실천이다. 또한 사고이며 행동이다. 그것은, 제2장에서 이미 강조한 바와 같이, 결코 표현주의나 행동주의로 환원될 수 없다.

유명한 말이 있다. "혁명이론이 없는 혁명운동은 있을 수 없다."* 이 말의 뜻은 혁명이란 결코 표현주의나 행동주의로 실현될 수는 없으며, 다만 실천 *praxis,* 다시 말해서, 변혁되어야 할 구조들을 향한 '행동'과 '사고'에 의해서만 그 성취가 가능하다는 것이다. 이들 구조를 근본적으로 변혁시키려는 혁명적 노력 속에서는 지도자를 '사색가'로, 억눌린자를 '행동가'로 규정지을 수 없는 것이다.

만약, 민중을 억압하는 현실을 변형시키는 일을 포함해서, 민중에게 진실로 투신하는 것이 변혁행동에 관한 이론을 필요로 한다면 이 이론은 변혁과정 속에서 민중에게 근본 역할을 맡길 수 있는 이론이어야 한다. 지도자들은 억눌린자들을 사고의 기회를 박탈당한 단순한 행동가로 취급함으로써,

---

*V. 레닌, 「무엇을 해야 될 것인가」, 『레닌의 실제작업』, H. M. 크리스트만 *Henry M. Christman* 편, (뉴욕, 1966), 68쪽

• 제4장 대화와 反대화

그들이 단순히 행동한다는 환상만을 그들에게 안겨 주어서는 절대 안된다. 만일 그들이 억눌린자들을 단순한 행동가로 취급하면, 억눌린자들은 행동한다는 환상 속에서 이번에는 조종이라는 가상적에 의해 농간을 계속 당하게 된다.

지도자들은 조정 – 때에 따라서는 지도 – 할 책임이 있다. 그러나 억눌린자들의 실천 praxis을 부정하는 지도자들은 결국 자신의 실천 praxis도 무용화시킨다. 자기네 말을 다른 사람들에게 강요함으로써 그 말을 배신하게 되고 자신의 방법과 목적 사이에 모순을 불러일으킨다. 만일 그들이 진정으로 해방에 투신한 자들이라면, 그들의 행동과 사고는 타인들의 행동과 사고 없이는 진전될 수 없는 것이다.

혁명적 실천 praxis은 자연히 지배 엘리트들의 실천 praxis과는 반대 입장을 취할 수밖에 없다. 본질적으로 양자가 대립되기 때문이다. 혁명적 실천 praxis은 민중의 실천 praxis이 불합리한 지도자들의 결정을 추종하는 행위가 되는 이분법을 용납하지 않는다. 이 이분법은 지배 엘리트들의 명령식 방법을 그대로 반영하는 것이기 때문이다. 혁명적 실천 praxis은 하나의 일치이다. 따라서 지도자들은 억눌린자들을 자기네 소유물로 취급해서는 안되는 것이다.

조종, 표어화, '예탁물', 통제 및 명령은 혁명적 실천 praxis의 구성요소들이 될 수가 없다. 이런 것들은 분명히 지배형

●페다고지

의 실천 *praxis*을 이루는 요소들이다. 지배자는 지배를 위해서 선택의 여지도 남기지 않은 채 민중들의 참된 행동의식을 부정하고, 그들이 자기네 고유한 말을 하고 자기네 고유한 생각을 하는 것을 용납하지 못한다. 그는 결코 대화식으로 행동하지 못한다. 만일 그가 그렇게 행동하게 된다면, 그것은 자신의 지배권을 포기하고 억눌린자의 대의에 몸담거나 아니면 계산착오로 그 권한을 상실했다는 것을 의미한다.

역으로, 민중들과의 관계에 있어서 대화적 자세로 행동하지 않는 혁명 지도자들은 이미 지배자의 특성에 물들어 참된 혁명자세를 상실했거나, 아니면 자신이 맡은 역할의 개념을 완전히 오해하고 자기 자신의 파벌주의에 갇혀 있는 자들로서 모두가 비혁명가들이다. 그러나 그들이 권력을 쥘 수도 있다. 하지만 그런 反대화적 행동에서 오는 혁명이 얼마나 유효한 것인지는 심히 의심스럽다.

억눌린자들이 '변혁의 주체'들로서의 자기네 역할을 부단히 비판적으로 의식하면서 혁명과정에 임하는 자세는 절대 필요한 자세다. 만일 그들이 자신의 일부는 본연의 자기 자신이고 일부는 자기 속에 자리잡고 있는 억누르는자들이라는 애매한 상태에서 혁명과정에 참여한다면-그리고 권력을 쟁취하면서도 억압 상황으로 말미암아 강요받은 그 모호한 현상을 구체화한다면-그들은 그것으로 자기네가 권력을 잡

• 제4장 대화와 反대화

왔다고 '상상하게' 될 것이다.* 그들이 지니고 있는 실제적 이중성으로 인해서, 혁명을 침식시키는 관료제도로 끌고가는 분파적 분위기가 조장될 수도 있다. 억눌린자들이 혁명과정을 통해서 이 애매한 상황을 자각하지 못하면, 혁명가라기보다는 보복자의 정신으로 혁명에 참여할 우려가 없지 않다.** 그들이 혁명에 뜻을 두는 이유가 그것을 '해방으로 향하는 길'로서보다 '지배의 수단'으로 생각하기 때문일 것이다.

진정한 휴머니즘을 실현하는 혁명 지도자들이 어려움과 문제점들을 안고 있다면, 민중을 '위해서'(대신해서) 혁명을 수행하려고 노력하는 지도자 집단에 있어서는 (그들의 의도가 최선의 것이라 할지라도) 그 어려움과 문제점들이 훨씬 심각할 것이다. 민중을 '위해서' 혁명을 시도한다는 것은 곧 민중 '없이' 혁명을 수행한다는 것과 전혀 다를 바가 없다. 혁명과정에 참여하는 민중이 자기들을 억압하는 데 이용되던 똑같은 수법과 절차에 의해 시달림 받게 되기 때문이다.

진정한 혁명에 있어서 민중들과의 대화는 절대 필요하다.

---

*이 같은 위험은 한 걸음 더 나아가서 혁명적 지도자들에게, 억눌린자들에게 '들어와서' 그들 속에 '수용되어' 있는 억누르는자들의 절차를 모방하지 않도록 요구한다. 혁명가들은 억눌린자들과의 실천 *Praxis* 속에서, 그들 속에 '거주하려고' 애써서는 안 된다. 반대로 그들이 (억눌린자들과 더불어)억누르는자들을 '내쫓기' 위해 노력할 때, 그들은 억눌린자들 속에서 생활하기 위해서가 아니라 그들과 함께 살기 위해서 그 일을 하는 것이다.

**착취의 통치에 줄곧 굴종해 온 억눌린자들이 혁명적 투쟁에 보복주의적 영역을 부여하는 것은 십분 이해할 수 있지만, 혁명이 이 영역에다 자체의 힘을 소모해서는 안된다.

●페다고지

바로 그 점이 혁명을 혁명으로 만드는 것이며, 그것이 군사쿠데타와 다른 점이다. 쿠데타에서 대화를 기대하는 자는 아무도 없다. 다만 쿠데타의 '정당성'을 입증하기 위한 기만이나 (반대세력을 진압하기 위한) 무력만을 생각할 수 있을 뿐이다. 참된 혁명이라면 조만간에 민중들과 과감하게 대화를 터야 한다. 바로 그 대화 속에 그 혁명의 정당성이 입증되는 것이다.* 결코 민중과 민중의 표현, 권력에의 적극적인 참여를 두려워해서는 안된다. 혁명은 민중에게서 타당성을 얻어야 하고, 혁명의 성과, 잘못, 시행착오 및 어려움들을 민중에게 솔직하게 알려주어야 한다.

대화가 빠르면 빠를수록, 그 운동이 보다 진실한 혁명이 될 것이다. 혁명에 절대적으로 필요한 이 대화는 또 다른 근본적인 필수요건 즉, 인간이 본질적으로 '의사소통하는 피조물들'인 까닭에 의사소통이 이루어지지 않으면 진정한 인간이 되지 못한다는 필수요건과도 연결이 된다. 의사소통을 차단하는 것은 곧 인간을 물건 상태로 전락시키는 것이며, 이는 억누르는 자들이 하는 짓이지 혁명가들이 할 일이 아니다.

실천 *praxis*에 대한 본인의 주장 속에는 그 실천 *praxis*이 먼저 사고단계를 거치고 이어서 행동 단계에 들어서는 이분

---

* "우리가 의혹으로부터는 어떤 이익을 얻을지 몰라도, 거짓, 진리에 대한 공포, 그릇된 망상과의 결탁, 거짓과의 결탁은 결코 혁명의 무기가 된 적이 없다." 카스트로가 게바라의 죽음을 확인하면서 쿠바인들에게 한 말. 『원리 *Gramma*』(1967. 10. 17)에서 인용. 1967년 10월 17일.

174

• 제4장 대화와 反대화

법이 전혀 없다. 행동과 사고는 동시에 일어난다. 그러나 현실을 비판적으로 분석할 때 어떤 특수한 행동형태가 '지금 당장' 불가능하거나 적합하지 않을 수도 있다. 그렇다고 해서 사고를 통해서 이 행동형태 혹은 저 행동형태의 실현불가능성이나 부적절함을 인식한 사람이 (물론 이때는 그 행동을 보류하거나 다른 것으로 대체시켜야 한다) 행동을 포기하는 이유가 될 수는 없다. 비판적인 사고 또한 행동인 것이다.

교육에 있어서 교사 - 학생이 인식가능한 대상을 이해하려고 하는 노력은 결코 그 대상만으로 소모되어 사라지지는 않는다고 말한 바 있다. 그 인식 가능한 대상이 다른 교사들, 학생들의 이해 능력에 중개 역할을 하는 방식으로, 그들의 행동에 파급되어 가기 때문이다. 혁명 활동에 있어서도 마찬가지이다. 억눌린자들과 지도자들은 동일한 혁명 행동 주체들이며, 현실이 이 양 집단의 변혁 행동의 매개체가 되어 주는 것이다. 이같은 행동이론 속에서는 단순히 '행동가' 혹은 '행동가들'이라는 말을 쓸 수가 없다. 다만 '상호 의사소통하는 행동가들'이 있을 뿐이다.

이같은 주장이 혁명 세력들을 쪼개고 분열시키고 결렬시킨다고 생각할지도 모른다. 그러나 사실 오히려 그 반대로 그들 간에 친교를 가져다준다. 이러한 친교가 이루어지지 않으면 분열이 생긴다. 지도자는 이 편에, 민중은 저 편에 나누어져 있어, 마치 억압 - 피억압 관계를 그대로 이식해 둔 모습

● 페다고지

을 보게 된다. 혁명과정에서 친교를 부정하고, 민중들을 조직한다는 명목 아래 혁명력을 강화하고 연합전선의 안정을 꾀한다는 미명으로 그들과의 대화를 회피하는 것은, 실제로는 일종의 '자유에 대한 공포'에서 비롯된다고 보는 것이 타당하다. 그런 짓은 민중들에 대한 믿음이 부족하거나 그들을 두려워하기 때문에 생긴다. 그러나 만일 민중을 신뢰하지 못하면 해방을 위한 명분이 없어져 버린다. 이럴 경우에 혁명은 '민중을 위해서' 수행하는 것마저 되지 못하고 '지도자를 위해서 민중이 하는' 혁명이 되고 만다. 이것은 혁명의 철저한 자기부정이 아닐 수 없다.

혁명이란 민중을 위해서 지도자들이 수행하는 것도, 지도자들을 위해서 민중이 수행하는 것도 아니다. 양자가 굳건한 결속으로 함께 행동함으로써 이루어지는 것이다. 이 결속이 이루어지려면 지도자들이 민중들과의 겸허하고 애정 깊고 용기 있는 만남으로 그같은 결속을 민중들에게 입증해 보이는 길밖에 없다. 모든 사람이 다 이러한 만남을 가질 수 있는 충분한 용기를 갖추지는 못하고 있을 것이다. 하지만 사람들이 그들을 굳건하게 만들어 주는 이 만남을 회피한다면 그들은 상대방을 단순한 대상물로 취급하는 결과가 된다. 생명을 양육해야 할 그들이 생명을 죽이고, 생명을 추구해야 할 그들이 생명을 피해 달아나는 결과가 된다. 이런 것은 '억누르는자'의 근성들이다.

• 제4장 대화와 反대화

　대화-세계를 변혁시키기 위한 세계 속에 사는 인간들의 만남-를 강조하는 것은 소박하고 주관적인 이상주의에 치우친 일이라고 생각하는 사람이 있을지도 모른다.* 그러나 세계 속에서 그 세계와 더불어 사는 인간들보다, 다른 사람들과 함께 있는 인간들보다 더 현실적이고 구체적인 것은 없다. 또한 억압하고 억압받는 계급들로서, 다른 사람들과 등을 대고 있는 사람들처럼 현실적이고 구체적인 것은 없다.

　진정한 혁명은 일상사에 비인간화 상태를 몰고 오는 현실을 변혁시키려 든다. 그러나 이 현실에서 득을 보고 있는 자들은 그같은 변혁을 수행하지 못한다. 폭정에 시달리는 자들이 자기네 지도자들과 '더불어' 변혁을 시도하지 않으면 안 된다. 이것은 근본적이고 필연적인 진리이다. 따라서 지도자들은, 민중들과의 친교를 통해서 그것을 구체화해야 한다. 바로 이 친교 안에서 두 집단은 함께 성장하고, 지도자들은 독단적이 되지 않고, 자기네 실천 *praxis*을 민중들의 변혁의지와 함께 확정짓고 본연의 모습을 갖추게 된다.

　많은 사람들은 기계적인 현실관 때문에, 인간의 구체상황이 그들의 세계의식을 결정하고, 또한 이 의식이 현실에 대처하는 그들의 자세와 방법을 결정한다는 사실을 인식하지 못한다. 그들은 인간들의 그릇된 현실 의식을 하나의 문제점

---

*다시 한번 반복하거니와 적대관계 사이에는 이같은 대화적 만남이 이루어질 수 없다.

177

• 페다고지

으로 제시하지 않고도 현실이 자동적으로 변혁될 수 있다거나,* 혹은 혁명적 행동을 통해서 하나의 의식을 발전시켜 나감으로써 오류가 점점 감소되어 갈 것이라고 생각한다. 인간적이 아닌 역사적 현실은 없다. '인간 없는' 역사는 없고, '인간을 위한' 역사도 없다. 다만 인간의 역사, 인간이 만들고 반대로 인간을 만드는 역사밖에 존재하지 않는다. 인간 대다수가 지배당하고 소외당하게 되는 것은 그들이 역사에 주체로서 참여할 권리를 거절당할 때이다. 바로 주체의 신분에서 대상물로 전락해 있는 그들의 상황을 타파하기 위해서 민중들은 변혁되어야 할 현실에 대해 행동하고 사고할 필요가 있다. 억압상황을 타파하고 역사에 주체로서 참여할 권리를 획득하는 것이 진정한 혁명의 목적이다.

만일 인간이 그저 억압 현실에 관해서 사고하고 자기네 신분이 대상물로 전락되어 있음을 알고 나서, 이제 알았으니 주체가 되었다고 한다면 그것이야말로 정말 이상주의적인 생각이다. 그같은 인식 그 자체만으로 사람들이 주체가 되었다고 말할 수 없다. 그것은 다만, 나와의 공동 연구자가**

---

* "지배계층이 안정되어 있는 시대, 노동자들의 운동이, 때로는 위협이 되고 있고 어느 때고 권좌에 단단히 버티고 앉아 있는, 강력한 적에 대항하여 스스로를 수호하지 않으면 안되는 시대에는 자연스럽게 사회주의 문학이 태동하여 현실의 '물리적' 요소를 강조하고, 극복해야 할 장애물들과 인간의 자각과 행동이 지닌 불충분한 효력을 강조한다." L. 골드만, 앞의 책, 80~81쪽.

**라틴 아메리카 연수회 때의 온두라스인 페르난도 가르시아 (1967년, 산티아고).

• 제4장 대화와 反대화

말했듯이, '기대를 가진-자기네 새로운 신분을 굳힐 방법을 추구하게 만들어 주는 어떤-주체들'이 되었음을 뜻할 뿐이다.

한편으로 (진실한 행동이 아닌) 행동주의가 혁명으로 가는 길이라고 믿는 것은 전제가 잘못된 것이라 하겠다. 인간들은 그들이 충실한 실천 *praxis* 안에서 생활한다면, 다시 말해서 그들의 행위가 그들의 생각을 부단하게 조직화하고 그렇게 함으로써 단순히 현실에 대한 소박한 지식을, 현실의 '대의들'을 인식하도록 만들어 주는 보다 높은 수준으로 끌어 올려 주는 비판적인 사고를 포괄한다면, 진정으로 '비판적'이 될 수가 있을 것이다. 만일 혁명 지도자들이 민중에게 이 권리를 인정하지 않는다면 그들 자신의 사고능력-혹은 최소한 정확하게 생각하는 능력-을 훼손시키는 처사가 된다. 혁명 지도자들은 민중 '없이' 또는 민중을 '위해서' 생각할 수 없으며, 오직 민중과 '더불어' 생각할 수 있을 따름이다.

그러나 지배 엘리트들-민중을 보다 잘 알아서 더욱 효과적으로 지배하려고 그들에 '관해서' 생각하지 않을 수 없는 약점도 있지만-은 민중 없이 생각할 수 있고 또 그렇게 하고 있다. 결과적으로 그 엘리트들과 민중과의 표면상의 대화나 의사소통은, 실제로 그 내용이 지배적 영향력을 행사해 보자는 은행예금식 홍보에 지나지 않는다.

왜 지배 엘리트들은 그들이 민중과 의견을 같이 하지 않으

● 페다고지

면서도 약화되지 않는가? 그 이유는 민중이 엘리트의 존재 이유인 그들의 반정립 antitesis을 이루기 때문이다. 만일 그 엘리트들이 민중들과 의견을 같이 하게 되면 그 모순이 깨어져서, 그들은 더 이상 지배를 못하게 되어 버린다. 어느 시대나 지배자들의 관점에서 볼 때 올바른 생각이란 '민중을 생각지 않는 것'을 그 전제로 한다.

후에 왕립협회 회장이 된 기디 Giddy 씨는 어느 나라에나 해당하는 그럴싸한 반론을 제기하였다. "가난한 노동계급에 실시하는 교육은 그 계획이 이론상으로 제아무리 그럴듯한 것일지라도, 그것은 노동계급의 윤리관과 행복에 해가 될 것이다. 그것은 그들이 농업과 그 밖의 고용 노동에 착실한 종으로서 임하지 않고 삶에 있어 자기네 몫을 못마땅하게 생각하도록 가르치며, 그들에게 예속을 심어 주는 대신에 공업국가들에게 분명히 볼 수 있었듯이, 그들을 까다롭고 다루기 힘든 자들로 만들며, 선동적인 팜플렛과 악의에 찬 서적 및 그리스도교에 위해되는 간행물들을 읽을 능력을 부여하고, 자기네 상관들에게 불손한 태도를 보이게 만듦으로써, 몇 년 지나지 않아서 입법부로 하여금 강력한 권력의 팔로 그들을 다스려야 할 필요성을 느끼게 할 것이다."*

기디 씨가 원하는 바는 (그리고 비록 그토록 신랄하고 공개적

---

*니이버, 앞의 책, 117~118쪽

• 제4장 대화와 反대화

으로 대중교육을 비난하지는 않지만, 오늘날의 엘리트들이 바라는 바는) 민중으로 하여금 생각을 하지 않도록 만드는 것이다. 모든 시대에 걸쳐 이런 기디 씨 같은 사람들은 하나의 억압계급으로서, 민중들과 '더불어' 생각할 수 없는 까닭에 민중들이 스스로 사고하는 것까지도 용납하지 못하게 되는 것이다.

그러나 혁명 지도자들은 그와는 다르다. 만일 그들이 민중들과 함께 사고하지 않는다면, 그들은 생명을 잃어버린다. 민중은 그들이 생각하는 대상이 아니라 바로 그들 자신의 산실이기 때문이다. 물론 혁명 지도자들도 민중을 보다 잘 이해하기 위하여 민중에 '관해서' 생각을 해야 하지만, 이 때의 생각은 엘리트들의 그것과는 다르다. 지도자들이 (민중을 지배하기 위해서가 아니라) 그들을 해방하기 위해서 민중에 대해 생각하기 때문에 자신을 민중의 생각에다 내던지는 것이다. 전자가 '주인'의 생각이라면 후자는 '동지'의 생각이다.

지배라고 하는 것은 본질적으로, 오직 지배하는 극과 반정립의 모순 속에 지배당하는 극만을 필요로 한다. 이 모순을 극복하려고 하는 혁명적 해방은, 이 두 극들의 존재뿐만 아니라 그같은 노력이 진행되는 중에 출현하는 지도집단의 존재 또한 인정한다. 그리고 이 지도집단은 스스로의 존재이유와 민중의 억눌린 상태를 동일시해야 한다. 그렇지 못하면 그것은 혁명적 단계가 아니다. 지배자들이 하는 식으로 그저

● 페다고지

 민중에 '대해서' 생각하면서도 그 생각에 자아를 내던지지 못하거나, 민중과 '더불어' 생각하지 않으면 혁명지도자들로서의 존재는 끝장나고 마는 것이다.
 억압과정 속에서 엘리트들은 억눌린자들의 '생죽음'을 거름삼아 존속하며 그들 자신과 억눌린자들과의 수직관계에서 자기네 존재의 정당성을 실현할 수 있는 길은 오직 하나밖에 없다. 그것은 억눌린자들을 통해서 그리고 그들과 함께 재생하기 위해서 스스로 '죽어야' 하는 길이다.
 억압 과정에서 어떤 사람들이 다른 사람들을 억압한다고 말하는 것은 타당성이 있다. 그러나 혁명과정에서 어떤 사람들이 다른 사람들을 해방한다거나, 어떤 사람이 자기 자신을 해방시킨다는 말은 합당치가 않다. 오히려 '인간들이 친교 중에 서로를 해방한다'고 말해야 할 것이다. 이같은 주장은 결코 혁명 지도자들의 중요성을 과소평가하는 것이 아니고, 오히려 그들의 가치를 강조하는 주장이다. 억눌린자들, '인생의 찌꺼기들', '대지의 저주받은 자들'과 함께 생활하고 일하는 것보다 의의 있는 일이 무엇이 있겠는가? 바로 이 친교 속에서 혁명 지도자들은 자신들의 존재이유 뿐만 아니라 기쁨의 동기까지 찾아내지 않으면 안된다. 확실히 혁명 지도자들은 본성적으로 지배 엘리트들이 본성적으로 행할 수 없는 일들을 할 수가 있다.
 하나의 계급으로서 엘리트들이 억눌린자들에게 접근하는

• 제4장 대화와 反대화

일체의 접근은 제1장에서 서술한 대로, 거짓된 관용의 탈 속에서 이루어진다. 그러나 혁명 지도자들은 결코 거짓된 관용을 보일 수도 없고 민중을 조종하는 일도 불가능하다. 지배 엘리트들이 민중을 발꿈치로 짓밟고서 번영을 누리는 반면에, 혁명 지도자들은 민중과 친교를 맺는 가운데 비로소 번영을 누릴 수 있다. 억누르는자의 행위가 인본주의적이 될 수 없음에 비해서, 혁명가들의 그것이 필연적으로 인본주의적이 되는 까닭이 여기에 있다.

억누르는자들의 비인간성과 혁명가의 인본주의는 다같이 과학을 활용한다. 그러나 억누르는자들에게 이용되는 과학과 기술은 인간들을 '물건으로 전락시키는' 데 보탬을 준다. 억눌린자들을 분석의 대상으로 삼을 수 없으며 (그 분석을 기반으로) 행동 명령을 내릴 수도 없다. 그렇게 하는 것은 지배자 이데올로기의 신화들 가운데 하나인 '무지의 절대화' 속에서 타락하는 것이 된다. 이 신화는, 자기 아닌 다른 사람들의 무지를 강령화하는 사람의 존재를 포함하고 있다. 그처럼 강령을 선포하는 자는 자신과 자신이 소속되어 있는 계급을 아는 자, 혹은 알기 위해서 태어난 자로 단정한다. 그는 그런 행위를 통해서 다른 사람들을 이질적인 실체로 규정하는 것이다. 그의 계급에서 나온 말은 '참된' 말이 되고, 따라서 그 말을 다른 사람들에게 강요하고 또 강요하려고 한다. 이 다른 사람들이 바로 이 억눌린자들로서, 자기네 말을 강탈당한

●페다고지

자들이다. 다른 사람들의 말을 강탈한 자들은 강탈당한 자들이 지니고 있는 능력들을 점차 의심하다가 마침내는 그들이 무능하다고 단정해 버린다. 그리하여 자기네가 입을 막아 버린 사람들이 하는 말은 듣지 않은 채, 제 말만 앞세우다 보면 점차 권력에 익숙해지고, 지도하고 다스리고 명령하는 데 맛을 들인다. 그 결과 자기네가 명령할 대상이 없이는 못 사는 지경에까지 이르게 된다. 이같은 상태에서 대화란 불가능하다.

 그와 반대로, 합리적이고 인본주의적인 혁명 지도자들은 '민중의 무지'라는 신화를 믿을 수 없다. 그들은 그것이 단지 신화일 뿐이라는 것이다. 또 자기네가 자기네만이, 모든 것을 알고 있다고 믿을 수 없다. 왜냐하면, 그것은 곧 민중을 의심하는 것이 되기 때문이다. 그들이 지니고 있는 혁명 의식으로 인해서, 민중이 가지고 있는 경험에서 오는 지식수준과는 다른 혁명적 지식수준을 갖추고 있다고 스스로 인정할 수 있다. 그러나 그렇다고 해서 민중들에게 자기 자신이 지니고 있는 지식을 강요할 수는 없는 것이다. 그들은 민중들을 표어화할 수는 없으며, 반드시 그들과 대화를 나눔으로써 민중들의 현실에 대한 경험 지식이 지도자들의 비판적인 지식으로 육성되어, 점차적으로 현실의 원인들에 대한 지식으로 변형되어 가도록 만들어야 한다.

 지배 엘리트들이 민중의 무지를 절대화하는 신화를 포기하

• 제4장 대화와 反대화

리라고 기대한다는 것은 어리석은 짓이다. 그러나 만일 혁명 지도자들이 그같은 신화에서 벗어나지 않는다면 그것은 하나의 모순이거니와, 만일 그들이 그 신화에 의거해서 행동하는 일이 생긴다면 그것은 보다 큰 모순이 된다. 혁명 지도자가 할 일은 이 신화 뿐만 아니라 지배 엘리트들이 억압하는데 사용한 여타의 신화들을 문제시하는 것이다. 그렇지 않고서 그들 혁명 지도자가 억누르는자들의 지배 방식을 고집스레 모방하게 되면 민중들은 두 가지 형태로 반응을 나타내게 된다. 어떤 역사적 상황하에서는 그들은 지도자들이 그 언어에 부여하는 새로운 내용에 따라 길들여질 것이다. 그러나 다른 상황 하에서라면 그들 속에 자리잡고 있는 억누르는자를 위협하는 '말'에 민중 스스로 깜짝 놀라게 될 것이다.* 그러나 이 두 가지 경우가 다 그들로 하여금 혁명적이 되도록 만들지 못한다. 전자의 경우에는 혁명이 하나의 환상이 되고, 후자의 경우에는 불가능한 일이 되어 버린다.

---

*때로는 이 '말'이 행해지지도 않는다. (꼭 혁명 그룹에 소속되지 않더라도) 민중 속에 '수용되어' 있는 억누르는자를 위협할 수 있는 어떠한 사람의 존재로도 그 후자가 파멸적인 입장에 놓이기에 충분하다.

언젠가 학생 하나가 와서 어떤 라틴 아메리카 농부 단체에서 광신적인 사제 한 사람이 그 공동체에 소위 '카톨릭 신앙'을 '위태롭게' 하고 있는 '공산주의자'가 두 명이 있다고 신랄하게 공격하더라는 이야기를 해주었다. 바로 그 날 밤에 농부들은 어떤 사람 주위에 함께 몰려들어 그 지역 어린이들의 교육을 담당해 온 순진한 국민학교 교사 두 명을 산 채로 불살라 죽였다는 것이다. 필시 그 사제는 그 교사들 집에서 책 표지에 수염이 많은 남자가 있는 책 한 권을 보았던 모양이다 ……

• 페다고지

　의지는 굳으나 길이 잘못 든 사람들 중에는 '대화 과정이 너무 오래 끌기 때문에'(사실은 그렇지가 않다),* 의사소통이 없이 '홍보'의 수단으로 혁명을 수행해야 하며, 일단 혁명이 성공하고 나면 '그때 가서' 철저한 교육상의 노력을 실시하는 것이 정도라고 생각하는 사람들이 있다. 그런 사람들은 권력을 잡기 이전에는 교육 - 해방교육 - 을 실시하는 일이 불가능하다고 말함으로써 자기네 주장을 뒷받침한다.
　이상과 같은 주장의 근본 요점들 몇 가지는 분석해 볼 만한 가치가 있다. 이들은(혹은 이들 중 대부분은) 민중들과 대

---

*거듭 강조하거니와, 대화와 혁명적 행위 사이에 이분이란 없다. 대화의 단계가 있고 따로 혁명의 단계가 있는 것이 아니다. 오히려 대화는 혁명적 행위의 본질이다. 이러한 행동이론 속에서는, '행동가'들이 '대상'(그들을 중재하는 현실)에 대한 자기네 행동에 상호 주관적으로 주목하고, (그 현실을 변혁함으로써 실현되는) 인간들의 인간화를 그들의 목표로 삼는다.
　본질상 반대화적인 억누르는자의 행동이론 속에서는 이상의 의도가 단순화된다. '행동가'들은 '현실'과 '억눌린자들' 모두를 동시에 자신의 행동 '대상들'로 삼고 (억압적인 현실의 보존을 통한) 억압의 보전을 그들의 목표로 삼는다.

혁명적 행동이론			억압적 행동이론
상호 주관성			
대상들 - 행동가들	행동가들 - 대상들		행동가들 - 대상들
(혁명 지도자들)	(억눌린자들)		(지배 엘리트들)
상호 작용			
중재하는 객체	변혁되어야 할 현실	중재하는 객체	객체 - 보존되어야 할 현실 / 객체 - 현실의 일부로서의 억눌린자들
목 표			
영구 과정으로서의 인간화			억압의 보전

• 제4장 대화와 反대화

화할 필요성이 있다고 믿는다. 그러나 그같은 대화는 힘을 갖기 전에는 그 실현이 가능하지 않다고 본다. 그러나 그들이 만일 지도자들이 권력을 잡기 전에 비판적인 교육 풍토 속에서 행동할 수 있다는 가능성을 배제한다면, 곧 '문화혁명'이 되도록 준비하는 '문화행동'으로서의 혁명의 교육적 특성을 부정하는 결과가 된다. 그런가 하면 이들은 문화적 행동을 일단 권력이 쟁취된 뒤 시작될 새로운 교육과 혼동하고 있는 것이다.

지배 엘리트들이 해방교육을 실시하리라고 기대하는 것은 참으로 어리석은 것임을 앞서 강조한 바 있다. 그러나 혁명이 하나의 교육적 특성을 지니고 있다는 사실은 부정할 수 없기 때문에, 어느 의미에서 교육으로 해방하지 않는 혁명은 혁명이 아니며, 그따위 혁명과정에서 중요한 일은 오직 하나 −그것이 제아무리 결정적인 것이라 할지라도− 즉, 권력을 잡는 것이 되고 만다. 과정으로서 혁명 '이전'이라고 하는 것은 억누르는자 사회 내부에 자리하고 있으며 오직 혁명 의식에 의해서만 그것이 분명해지는 것이다.

혁명이란 하나의 '사회적 존재'로서 억압사회의 내부에서 탄생한다. 혁명이 문화적 행동이 되는 한도 내에서는, 혁명을 성립시키는 사회적 존재의 잠재력과 반드시 부합될 수밖에 없다. 모든 전체는 그들의 모순들의 상호작용을 통해서 스스로 발전(혹은 변혁)한다. 외부에서 가해지는 제반 조건들은 이 잠재력들과 부합될 때에야, 필요에 따라서, 비로소 효과를

●페다고지

낸다.* 혁명의 새로움은 해묵은 억압 사회에서 산출된 것이다. 권력을 잡는다는 것은 계속되는 혁명과정의 결정적인 한 순간에 불과하다. 정적이 아닌 역동적인 혁명관으로 볼 때 권력을 잡은 순간을 분기점으로 하는 절대적인 혁명 '이전'이나 혁명 '이후'라는 실재는 없는 것이다.

혁명은 구체적인 조건들 속에서 배태되는 만큼, '지속적인 해방과정' 속에서 인간들의 사회가 시작됨으로써 억압 상황을 없애려 한다. 따라서 혁명의 교육적 대화적 성격은, 그것을 '문화혁명'으로 만드는 것으로써, 혁명의 매 단계마다 개입되지 않으면 안된다. 이 교육적 특성은 반혁명적 관료정치 속에서 제도화하고 계층화하는 것을 막아 준다. 반혁명이란 반동주의파가 된 혁명가들에 의해 이루어지기 때문이다.

민중이 대화를 가져 본 경험이 없으므로 권력을 잡기 전에는 그들과의 대화가 불가능하다고 한다면, 민중이 권력을 사용해 본 경험이 없으므로 그들은 권력을 쟁취할 수도 없을 것이 아닌가. 혁명과정이란 역동적이다. 그리고 바로 이 역동 속에서, 혁명 지도자와 더불어 민중의 실천 *praxis* 속에서, 민중과 지도자는 함께 대화를 배우고 힘의 사용을 배우는 것이다. (이는 사람이 수영을 물에서 배우는 것이지 도서실에서 배우는 것이 아니라는 말만큼이나 명백한 주장이다.)

민중과 나누는 대화는 양보나 선물도 아니며 지배에 사용하는 전략은 더더욱 아니다. 대화는 세계에 '이름 붙이기'

---
*모택동. 앞의 책.

• 제4장 대화와 反대화

위한 인간들 사이의 만남으로서, 그들의 참된 인간화에 필요한 근본적인 전제조건이다. 가효 뻬뜨로빅 *Gajo Petrouic*의 글 가운데 이런 말이 실려 있다.

> 자유 행동만이 인간이 자기 세계와 자기 자신을 변혁하는 행동이 될 수 있다. 필요성의 한계들에 대한 지식, 인간의 창조적 가능성들에 대한 인식은 해방의 관건이다······ 자유로운 사회를 위한 투쟁은, 그 투쟁을 통해서 보다 큰 개개인의 자유가 창조되지 않는다면, 자유로운 사회를 위한 투쟁이 못 된다.*

이같은 견해가 올바른 견해라면 혁명과정은 그 성격에 있어 교육적이라는 것이 분명하다. 따라서 혁명의 길은 민중들에게 가는 길을 폐쇄하는 것이 아니라 개방하고, 민중들을 불신하는 것이 아니라 그들과 친교를 맺게 한다. 그리하여, 하나의 혁명이 이론을 요구하면 할수록, 그 지도자들은 억압의 힘에 맞서기 위해서 민중과 '함께' 하지 않으면 안된다.

그렇다면 이러한 일반적인 명제들을 기반으로, 反대화적 행동, 그리고 대화적 행동에 관한 이론들을 보다 자세하게 분석해 보기로 하자.

---

*가효 뻬뜨로빅, 「인간과 자유」, 『사회주의 휴머니즘 *Socialist Humanism*』, 에릭 프롬 편, (뉴욕, 1965), 274~276쪽. 또한 그의 『20세기 중반의 마르크스』 (뉴욕, 1967)를 보라.

● 페다고지

● 정복(征服)

反대화적 행동이 지니는 첫번째 특성은 정복을 필요로 한다는 것이다. 反대화적 인간은, 다른 사람들과의 관계 속에서 —점진적으로 그리고 가장 억센 방식에서 가장 유화적인 방식(부권주의)에 이르기까지 온갖 수단을 사용해서—상대방을 정복하는 데 목적을 둔다.

일체의 정복 행위 속에는 정복자와 정복된 사람 혹은 사물이 존재하기 마련이다. 정복자는 정복된 사람 위에 자기 목표들을 설정하며, 그들을 제 소유로 만들어 버린다. 그는 정복된 사람 위에서 제 모습을 갖추게 되며, 정복자들은 그의 모습을 '내면화'하고 타자를 '자기 속에 모셔들이는' 숙주(宿主) 같은 모호한 존재가 된다. 원래부터 정복 행위는, 인간을 물건의 신분으로 전락시키는 것으로서, 사체애호적 행위인 것이다.

反대화적 행동이 현실적이고 구체적인 억압 상황과의 공존이라면, 대화적 행동은 필연적으로 그 상황을 전복시키는 혁명적 갱신이다. 어떤 인간이 '反대화적' 혹은 '대화적'이라는 것은 추상적인 뜻이 아니고 세계 속에서 그렇다는 말이다. 인간은 우선 反대화적이 되고 그 후에 억누르는자가 되는 것이 아니다. 동시에 양자를 겸하는 법이다. 구체적인 억압 상황 하에서 지배자가 대화를 필요로 한다면 그것은—경

• 제4장 대화와 反대화

제적으로 뿐만 아니고 문화적으로도 — 억압을 보다 확대하는 수단으로서일 따름이다. 피정복자는 자신들의 말과 표현 및 문화를 박탈당하고 만다. 나아가서, 일단 억압 상황이 형체를 나타내기 시작하면 반대화는 그것을 보존하는 필수 요건이 되어 버린다.

해방 행위는 본질상으로 대화적인 까닭에, 대화가 해방 행위의 후속 요소가 될 수 없고, 그것과 병존하지 않으면 안된다. 그리고 해방이 항구적 조건이 되어야 하는 만큼, 대화는 해방 행위의 지속적인 일면을 이룬다.*

정복하려는 욕망(혹은 정복의 필요성)은 항상 反대화적 행위로 나타난다. 억누르는자들은 그 목적을 달성하기 위해서 인간들 내부에 자리하고 있는, 세계에 대한 '사고자'로서의 자질을 말살시키려 든다. 그들은 그것을 완전히 말살시킬 수가 없다. 따라서 세계를 '신화화'할 수밖에 없게 된다. 그리하여 억눌린자들과 정복된자들의 소외와 피동성을 부채질하도록 마련된 허위 세계를 그들에게 제시하고자 했다. 지배자들은 세계를 하나의 '문제'로서 제기 못하도록 막고 하나의 '고정된 실체', '주어진 어떤 것' — 인간들이 단순한 방관자들로서 받아들이지 않으면 안될 어떤 것 — 으로 보여줄 일련의

---

*일단 민중 혁명이 세력을 장악하여 새로운 세력이 구 압제 세력을 부흥하려는 어떠한 획책도 탄압해야 하는 윤리적 책임을 갖는다는 것은 결코 그 혁명이 자체의 대화적 성격과 모순된다는 것을 의미하지 않는다. 적대 계층으로서의 이전 억누르는자들과 억눌린자들 사이의 대화는 혁명 이전에는 가능하지 못했다. 그것은 그 후에도 계속해서 불가능하다.

● 페다고지

 방법들을 개발하는 것이다.
　지배자들은 정복을 통해서, 민중을 피동적인 존재로 유지하자면 그들에게 접근할 필요가 있다. 그러나 그들의 접근은 민중과 '더불어 존재'하자는 것도 아니고, 진실한 통교를 필요로 하는 것도 아니다. 이러한 접근은 지배자들이 현상 유지에 꼭 필요한 신화들을 주입시키는 일로 끝난다. 그들이 주입하려는 신화의 예를 들자면 이런 것들이 있다. 억압사회가 '자유사회'라는 신화, 모든 사람들이 그들이 원하는 곳에서 일할 자유가 있고 고용주가 싫으면 그에게서 떠나 다른 직장을 구할 수 있다는 신화, 현질서가 안전을 존중하고 있고 따라서 현질서는 존중할 만한 가치가 있다는 신화, 부지런한 사람은 누구나 기업가가 될 수 있다는 신화, 한 술 더 떠서, 거리의 잡상인도 거대한 공장주인이나 다를 바 없는 사업주라는 신화, 국민학교에 입학하는 브라질의 모든 아동들 중에 대학까지 갈 수 있는 자는 극소수에 불과한데도 보편적인 교육의 권리가 보장되어 있다는 신화, "당신은 누구한테 이야기하고 있는 줄이나 아는 거요?"라는 말이 우리들 사이에 아직도 유행되고 있는 마당에서 모든 인간들이 평등하다는 신화, (지배자들은) '유물론적 바버리즘'에서 '서구 그리스도교 문명'을 수호하는 영웅들이 아니겠느냐는 신화, 사실상 하나의 계급으로서 선택의 여지가 있는 '선행'을 장려

• 제 4 장 대화와 反대화

하는 그것이 (결과로 '무상 원조'라는 신화로 공정되어, 국제적 차원에서 교황 요한 23세로부터 호되게 비판받은 바 있는)* 엘리트들의 사랑과 관용이라는 신화, 지배 엘리트들이 '자신의 의무를 인식하여' 민중의 향상을 도모하고 있으니 민중은 감사하는 자세로 엘리트들의 말에 수긍하고 거기에 순응해야 한다는 신화, 민중항쟁은 하느님을 거역하는 범죄라는 신화, (지배자들만이 진정한 인간들인 한) 사유재산만이 인간 발달의 근간이 된다는 신화, 지배자들의 부지런함 억눌린자들의 게으름 및 부정직성을 내세우는 신화, 그리고 지배자들의 천부적인 우월함과 억눌린자들의 천부적인 열등에 관한 신화.** 이 모든 신화들(그 밖에 독자들이 열거할 수 있는 신화), 즉 억눌린자들을 정복하는 데 반드시 필요한 이 내면화는, 대중 '홍보' 매개체들을 통해서 — 그같은 소외가 진정한 '의사교류'나 되는 것처럼 — 잘 짜여진 선전과 슬로건들로 민중에게

---

*"그러나 경제적 선진국가가 이겨내야 할 더 큰 유혹은 미개발 국가에 대한 원조를 통하여 세계 지배의 욕심으로 정치적 이득을 찾는 일이다.
　만일 이것이 나타난다면 그것은 새로운 형태의 식민주의라고 명백히 선언되어야 할 것이며, 그것은 아무리 감쪽같이 가면을 쓴 것일지라도 많은 민족들이 최근에 벗어난 그 식민주의보다 절대로 욕을 덜 먹을 것이 못될 것이다. 그리고 그 결과는 국제관계에 불안과 세계평화에 위험을 가져올 것이다." 교황 요한 23세의 칙서「어머니와 여교사」가운데 '그리스도교와 사회 발전' 171항과 172항.

**멤미는 식민자가 피식민자에게 붙여 주는 이미지에 관해서 말한다. "식민자는 비난을 통해서 피식민자를 게으른 존재로 규정한다. 그는 게으름이 피식민자의 본성 그 자체를 구성하고 있는 것이라고 판결한다." 멤미, 『식민자와 피식민자』, 81쪽

● 페다고지

제시되는 것이다.*

요약건대, 억압 현실은 동시에 필연적으로 反대화적이 되지 않을 수 없고, 지배자들은 이 반대화 속에서 끊임없이 억눌린자들을 정복하는 일에 전념하지 않을 수가 없다. 만약 그렇게 하지 않는다면 억압 현실도, 반대화도 존재하지 못할 것이다. 고대 로마에서 지배 엘리트들은 민중들을 회유하고 그들 자신의 평온을 보장하기 위해서는 민중들에게 '빵과 서커스'를 제공할 필요가 있다고 역설하였다. 오늘날의 지배 엘리트들도, 모든 시대의 지배 엘리트들과 마찬가지로, ('원죄'의 한 전이형태로) - 빵과 서커스나 혹은 그것도 없이 - 다른 사람들을 계속해서 정복할 필요가 있는 것이다. 정복의 내용과 방법들은 역사상으로 다양하다. 그러나 (지배 엘리트들이 존재하는 한) 단 한 가지 공통된 것은 인간을 억압하려는 사체애호적 특징이다.

● 분할과 통치

분할은 억압 자체와 수명을 같이하는 억압 행동이론의 기초 영역의 하나다. 소수 지배자가 다수를 종속시키고 지배하는 까닭에, 권력을 유지해 나가기 위해서는 그 다수를 분할

---

*내가 비판하는 것은 홍보매개체 그 자체가 아니고 그것들이 이용되는 방식이다.

• 제4장 대화와 反대화

하고 또 그 상태를 유지시켜야 한다. 이 소수는 민중들의 단결을 감히 허용할 의사가 없다. 민중의 결속이 곧 이 소수의 지배권에 심각한 위협이 됨은 의심의 여지가 없기 때문이다. 따라서 지배자들은 (폭력을 포함한) 일체의 수단을 강구해서 억눌린자에게 단결의 필요성을 일깨워 줄 모든 행동을 아예 시작부터 가차없이 탄압한다. '단결', '조직' 및 '투쟁'과 같은 개념들은 - 지배자들에게 - 실제로 위험스러운 것이 된다. 민중의 각성은 필연적으로 해방 행동으로 옮아갈 수밖에 없기 때문이다.

지배자의 이같은 이해관계에서 그들은 억눌린자들을 더욱 약화시키고, 그들을 고립시키며, 그들 사이의 불화를 조장하고 심화시킨다. 그 방법은 정부 관료제도의 억압적인 방법에서 시작하여, 민중들에게 스스로 도움을 받고 있다는 인상을 심어 줌으로써 그들을 조종하는 문화적인 행동 형태에 이르기까지 실로 다양하게 이용한다.

억압적인 문화 행동이 갖는 특성들 중에 하나는 - 이는 몸 담은 사람들은 거의 의식하지 못하고 거기에 참여하는 전문가들만이 아는 것인데 - 문제들을 '전부'(부분들의 총체)로 보지 않고 '초점이 맞춰진' 문제만 보게 강조하는 것이다. '공동체 개발' 계획에서 '지역 공동체들'로 구분할 경우에, 그 지역 공동체들을 자체적인 전부들로서 그리고 다른 전부 (예를 들면 지방, 지구) - 이는 또한 보다 큰 전부 (국가, 대륙적 전부)의 일부로서의 부분이 된다 - 의 부분들로서 연구하지 않고서 단순히 '지역 공동체들'로 나누게 되면, 그리하여 그

● 페다고지

정도가 심하면 심할수록 소외도가 심화된다. 그리고 소외된 민중들이 많이 생길수록 그들을 분할하고 그 분할상태를 지속시켜 나가기가 그만큼 수월해진다. 이 '초점이 맞춰진' 행동 양식들은, (특히 시골 지역에 있는) 억눌린자들의 '초점이 맞춰진' 생활 방식을 굳혀 줌으로써, 그들이 현실을 비판적으로 인식하지 못하도록 방해하고 타지역에 있는 억눌린자들의 문제들로부터 격리시킨다.*

이와 똑같은 분할효과가 소위 말하는 '지도자 양성 연수회'와 관련되어 빚어지고 있다. (그것을 마련하는 많은 조직가들은 그런 의향이 없을 테지만) 이 연수회들은 결국 소외를 몰고 온다. 이러한 연수회는 공동체의 지도자들을 양성시킴으로써 그 공동체를 촉진시킬 수 있다는 어리석은 가정 위에 실시되는 것들이다. 그것은 마치 전체가 촉진되는 가운데서 부분들을 촉진시키는 것이 아니고, 전체를 촉진시키는 것이 곧 부분들이라는 말과 같다. 그러나 이러한 제반 연수회에 참석하도록 선발될 수 있는 충분한 지도 능력을 갖춘 공동체 구성원들이라 한다면, 그들은 응당 현재 그들이 소속되어 있는 공동체 구성원 개개인들의 민의를 반영하고 또 표출시

---

*이 비판은, 스스로 하나의 전체이자 보다 큰 전체의 부분으로서의 지역 공동체의 이해에 바탕을 둔, 변증법적 조망 내의 행동들에 적용되는 것은 물론 아니다. 그것은 지역 공동체의 발달이, 그것이 부분이 되는 전체의 맥락 속에서, 다른 부분들과 상호작용을 떠나서는 이루어질 수 없음을 깨닫지 못하는 자들에게 적용되는 것이다. 이러한 요구는 분산된 힘들을 연결하는 조직화, 다양성 속의 일치에 대한 의식 및 현실을 변형시키는 필요성에 대한 명확한 자각을 의미한다. 이것은 반드시 억누르는자들을 놀라게 하는 것이다.

• 제4장 대화와 反대화

킬 수 있어야 할 것이다. 그렇다면 그들은 그들이 '지도자'의 신분을 부여받을 만큼 특별한 능력을 과시하고 있다 할지라도, 그들의 동료들의 특성을 이루고 있는 현실에 관해서 생각하면서 거기에 맞는 생활 방식에 조화를 이루고 있는 것이다. 그런 그들이 그같은 '연수과정'을 이수하고서, 그 전에는 가졌던 바가 없는 자질을 가지고 그 공동체로 돌아왔을 경우에, 그들은 이 자질을 침몰되고 지배당한 동료들의 의식을 통제하는 데 사용하거나 그렇지 않으면 자기네 공동체 속에서 이방인이 되어 버려 그 전에 누리고 있던 지도적 위치가 위협을 당하게 되고 만다. 그러면 그 지도 신분을 상실하지 않기 위해서 그들은 보다 효과적인 방식으로 그 공동체를 계속 조종하려고 손쓰게 될 것이다.

전부화되고 전부화하는 하나의 과정으로서의 문화적 행동이 단순한 전체 공동체 지도자들에게가 아니고 그 전체 공동체 자체에 접근할 때는, 대조적인 두 과정이 발생한다. 그런 지도자들이 다른 모든 사람들과 함께 성장하거나, 아니면 공동체의 새로운 사회의식의 결과로 출현하는 새 지도자들로 대체되는 것이다.

하나의 전체로서의 공동체를 촉진시켜려 들지 않는 지배자들은 선발된 지도자들 쪽을 좋아한다. 이러한 과정으로 소외상태를 보존함으로써 의식의 출현과 전체적인 현실 속에 뛰어드는 비판적 개입이 없으면, 하나의 계급으로서 억눌린자들의 결속은 결코 성취되기 어렵다.

계급투쟁이란 지배자들을 당혹하게 만드는 또 하나의 개념

● 페다고지

이다.

 그들이 자기네 스스로를 '억압하는 계급'으로 생각하기 싫어하기 때문이다. 그들은 할 수 있는 수작을 다해 보아도 사회적인 계급들을 부정할 길이 없는 까닭에, 자기네 노동력을 사들이는 자들 사이에 이해와 조화가 필요하다고 역설한다.* 그러나 이 두 계급간에 존재하는 숨길래야 숨길 수 없는 '대립'은 소위 '조화'를 불가능하게 만들고 있다.** 엘리트들은 마치 어느 일요일 오후에 여러 사람이 똑같은 진열장

---

*프라닉 스쁠리뜨 *Franic Split* 주교는 이 점에 관해 설득력 있게 말하고 있다. "만일 노동자들이 어떤 방식으로 자기네 노동의 소유주가 되지 못한다면, 온갖 구조적 개혁은 효과가 없을 것이다. (이는 정녕 사실로서) 노동자들이 설혹 어떤 경제체제 속에서 보다 높은 봉급을 받는다 하더라도 이러한 봉급의 인상으로 만족하지 않는다. 그들은 자기네 노동의 판매자가 아니라 소유주가 되고 싶어한다…… 현재 노동자들은 점차 노동이 인간의 일부분을 뜻한다는 사실을 깨달아 가고 있다. 그런데 인간은 결코 팔릴 수가 없으며, 스스로를 팔 수도 없다. 노동의 매입이나 매각은 어떤 것이든지 일종의 노예제도 양식이다. 이점에서 인간사회의 진화는 인간 존엄성 문제에 대한 우리 자신의 것보다도 감응력이 못한 제도, 예를 들면 마르크시즘 같은 제도 내에서 뚜렷하게 발전하고 있다."
「15명의 주교가 제3세계를 위해서 말한다. *15 Obispos hablan en prol del Tercer Mundo*」『CIDOC 보고서』(멕시코, 1967), Doc 67/35, 1~11쪽

**'사회 계급과 계급투쟁'에서, 마르크스가 1852년 3월 1일 베우데메이어 J. *Weudemeyer*에게 보낸 서신을 보라.
 "……현대사회 안에서 계급들의 존재 또는 계급간의 투쟁을 발견한 것은 내가 아니다. 나보다 훨씬 앞서 부르주아지 역사학자들이 이 계급투쟁의 역사발전을 기술했고, 부르주아지 경제학자들은 계급들의 경제적 해부를 기술했었다. 내가 새롭게 기술한 것은 다음 사항에 관한 논증 작업이다. 1) 계급들의 존재는 오직, 생산의 발전에 있어서 특별한 역사적 국면과 밀접한 관련을 맺는다. 2) 계급투쟁은 필연적으로 프롤레타리아 독재를 낳는다. 3) 이 프롤레타리아 독재 자체는 단지 모든 계급의 해방과 무계급사회를 위한 과도기를 형성한다……"
 K. 마르크스, F. 엥겔스, 『선집』(뉴욕, 1968), 679쪽.

• 제4장 대화와 反대화

을 쳐다보다가 모여든 그것이 곧 계급이나 된 것처럼 계급 사이의 조화를 제창한다. 그러나 생명력이 있고 논증이 가능한 조화란 오직 지배자들끼리의 조화밖에 없다. 그들은 서로 갈라지고 경우에 따라서는 집단 이익을 놓고 충돌하기도 하지만, 그들 계급에 위협이 오면 재빨리 단결한다. 마찬가지로, 억눌린자들의 조화도 그 구성원들이 해방투쟁에 가담하고 있을 때에 비로소 가능한 것이 된다. 예외적인 경우들에는 이 양 계급이 단결하고 화해 속에 행동할 수 있고 또 그렇게 해야 할 필요도 있지만, 일단 그들을 단결시키던 긴급사태가 지나가 버리면 그들은 그들의 존재를 한정하고 있고 또 실제상으로는 결코 해소되지 않았던 모순으로 되돌아가게 된다.

지배 계급의 모든 행동 속에는 억압 상태의 유지를 뒷받침하기 위한 '분할'의 필요성이 깃들여 있다. 피지배 계급들 중에서 어떤 '대표자들'(그들은 사실상 자기 동료들을 대표하는 것이 아니라 지배자들을 대표한다)에게 호의를 베풂으로써 단결을 방해하는 짓, 만일 그런 식으로 '회유'되지 않으면 동료를 위협하고 지배할 능력이 있는 사람들을 발탁시키는 짓, 어떤 사람에게는 혜택을 주고 다른 자들은 벌하는 짓, 이 모두가 엘리트들에게 유리한 제도를 유지하기 위해서 분할을 획책하는 수단들이다. 이 방법들은 억눌린자들의 약점의 하나인 근본적 불안을 직접·간접으로 이용하는 행동양식들이다. 억눌린자들은 지배자를 '기생시키고' 있는 이원적 존재

● 페다고지

로서 늘 불안정하다. 한편으로는 그 지배자에 저항하면서, 다른 한편으로는 그네들의 상호관계에서는 그에게 매력을 느끼는 것이다. 이러한 상황하에서 지배자들은 분할 공작으로 쉽사리 극적인 결과를 얻어낸다.

더욱이 억눌린자들은 그들을 하나의 계급으로서 단결하지 못하게 하려고 제시하는 '초대'에 응하지 않을 경우에 마주칠 보복을 이미 겪은 바 있는 경험으로 알고 있다. 아마 최소한 직장을 잃고 '블랙 리스트'에 이름이 올라서 다른 직장을 찾을 길도 막연해질 것이다. 이렇게 해서 그들의 '기본 불안정'이 노동의 예속화(스쁠리뜨 주교가 강조한 것처럼, 이는 사실상 그들 인간성의 예속화를 뜻한다)와 직결된다.

인간들은 그들이 세계, 인간다운 세계를 창조하되, 변혁하는 노동으로 그것을 창조할 때에야 비로소 그 세계가 실현된다. 그러므로 인간다운 인간의 실현은 곧 세계의 실현 속에 있다. 만일 노동의 세계 속에 존재하는 인간이 완전히 의존적이고 불안정하고 끊임없이 위협받는다면 - 그들의 일이 그들에게 지속되지 않는다면 - '인간'들은 실현될 수가 없다. 자유롭지 못한 작업은 인간을 실현하는 작업이 못되며 비인간화의 좋은 수단이 될 뿐이다.

단결을 위해서 억눌린자들이 수행하는 모든 움직임은 또 다른 행동들을 유발하는 경향이 있다. 즉, 그들은 그런 움직임을 통해서 조만간에 비인격화된 자신의 상태를 인식할 것

• 제4장 대화와 反대화

이며 그들이 분열되어 있는 한 언제든지 쉽사리 조종과 지배의 먹이가 되리라는 것을 알아차리게 된다. 단결과 조직은 그들의 나약함을 변혁하는 힘으로 바꾸어 주어 그 힘으로 그들은 세계를 재창조하고, 보다 인간적으로 만들 수 있게 한다는 사실도 깨닫는다.* 그들이 진정 바라는 보다 인간다운 세계는 지배자들이 누리는 '인간다운 세계' 즉 지배자들이 자기네(비인간화하는 자들)와 억눌린자들(비인간화되는 자들) 사이에 불가능한 조화를 역설하면서 독점적으로 소유하고 있는 세계와는 정반대되는 세계다. 지배자들과 억눌린자들이 반대 입장이기 때문에 한 쪽의 이익에 유리한 것은 다른 쪽에 불리하게 마련이다.

따라서 현상을 유지하기 위한 분할은 反대화적 행동이론의 근본 목표가 되지 않을 수 없다. 지배자들은 스스로를 인간들의 '구세주'로 보이려고 노력하면서 비인간화하고 분할한다. 그러나 이 구세 사상은 그들이 지니고 있는 진정한 의향, 곧 자기네 자신만을 구원하려는 의도를 숨길 수가 없다. 그들은 자기네 부와 자기네 권력과 자기네 생활 방식을 위협

---

*이런 이유 때문에 지배자들로서는 농부들을 도시 노동자들과 격리시키는 일이 불가피하며, 이는 그들 두 집단을 학생들과 격리시키는 일이 불가피한 것과 마찬가지다. 학생들은(비록 사회학적으로는 하나의 계급을 형성하고 있지 않지만) 반대성명으로 연결짓는 사건 속에서 지배자를 위협한다. 따라서 지배자는 하층 계급들에게 학생들은 무질서하고 무책임하다는 점과 공장 노동자들과 농부들이 국가 발전을 위해 일하고 있어야 하듯이 학생들도 반드시 공부하고 있어야 하기 때문에 그들의 성명은 그릇된 것이라는 점을 확신시킬 필요가 있다.

• 페다고지

으로부터 구해 내고 싶어한다. 이런 것들이 그들로 하여금 다른 사람들을 복속시킬 수 있게 해주기 때문이다. 그들의 허점은 ('구원'을 어떤 식으로 이해한다 하더라도) 개인으로서나 억압 계급으로서는 스스로를 구원할 수 없다는 데 있다. 구원이란 다른 사람들과 '더불어서'만 가능한 것이다. 그러나 엘리트들은 억압하고 있는 만큼, 억눌린자들과 '더불어' 존재할 수가 없다. 그들에게 '등을 돌리는' 것이 억압의 본질이기 때문이다.

억압 행동에 대한 정신분석 결과로 보면, 지배자의 죄책감의 한 단면이 (제1장에서 기술한 바와 같이) '거짓 관용'으로 모습을 드러낼 수가 있다. 지배자는 이 거짓 관용으로, 불공평하고 사체애호적인 질서를 보존하려고 할 뿐만 아니라 자기 자신에게 평화를 '사들이려' 애쓴다. 그러나 평화는 그렇게 돈으로 살 수 있는 것이 아니다. 평화란 견실하고 사랑하는 행위 속에서 체험되는 것으로서, 억압 속에서는 평화가 배태되지 않는다. 그런데 反대화적 행동이론의 이 구세자연(救世者然)하는 요소가 이 행동의 첫번째 성격인 정복의 필요성을 강화시켜 주는 결과를 가져온다.

현상을 보전하고 그렇게 함으로써 지배자들의 권력을 지켜 나가기 위해서 민중들을 분할할 필요가 있기 때문에, 지배자들은 필연적으로 피지배자들이 자기네 사기술을 인식하지 못하도록 꾸미게 된다. 그래서 그들은 억눌린자들에게 '권외

• 제4장 대화와 反대화

자들, 불량배, 하느님의 적'(이러한 단어들은 용감하게 인간의 인간화를 추구하며 살았고 또 살고 있는 사람들을 가리키는 단어들이다)들의 사악한 행동으로 '보호받고' 있다는 확신을 불어넣지 않을 수 없게 된다. 민중을 분할하고 혼란시키기 위하여, 이 파괴자들은 건설자들로 자처하고 진정한 건설자들더러는 파괴적인 존재들이라고 비난을 퍼붓는다. 그러나 역사는 항상 그같은 명칭들을 스스로 수정해 준다. 오늘날, 비록 공적으로는 '띠라덴떼스 Tiradentes'*를 '음모자 inconfidente'라 부르고 그가 이끌던 해방운동을 '음모 inconfidencia'라 부르지만, 띠라덴떼스를 '산적'이라면서 그에게 교수형을 내린 다음 사지를 찢어서 본보기로 이웃 여러 마을에다가 그 피묻은 살조각들을 뿌리라고 명령하던 자**가 오늘의 국가 영웅은 아니다. 바로 띠라덴떼스가 영웅인 것이다. 역사는 엘리트들이 그에게 붙여 놓은 '칭호'를 찢어 없애고 나서 그가 한 행동을 사실 그대로 인정하였다. 영웅들이란 ―자기네 권력을 이용해서 분할하여 통치하는 자들이 아니고― 자기 당대에 해방을 위하여 단결을 도모하던 사람들인 것이다.

---

*띠라덴떼스는 미나스 제라이스 Minas Gerais 주 오루 쁘레또 Ouro Preto에서 1789년에 포르투갈로부터의 브라질 독립을 위해 혁명을 일으킨 지도자이다. 이 혁명은 불발로 끝났다. 이 운동은 역사적으로 "미나스 주의 음모 Inconfidência Mineira"라고 불리고 있다. ― 역자 주.
**비스꼰데 데 바르바세나 Visconde de Barbacena, 그 지방의 지사. ― 역자 주.

• 페다고지

● 조종

　조종은 反대화적 행동이론의 다른 한 영역이다. 마치 분할의 전략처럼 정복의 도구이다. 즉, 그 이론의 제반 영역이 주위를 맴돌고 있는 목표이다. 지배 엘리트들은 조종이라는 수단을 통해서 대중을 자기네 목표들에 순응하도록 만들려고 노력한다. 그리고 이들 민중의(시골이나 도시의) 정치적 미숙도가 높으면 높을수록 자기네 권력을 잃지 않으려고 발버둥치는 자들은 그만큼 쉽게 그들을 조종할 수가 있게 된다.

　그들은 민중을 조종할 때 본 장에서 이미 지적한 일련의 신화들을 가지고서 하게 되는데, 그러한 신화들 외에도 또 하나의 신화가 있다. 그것은 부르주아 계급이 민중에게 부르주아 자기를 본보기로 내세워, 그들도 출세할 수 있는 가능성을 지니고 있다고 지껄여대는 신화다. 그러나 이같은 신화들이 제 기능을 발휘하려면 민중들이 그들 부르주아 계급의 말을 받아들이지 않으면 안 된다.

　어떤 역사적 상황들 속에서는, 지배 계급과 피지배 계급 간의 협정 ― 이는 피상적으로만 생각하면 계급간의 대화라는 인상을 갖게 한다 ― 이라는 방식을 통해서 조종이 이루어진다. 그러나 이러한 제반 협정들이라고 하는 것은, 지배 엘리트들의 확실한 이익에 의해 그 목적이 결정되기 때문에, 결코 대화가 못된다. 협정이란 면밀히 분석해 보면, 지배자들이

• 제4장 대화와 反대화

자기네 목적을 달성하기 위하여 사용하는 것이다.* 소위 '민족 자본주의'를 수호하기 위해서 민중에게 '민족 부르주아'를 지지토록 하는 것이 그런 중요한 예의 하나다. 민중은 이러한 협정들로 인해서, 조만간에, 점차 정복되어 가기 마련이다. 이같은 협정이 제시되는 것도 오직 민중들이 역사적 과정으로부터 (고지식하게나마) 출현해서 지배 엘리트들을 위협하게 될 때 뿐이다. 역사적 과정 속에서의 민중의 존재는, 단순한 방관자의 입장을 청산하고 공세의 첫 신호만 올려도 충분히 지배 엘리트들에게 위협을 가할 만큼 불안스러운 존재이며, 이에 놀란 지배 엘리트들은 조종 전략들을 배가(培加)하기에 이른다.

이러한 역사적 국면 속에서, 조종은 지배 보존에 필요한 하나의 기본 도구가 된다. 민중의 출현이 있기 전에는 (엄밀하게 말하면) 조종은 없다. 오직 총체적인 억압만이 있을 뿐이다. 억눌린자들이 거의 완전하게 현실 속에 침몰되어 있을 때라면 그들은 조종할 필요가 없는 것이다. 조종이란 행동의 反대화적 이론으로서 지배자가 역사적 과정에 나타나는 새로운 구체적인 상황에 대처하는 반응이다. 지배 엘리트들은 조종을 통해 민중을 거짓된 '조직' 형태 속으로 몰아넣음으로써, 이미 출현했거나 출현하고 있는 민중들의 참된 조직이라는 위협적

---

*협정은 진행 중이거나 혹은 발전시켜 나갈 행동의 목표들이 그 자들의 결정에 종속되어 있을 때에 한해서만 대중에게 효력을 발하는 것으로 되어 있다. (그리고 이 경우에 그 협정들은 결코 협정이 못 된다.)

● 페다고지

인 다른 길을 차단할 수가 있다.* 민중들이 역사 과정에 참여하는 형태는 오직 두 가지가 있을 뿐이다. 자기 자신의 해방을 위해서 진정으로 조직화되거나 아니면 엘리트들의 조종을 받는 것이다. 지배자들이 조직을 뒷받침해 줄 리가 만무하다. 그 일을 해야 할 사람들은 혁명 지도자들이다.

그런데 억눌린자들 대다수가, 특히 한 나라 안의 보다 공업화된 중심지들 속에서, 하나의 도시 프롤레타리아 계급을 형성한다. 이들은 경우에 따라서는 억척스럽기도 하지만, 혁명의식이 부족하고 스스로를 특전받은 자들로 생각한다. 지배자에게 있어 이곳은 계속적인 속임수와 여러가지 약속을 내세워 조종력을 구사할 수 있는 비옥한 터전이 되는 것이 보통이다.

조종이라는 독을 제거하는 해독법은, 민중들에게 역사의 과정 속에서 자기네 위치, 민족적 현실 및 조종 그 자체를 문제로서 제기해 줄, 하나의 비판적인 의식의 혁명조직 속에 있다. 프란치스꼬 베퍼트는 말한다.

> 좌익의 모든 정책들은 대중을 그 기반으로 하고 있고 그들

---

*조종의 행위들로부터 비롯되는 '조직화'에서 민중 - 단순히 이끌리는 대상들 - 은 조종자들의 목표들로 된다. 진정한 조직화에서는 개인들이 그 과정에 적극적으로 참여하고, 그 조직화의 목표들이 타자들에 의해 부여되는 일이 없다. 첫번째의 조직화는 곧 '집단화'의 수단이며 두번째의 조직화는 해방의 수단이 된다. (브라질의 정치용어로 '집단화'는 민중을 관리할 수 있고 사고력 없는 덩어리로 몰아넣는 과정이다. - 역자 주)

• 제4장 대화와 反대화

의 의식에 따라서 좌우가 된다. 그런데 만일 이 의식이 혼란을 받게 되면, 좌익이 (브라질의 경우처럼) 재빨리 권력에 복귀해서 혁명을 수행할 수 있을 것이라고 착각을 할 수는 있지만, 그 뿌리를 잃게 되고 파멸의 직전에 이르게 될 것이다.*

조종이라는 상황 속에서는, 좌익은 '빨리 권력에 복귀'하려는 유혹을 거의 항상 받고 있으며, 그 결과 억눌린자들과 단결해서 하나의 조직을 이루어야 하는 필요성은 망각한 채, 지배 엘리트들과의 불가능한 '대화'를 찾아 방황한다. 그 결과 그들이 이 엘리트들의 놀음에 스스로 빠져드는 것으로 종지부를 찍게 되는 것이다.

조종은, 그 대상들을 필요로 하는 정복처럼, 민중을 마비시켜서 그들로 하여금 생각을 하지 않도록 만든다. 그것은 만일 민중이 역사적 과정에 나타난 자기네 실재(實在)에다가 그 과정에 대한 비판적인 사고를 결부시키게 되면, 민중의 출현 위협이 혁명으로 구체화되기 때문이다. 사람들이 이런 올바른 사고를 '혁명의식'이라고 부르거나 '계급의식'이라고 부르거나 상관은 없지만, 그것이 혁명에 있어서 필요불가결한 전제 조건임은 확실하다. 지배 엘리트들은 이러한 사실을 너무나도 잘 알고 있기 때문에, 민중을 사고에서 떼어놓

---

*프란시스코 웨퍼트 *Francisco Weffert*, 「대중의 정치 *Política de massas*」 『브라질의 정치와 사회혁명 *Política e Revolução social no Brasil*』 (리오 데 자네이로, 1967), 187쪽.

● 페다고지

기 위해서, 본능적으로 모든 수단을 동원한다. 그 속에는 물리적 폭력도 들어간다. 그들은, 대화가 비판력을 촉진시키는 가능성을 가지고 있다는 것을 예리하게 꿰뚫어 보는 통찰력을 지니고 있다. 일부 혁명 지도자들이 민중들과의 대화를 하나의 '부르주아적이고 반동주의적인' 활동이라고 생각하는 데 비해서 부르주아 계급은 억눌린자와 혁명 지도자들 간에 이루어지는 대화를 극력 저지해야 할 커다란 위험으로 간주한다.

　여러가지 조종 방법들 가운데 하나는 일신상의 영달을 위한 부르주아적 욕망으로 개개인들을 부패시키는 일이다. 이러한 조종은 엘리트가 직접 수행하는 수도 있지만 민중운동가, 지도자들을 통해서 간접으로 실시할 때도 있다. 웨퍼트가 지적한 대로 이 지도자들은 소수 독재정치적 엘리트들과 민중들 사이에서 매개자 구실을 한다. 따라서 우연하게나마 하나의 정치적 행동양식으로서의 민중운동의 출현은 곧 억눌린자들의 출현과 일치한다. 이 과정 속에서 부상한 민중운동 지도자는, 두 요소들 속에서 삶을 영위하는, '양서동물'로서 그 한계가 분명치 않는 존재가 된다. 민중과 소수 지배 독재자들 사이를 왕복하면서 양쪽 집단의 모습을 띠게 되는 것이다.

　민중운동 지배자가 진정한 민중 조직을 위해서 싸우는 것이 아니라 단순히 조종만 하고 있을 때, 그는 혁명에 아무런

• 제4장 대화와 反대화

도움을 주지 못하고, 설사 준다고 하더라도 거의 힘이 되지 못하는 정도에서 끝나고 만다. 그러나 그가 자신의 모호한 성격을 청산하고 이중 행위를 중단하고서 민중 편에 서면(이렇게 된다면 그는 이미 이런 의미의 민중운동가가 아니다) 조종을 포기하고 혁명적 조직 과업에 전념할 수 있게 된다. 여기까지 오면 그는 민중과 엘리트 사이의 매개자가 아니며 오히려 엘리트들과 정반대 입장에 선다. 그렇게 되면 엘리트들은 즉시 힘을 규합해서 그에게 재갈을 물리려 한다. 제뚤리오 바르가스*가 국가 원수로서 마지막 임기 중에 열린 노동절 축제 때 노동자들에게 했던 말은 참으로 인상적이고도 명백한 것이었다.

> 본인의 행정부가 현재 실시하려고 하는 거대한 쇄신 사업은 노동자들의 지지와 매일 매일의 확고부동한 협력이 없이는 성공적으로 수행되기가 불가능합니다.**

이 말에 이어서 바르가스는 그가 처음 집무하던 90일간에 대해서 이야기하였다. 그는 그것을 "여기저기서 정부 시책에

---

*제뚤리오 바르가스 *Getulio Vargas*. 그는 혁명을 이끌어 1930년 브라질 대통령 워싱톤 루이스를 타도하였다. 그는 독재자로서 1945년까지 권좌에 있었고, 1950년에 대통령에 선출되어 다시 집권하였다. 1954년 8월에 반대파에 의해 전복당할 무렵에 자살했다. -역자 주.

**1950년 5월 1일 바스꼬 다 가마 스타디움에서 행한 연설. 『브라질 노동자 정부 *O Governo Trabalhista no Brasil*』 (리오 데 자네이로), 322~324쪽.

● 페다고지

대해 반대함으로 말미암아 발생하는 어려움과 장애물에 대한 평가"라고 명명했다. 그는 직접 민중을 향해서 "무력, 가난, 높은 생활비, 낮은 봉급…… 불행한 자들의 좌절, 보다 밝은 날을 기다리면서 살아가는 다수의 사람들의 요구"들을 깊이 통감했노라고 했다.

그리고 나서 좀더 사심 없는 어조로 노동자들에게 이렇게 호소했다.

나는 이 점을 말하고 싶습니다. 이 순간까지 정부는 아직도 민중 경제를 수호하는 즉각적인 조처를 취할 수 있는 법도 구체적인 기구도 가지고 있지 않습니다. 따라서 민중들은 —자기네 자신들의 이익을 위해서 뿐만 아니라 그 목표를 실행에 옮기는 데 정부가 필요로 하는 지지 기반을 마련해 주기 위해서도— '조직화될' 필요가 있습니다. (……) 나에게는 여러분의 단결이 필요합니다. 여러분이 조합들 속에서 명실공히 굳세게 여러분 자신들을 조직하는 일이 필요합니다. 여러분이 정부 편에 서서 정부로 하여금 여러분의 문제들을 해결하는 데 필요한 모든 힘을 지닐 수 있도록 '강력하고 접착력 있는 블럭'을 형성하는 일이 필요합니다. 여러분이 단결해서 '파업자들'과 대항하고 민중들의 희생 속에서 득을 보는 '탐욕스러운 악당들과 투기가들'의 먹이가 되지 않아야 합니다. (……) 이제 노동자들에게 호소할 때가 되었습니다. 자유롭고 조직적인 세력으로서의 조합들 속에서 단결하십시오. (……) 현재에 있어서는 그 어느 행정부도 '노동 조직들의 지지 없

• 제4장 대화와 反대화

이는' 존속할 수도 없거니와 그것이 지니고 있는 사회적 목적들을 달성할 수 있는 충분한 힘을 발휘할 수도 없는 것입니다.*

이상을 요약하자면, 바르가스는 민중들에게 그들 자신의 권리들을 수호하기 위해서 조직하고 단결하라고 강력하게 호소했던 것이며, 국가의 수반으로서, 그들과 '함께' 통치해 나가는 데 있어서 당면하는 장애물과 방해물들 및 수많은 어려움들을 이야기했던 것이다. 바르가스의 정부는 그 때 이후로 점증하는 시련 속에서 어려움을 겪다가 마침내는 1954년 8월의 비극적 대단원을 맞이하게 되고 말았다. 만일 그가 자신의 마지막 임기 중에 그토록 노골적으로 민중들의 조직화를 자극하지만 않았어도 결국 국가이익을 비호한다는 일련의 수단들과 제휴하게 되었을 것이고 따라서 반동세력 엘리트들도 그처럼 극단적인 수단을 사용치는 않았을 것이다.

어떤 방식으로든지 소수 독재자들의 매개체 노릇보다도 민중 편에 기우는 민중 지도자는 (그가 비록 신중을 기한다 하더라도) 그 소수 독재자들에 의해서 구속되기 마련이다. 물론 그들이 그를 꼼짝할 수 없도록 만들 수 있는 충분한 세력이 있을 때 그렇다. 그러나 그 지도자가 활동범위를 보호주의나 사회복지 활동정도로 자제한다면, 그와 그가 이익을 건드린

---

*앞에 언급한 연설문

● 페다고지

소수 독재자 집단 사이에 때로는 마찰이 있을지라도, 심각한 차이점들은 그리 많지가 않다. 그 이유는 복지 계획이 조종의 도구가 되면 궁극적으로는 정복이라는 목적에 보탬이 되기 때문이다. 그들은 억눌린자들로 하여금 그네들의 진정한 문제들의 근거와 이 문제들을 구체적으로 풀어 나가는 해결책을 강구하지 못하도록 마비시키고 정신을 혼란케 하는 역할을 한다. 그들은 억눌린자들을 갈가리 찢어 나누어서 제 이익을 보다 우선시하는 여러 개의 개별 집단으로 만들어 버린다. 그러나 이같은 상황 속에는 명백한 하나의 원리가 정돈되어 있다. 즉, 얼마간 원조를 받은 개인들은 항상 더 많은 것을 원하며 원조를 받지 못한 자들은 받은 자들의 실례를 목격하고서 부러운 나머지 그들도 도움을 받고 싶어하게 된다는 원리이다. 그러면서도 지배 엘리트들은 모든 사람들에게 '원조'를 못해 주기 때문에 억눌린자들의 마음을 점차 들뜨게 만들고 나서 일단 손을 떼는 것이다.

혁명 지도자들은 조종의 제반 모순점들을 억눌린자들에게 하나의 문제로서 제기해서, 그들을 조직화하는 데 이용하지 않으면 안된다.

• 제4장 대화와 反대화

• 문화 침해

 反대화적 행동이론이 지니고 있는 기본 특성들 가운데 마지막 하나가 문화 침해다. 이것 또한 분할 전략이나 조종과 마찬가지로 정복이라는 목적에 보탬을 준다. 이 현상 속에서, 침해자들은 타집단의 잠재능력들을 우습게 취급하는 가운데 그 문화의 맥 속으로 침투해 들어간다. 그들은 그들이 재갈을 물림으로써 창의력을 억제당하고 침해당하는 자들에게 자기네 세계관을 억지로 강요한다.
 문화 침해는 그것이 점잖은 것이든 난폭한 것이든 상관없이, 항상 침해당한 문화권 내의 사람들에게 가하는 폭력행위로서, 침해당한 자들은 이 폭력으로 말미암아 그네들의 독창성을 상실하거나 아니면 그것을 상실할 위협에 직면하게 된다. 문화의 침해는 (反대화적 행동 양상이 모두 그렇듯이) 침해자들이 이 과정의 창시자들이고, 그들에 의해 침해를 당하는 자들은 목적물에 지나지 않게 된다. 침해자들이 틀을 짜고 침해당하는 자들은 그 틀 속에서 형성된다. 침해자들이 선택을 하고 침해당하는 자들은 그 선택을 따른다. 아니 따라야 한다. 침해자들이 행동을 하고 침해당하는 자들은 오직, 침해자들의 행동을 통해서, 행동하는 환상을 지닐 뿐이다.
 모든 지배는 침해를 포함하고 있다. 때로는 눈에 띄게 노골적으로, 때로는 침해자가 친구를 돕는다는 구실 아래 위장되어 나타난다. 결국 침해란 하나의 경제적 문화적 지배형태

● 페다고지

다. 침해는 거대한 사회 *metropolitan society*가 의존적 사회 *dependent society*를 상대로 도모할 수도 있고 동일한 사회 안에서 한 계급이 다른 계급을 지배하는 형태로 나타날 수도 있는 것이다.

 문화적 침해는 침해받은 자들의 문화적 허위성으로 귀결된다. 침해받는 자들이 침해자들의 가치관과 기준 및 목표에 반응하기 시작하는 것이다. 침해자들은, 타인들을 지배하고 자기네 생활방식과 틀에 맞추어서 모양을 갖추게 할 욕심에서, 피해자들이 현실을 어떻게 이해하고 있는지 알고 싶어한다. 물론 그것은 그들이 침해받는 자들을 보다 효과적으로 지배하려는 목적 외에는 아무 것도 아니다.* 문화 침해 속에서 침해당한 자들은 필연적으로 현실을 자기네 눈으로보다는 침해자들의 안목으로 보게 된다. 즉, 그들이 침해자들을 모방하면 할수록 침해자들의 지위는 더욱더 확고해진다.

 따라서 문화침해가 이루어지게 되면 침해당한 자들이 본능적인 열등감을 느낀다는 것이 당연하다. 침해당한 자들이 스스로를 열등하다고 생각한다면, 사소한 어려움에 봉착해도, 그들은 침해자들의 우위를 인정하고야 만다. 그렇게 해서 침해자들이 가지고 있는 가치는 침해당하는 자들의 본보기가

---

*이 목적을 위해, 침해자들은 점차 사회과학과 기술에다 어느 정도의 물리학까지 사용하여 가면서 자기네 행동을 가다듬고 세련되게 만든다. 침해자들로서는 침해 대상자들이 가지고 있는 미래의 대안들을 판별하고, 그럼으로써 그 미래의 전진 향방을 자기네 자신의 이익에 유리한 쪽으로 이끌어 가기 위해서 그들의 과거와 현재를 아는 것이 불가피하다.

• 제4장 대화와 反대화

되고 만다. 따라서 침해가 강화되고 침해당한 자들이 자기네 자신의 문화정신과 자기네 자신으로부터 소원해지면 소원해질수록, 그들은 침해자들처럼 되고 싶어한다. 그들처럼 걷고, 그들처럼 입고, 그들처럼 말하고 싶어한다.

침해당한 인간의 사회적인 '나'는 다른 모든 사회의 '나'처럼 사회구조의 사회·문화적 관계 속에서 형성되기 때문에 침해당한 문화의 이중성을 반영하게 된다. (앞서 서술한 바와 같이) 침해당하고 지배당하는 개개인들이 그들의 실존적인 체험의 어떤 순간에 지배자 '너'에게 거의 집착하다시피하는 까닭도 바로 이 이중성에서 그 설명이 가능하다. 억눌린자인 '나'는 억누르는자인 '너'에 대한 집착을 버려야 한다. 그리고 그에게서 멀찍이 떨어져서 자신이 그 억누르는자와 대립된 존재임을 보다 객관적으로, 비판적으로 인식할 수 있어야 한다. 그렇게 하는 가운데 그는 자신이 억압을 받고 있는 사회구조를 하나의 비인간화하는 현실로 '생각하게' 되는 것이다. 세계 인식에 대한 이같은 성질상의 변화는 오직 실천 *praxis*을 통해서만 이루어질 수 있다.

문화 침해는 한편으로는 지배의 '도구'이면서 또 한편으로 보면 지배의 '결과'이기도 하다. 이처럼 지배적인 성격을 띠는 문화행동이, (여타의 反대화적 행동 형태들과 마찬가지로) 고의적이고 계획적인 것이면서도, 한편으로 보면 단순히 억압 현실의 산물이기도 한 것이다.

예를 들면, 경직되고 억압적인 사회구조는 필연적으로 그

• 페다고지

구조 속에 들어 있는 자녀 양육기관과 교육기관에 영향을 미친다. 이러한 기관들은 행동할 때 그 구조의 양식을 답습하게 되고 그것이 가지고 있는 신화들을 전달하게 된다. 가정과 학교들(탁아소에서 시작해 대학에 이르기까지)은 추상적으로 존재하는 것이 아니고 시간과 공간 속에서 존재한다. 따라서 그것들은 대개는 지배구조들 내부에서 미래의 침해자들을 길러 내는 대리점 노릇을 하게 되는 것이다.

가정에서의 부모·자녀 관계는 보통 가정을 둘러싸고 있는 사회구조의 객관적인 문화조건들을 반영하게 마련이다. 만일 가정 속에 침투한 제 조건들이 권위주의적이며 완고하고 지배적인 것일 경우에는 그 가정에도 억압의 분위기가 고조되기 십상인 것이다.* 그리고 부모들과 자녀들 간의 이 권위주의적 사용관계가 심화될 때 자녀들은 어려서부터 부모들의 권위를 점차 내면화하게 된다.

프롬은 사체애호증(死體愛好症)과 생명애호 문제를 제시하면서, 그것이 가정(무관심과 억압의 분위기 속에서 이루어지는,

---

*젊은이들은 점차 부모와 교사의 권위주의를 그들 자신의 자유에 유해한 것으로 보아 가고 있다. 바로 이러한 이유 때문에, 그들은 갈수록 자기의 표현력을 억누르고 자아긍정을 방해하는 행동 형태들을 반대하고 있다. 지극히 긍정적인 이같은 현상은 결코 우발적인 것이 아니다. 그것은 실제로 (제1장에서 언급한 대로) 우리 시대를 인류학적 시대로 특정짓고 있는 역사적인 기류의 한 전조이다. 이런 이유에서 (그렇게 하는 데에 개인적인 이익이 개입되어 있지 않는 한은) 젊은이들의 반항을 단순히 세대간의 전통적인 차이의 한 예로 볼 수가 없다. 젊은이들은 반항을 통해서 지배사회의 정의롭지 못한 전형을 고발하고 규탄하고 있는 것이다. 그러나 이러한 반항과 그것이 갖는 특수한 영역은 아주 최근에 비롯된 것이다. 사회는 여전히 권위주의적 성격을 견지해 가고 있다.

• 제4장 대화와 反대화

혹은 사랑과 자유의 분위기 속에서 이루어지는 부모와 자녀간의 관계)이 됐든지 사회 문화적 전후관계가 됐든지, 각각의 조건을 산출해 내는 외부적 조건들을 분석해 주고 있다. 만일 어린아이들이 사랑 없는 억압의 분위기 속에서 양육되면, 그 아이들은 의기가 꺾여져서 젊은이가 되어서도 참된 혁명의 길로 들어서지 못하고 완전히 무관심 속에 침체되어 버리거나, 아니면 침해자들이 그들의 '모양을 만들기'위해서 사용해 온 권위와 신화들에 의해서 현실에서 소외당하고 만다.

가정의 분위기는 그대로 학교로 연장되어서, 학생들은 곧바로 (가정에서와 마찬가지로) 얼마간의 만족을 얻자면 위로부터 내려오는 명령에 순응해야 한다는 사실을 체득하게 된다. 이 명령들 중의 하나가 바로 '생각하지 않은 것'이다.

완고한 상호관계 구조 속에서 내화된 부모의 권위가 학교에서 강화되면, 이 젊은이들은 전문가가 되고 난 다음에도 (이 상호관계에서 스며든 자유에 대한 공포 때문에) 그네들이 잘못 교육받은 완고한 양식들을 그대로 반복한다. 이러한 현상은, 그들의 계급직위와 함께, 그토록 많은 전문가들이 反대화적 행동을 고수하는 이유를 설명해 주는 것이 된다.* 전문성 때문에 민중들과 접촉해야 할 자들도, 그 전문분야에 상관없

---

*이는 또한 자기네의 혁명적 투신을 확신하면서도 계속해서 민중들을 불신하고 그들과 친교를 맺기를 두려워하는 사람들의 반대화적 형태를 설명해 주기도 한다. 그런 사람들은 무의식적으로 자신들 내부의 억누르는자를 유보시키며, 그들이 그 주인을 '수용하고'있기 때문에 자유를 두려워한다.

● 페다고지

이, 대부분이 자신들의 사명을 오직 민중들에게 자신들이 가지고 있는 지식과 기술을 '주는' 것이라고 확신하고 있다. 그들은 스스로를 민중의 '촉진제'로 생각하고 있는 것이다. 그들의 행동 프로그램들은 (어떤 훌륭한 억압행동 이론가가 설정한 듯 싶게) 그들 자신의 목표들, 그들 자신의 신념들, 그들 자신의 편견들로 짜여져 있다. 그들은 민중에게 결코 귀를 기울이는 일이 없으며, 다만 그들에게 '저개발의 요인이 되는 게으름을 척결할 수 있는' 방법을 가르칠 구상만 할 뿐이다. 이 전문가들은 민중이 지니고 있는 '세계관'을 존중할 필요성 같은 것은 고려할 여지가 없는 것으로 생각한다. 이 전문가들은 '세계관'을 가진 자들이다. 그들은 또한 교육행동에 관한 프로그램 내용을 짜는 데 있어서는 민중들과 상의해야 한다는 주장도 마찬가지로 얼빠진 주장이라고 단정한다. 그들은 민중의 무지가 너무나 완벽하기 때문에 그들로서는 전문가들의 가르침을 받는 것 외에는 모든 것이 적합치 못한 것이라고 생각하는 것이다.

그러나 실존적 체험의 어느 시점에 이르러서 침해를 받아왔던 자들이 이런저런 방식으로 (앞서 그들이 순응해 왔을지도 모르는) 이 침해를 거부하기 시작하면, 전문가들은 자기에 잘못을 정당화하려는 뜻에서 침해당한 집단의 구성원들이 '은혜를 모르고', '무능하고', '병들어' 있기 때문에 혹은 '혼혈인'이기 때문에 '열등하다'고 말한다.

선의적인 전문가들('침해'를 인위적인 이데올로기로서 이용하

•제4장 대화와 反대화

는 것이 아니고 다만 그들 자신의 성장의 표현으로서 사용하는 자들)은, 결국 자기네 교육의 실패가 '민중이라는 어리석은 사람들'의 본질적인 열등성에서 기인하는 것이 아니라, 그들 자신의 침해행위에서 오는 폭력에 기인한다는 사실을 알게 된다. 이같은 사실을 발견한 전문가들은 양자택일이라는 어려운 문제에 직면한다. 즉, 침해를 하지 말아야 할 필요를 느끼면서도 그들 내부에 지배양식이 깊이 자리잡고 있어서 침해를 포기함으로 말미암아 그들 자신의 본질이 위협받을까 꺼려한다. 침해를 포기한다는 것은 곧 지배를 받는자이자 동시에 지배자인 자기네 이중신분이 종말을 고한다는 것을 의미할 것이다. 그것은 침해를 촉진하는 모든 신화들을 던져버리고 대화적인 행동을 실천해야 함을 의미할 것이다. 그것은 이상의 이유로, (이방인들로서) 서로 '위'나 '안'에 들어앉는 일을 청산하고 (동료들로서) '함께' 존재해야 함을 의미할 것이다. 그리하여 그들은 이 외상(外傷)의 과정이 진행되는 동안에는 일련의 도피로써 자기네 자유에 대한 공포를 자연스럽게 합리화한다.

 전문가들이 자기네 행동의 침해적 본성을 스스로 발견하지 못하거나, 자기네 행동이 비인간화하는 행동이라는 말을 들어보지 않을 경우에는 자유에 대해 보다 큰 공포를 지닌다. 흔히, 특히 구체적인 상황들을 해독하는 시점에서, 훈련과정에 참여한 자들이 안절부절못하면서 담당자에게 묻는다. "도

● 페다고지

대체 당신은 지금 우리를 어디로 이끌어 가고 있다고 생각하시오?" 조정담당자가 그들을 어디로 몰아가려고 노력하고 있는 것이 아니다. 다만 하나의 문제로서의 구체적인 상황에 접한 참가자들이 만일 그같은 상황분석을 더 이상 진전시키다가는 자기네가 지니고 있는 신화들을 잃게 되거나 아니면 그것들을 다시 한번 인정해야 한다는 사실을 깨닫기 시작하기 때문에 나온 소리다. 그들 자신의 신화들을 내던지고 포기한다는 것은 그 순간에는 하나의 자폭행위에 해당한다. 그러나 그 신화들을 재차 인정하면 자신의 정체가 탄로나게 된다. 따라서 그들은 평상시에 해 오던 대로 이번에는 조정담당자를 '조종하고', '정복하고', '침해하는' 것으로 (방어수단 기능으로서의) 유일한 탈출구를 삼으려 하게 된다.*

억압의 구체적인 상황에 의해 학대받고 거짓 관용으로 지배당하고 있는 민중들 가운데서도, 비록 규모는 더 작지만, 이와 똑같은 도피현상이 발생한다. 뉴욕시에서 로버트 폭스의 조정 하에 유익한 프로그램을 실시했던 단체 풀 서클 *Full circle***의 교사들 가운데 한 사람이 한 이야기다. 뉴욕 슬럼가에 있는 어떤 단체가 기호화한 상황으로서 거리 구석 —그 거리는 바로 그 그룹이 모여서 회합을 갖던 거리였다

---

*나의 논문「확장이냐 교감이냐? *Extensão ou Comunicação?*」,『문화행위 서설 *Introducción a la Acción Cultural*』(산티아고, 1969)을 보기 바란다.

**이 단체의 활동들에 관해서는 매리 코올 *Mary Cole*의『도시에서의 여름』(뉴욕, 1968)을 보라.

• 제4장 대화와 反대화

-에 쌓여 있는 거대한 쓰레기더미를 찍은 사진을 제시해 주었다. 그러자 참가자들 가운데 하나가 즉시 "아프리카에서 봄직한 거리입니다"라고 했다. "왜 뉴욕에서는 보지 못했지요?"라고 교사가 묻자, 그는 "우리 나라는 미합중국이며, 이 곳에서는 그런 일이 있을 수가 없기 때문이지요"라고 말했다. 이 사람과, 이 사람에게 공감을 표했던 일부 동료들은 분명히 어떤 현실에서 도피함으로써, 너무나 불쾌한 그같은 현실이 임박해 있다는 사실을 알기마저 꺼려하는 자들이다. 개인의 성공과 업적에 지배되는 소외된 인간은, 자신의 위치가 실제로 불리하다는 사실을 인식하면 곧 자기 자신의 성공 가능성이 해를 입는 것으로 생각한다.

위의 예를 보나 전문가들의 경우로 보나, 인간들이 계속해서 내화하고 있는 그 신화들을 개발하는 문화의 결정적인 힘은 확실히 뚜렷하다. 양쪽 어느 경우에서나, 지배 계급의 문화는 인간들을 결정하는 존재들로 인정하지 못하게 방해한다. 전문가들이나 뉴욕 슬럼가 토의에 참석한 자들이나 자기네가 역사과정의 적극적인 주체들인 양 말하고 행동하지는 않는다. 그들은 누구나 지배 이데올로기 제작자나 이론가가 아니다. 오히려 그 지배의 '결과들'이다. 그러나 이 결과들은 한편으로는 그 지배의 '원인들'이 되기도 한다. 이 문제는 혁명이 권력을 얻었을 때에 반드시 직면하게 되는 가장 심각한 문제들 가운데 하나다. 이 단계에서 지도자들은

● 페다고지

 정치적 지혜, 결단, 용기를 최대한으로 구사해야 하며, 이런 이유 때문에 무분별하게 파벌적인 입장을 취하는 일이 없도록 충분한 판단력을 갖추어야 한다.
 전문분야가 무엇이며 대학을 졸업했는가 하지 않았는가와는 상관없이 전문가라고 하는 사람들은, 그들을 이중인간으로 조립한 어떤 지배 문화에 의해서, '위로부터 결정된'* 자들이다. (설령 그들이 하류 계급 출신이라 할지라도 그릇된 교육은 조금도 다를 바가 없으며, 혹시 다르다고 한다면 오히려 더 나쁜 영향이 미치는 차이뿐이다.) 그러나 물론 이 전문가들은 새로운 사회를 재조직하는 데 필요한 존재들이다. 그러면서도 그들 중에 상당수가-비록 '자유를 두려워하고' 인간화 행동에 가담하기를 꺼려하지만-사실상 다른 무엇보다도 지도를 잘못 받은 자들이기 때문에 혁명으로 교정이 가능하며, 또 반드시 그렇게 해야 할 사람들이다.
 혁명 지도자들은 이같은 교정을 실시할 때 이전에 대화적이고 문화적인 행동이었던 것에서 발전하는, '문화 혁명'을 시작해야 한다. 이 시점에 오면 혁명의 힘은, 인간을 부정하는 자들을 가로막는 없어서는 안될 견제물로서의 역할을 넘어서, 새롭고도 더욱 과감한 위치에 서서, 재건에 참여하고 싶어하는 모든 사람들을 기꺼이 '초대'하게 된다. 이런 의미

---

* L. 알튀쎄 *Louis Althusser*, 『마르크스에 대하여』(파리, 1967). 알튀쎄는 이 책에서 '다원적 결정의 변증법'에 대해 상세히 다루고 있다.

• 제4장 대화와 反대화

로 볼 때, '문화 혁명'은 필연적으로, 혁명이 힘을 얻기 이전에 실천하지 않으면 안 되었던 대화적인 문화행동의 연속이 되는 것이다.

'문화 혁명'은 모든 인간활동을 포함하여, 재건되어야 할 전체 사회를 그 개조 활동의 대상으로 삼는다. 사회는 결코 기계적 유형 속에서는 재건되지 못 한다. 혁명을 통해서 문화적으로 재창조된 문화가 이 재건에 필요한 근본 도구인 것이다. '문화 혁명'은 혁명 정권의 의식화를 위한 최고의 노력이며, 사람들이 현재 맡은 일에 상관없이 모든 사람들에게 힘을 미칠 수가 있어야 한다.

결과적으로, 의식화를 위한 이 노력은 내정된 전문가들에게 실시하는 기술적 혹은 과학적 훈련으로 만족할 수 없는 노릇이다. 새 사회는 질적으로, 부분적인 것 이상으로, 구사회*와 구분되는 것이다. 혁명 사회는 결코 이전 사회가 추구하던 것과 동일한 목적을 위해서 과학기술을 사용할 수는 없다. 따라서 이 두 사회 속에서 이루어지는 인간들의 양성은 반드시 달라야 한다. 그러나 혁명 사회 속에서 과학과 기술이 항구적인 해방과 인간화에 도움을 주는 한, 기술적이고 과학적인 양성이 인간화 교육에 해로운 것이라고 생각할 필요는 없다.

---

*그러나 이 과정은 기계학적 사상가들이 순진하게 생각하듯이 갑작스럽게 발생하지 않는다.

• 페다고지

　이런 관점에서 보면, (모든 직업은 시간과 공간 속에서 발생하는 만큼) 그것이 어떤 직업을 위해서건 사람들을 양성할 때는, 1) 문화를, 과거의 '찌꺼기'가 혁명적 변혁을 감행하면서 하부구조 속에서 살아남아 있을 수 있는 상부구조*로서 이해할 것과, 2) 직업 그 자체를 문화 변혁을 위한 도구로서 이해할 것, 이 두 가지가 필요하다. 문화 혁명이 새로운 사회의 창조적인 실천 *praxis* 안에서 의식화를 심화시켜 가면, 인간들은 구사회의 신화의 찌꺼기가 왜 새 시대 속에 잔존하고 있는가를 인식하게 될 것이다. 이렇게 될 때 그들은 새 사회의 교화를 방해해서 일체의 혁명에 심각한 문제들을 항상 조장해 온, 이 유형들에게서 보다 빨리 해방될 수가 있을 것이다. 억압 사회는 바로 이같은 문화적 찌꺼기들을 통해서 침해 작용을 계속하는데, 이 경우의 침해는 혁명 사회 그 자체를 좀먹어 들어가는 것이 된다.
　이같은 침해가 무서운 까닭은 침해하는 자들이, 재 결속된 지배 엘리트들이 아니고, 바로 혁명에 참여했던 자들이라는 데 있다. 그들은, 지배자를 '수용한' 자들로서, 그들 자신이야말로 혁명이 밟아 나가지 않으면 안 될 기초단계들을 넘어선 세력들로 생각하면서 항거한다. 그러면서도 그들은 이원적 존재들인 까닭에 (이 또한 그들이 구사회의 존재인 탓이지만) 관료화되면서, 그들을 무자비하게 내리누르는 힘을 받아

---

*알튀쎄, 앞의 책

• 제 4 장 대화와 反대화

들인다. 이 세차게 내리누르는 힘은, 알튀쎄가 지적한 대로, 새로운 사회 속에서 특수한 환경이 허용할 때마다 부각되는 '구요소들의 재가동'*이라는 말로써 설명할 수가 있다.

이상의 모든 이유를 근거로 해서, 본인은 혁명과정을 일단 세력을 얻으면 '문화 혁명'으로 연장되는, 대화적인 문화 행위로 이해한다. 이 양 단계에 있어-인간들이 참된 실천 *Praxis*을 통해서, '대상들'로서의 신분을 벗어나서 역사적인 '주체들'로서의 신분을 취하는 방법으로-의식화를 위한 진지하고 심오한 노력을 경주할 필요가 있는 것이다.

문화 혁명은 결국 지도자들과 민중 사이에 항구적인 대화를 할 수 있도록 추진하고 민중들이 권력에 참여할 길을 공고히 해준다. 지도자들과 민중이 이와 같은 방법으로 그들의 비판적 활동을 지속해 나감으로써, 혁명은 (새로운 억압 형태들로 유도해 가는) 관료적 경향과 (언제나 변할 줄 모르는) '침해'에서 훨씬 쉽게 그 자체를 방어할 수 있게 된다. 유산계급 속에서나 혁명 사회 내에서나, 침해자는 농학자나 사회학자일 수도 있고 경제학자나 공공 보건 기사일 수도 있고 사제나 목사일 수도 있고 교육자나 사회기업가일 수도 있으며 혹은 혁명가일 수도 있다.

정복이라는 목적과 억압의 보존에 도움을 주는 문화 침해

---

*이 문제에 관해 알튀쎄는 주석을 붙이고 있다. "다원적 결정이 허용되지 않는 변증법상으로는, 이 재가동이라는 것은 실상 생각할 수도 없는 것이다." 알튀쎄, 앞의 책, 116쪽.

• 페다고지

에는, 편협한 현실관과 정적인 세계 인식 및 한 세계관을 타인에게 부과하는 강요가 들어 있기 마련이다. 거기에는 침해자의 '우월성'과 침해당한 자의 '열등성'이 전제되어 있고, 침해받는 자를 소유하고서 잃지 않고 싶어하는 침해자들에 의한 가치관의 강요가 내재하고 있다.

한 걸음 더 나아가서 문화 침해란 침해당한 자들의 행동에 관한 궁극적인 결정권이 그들에게 있지 않고 오히려 침해자들에게 있음을 말해 준다. 그리고 결정해야 할 사람이 결정권을 갖지 못하고 타인이 그것을 갖게 되면 당사자는 그저 결정한다는 환상만을 지니게 될 뿐이다. 바로 이런 이유로 인해서 이원적이고 '반사적'이며 침해받는 사회 속에서 사회경제적 발전이 이루어지지 못하는 것이다. 그러한 발전이 있으려면, 1) 결정의 자리가 탐구자에게 마련되는 가운데서 탐구와 창조 운동이 전개될 것, 2) 이 운동이 공간 속에서뿐만 아니고 의식 있는 탐구자의 실존적인 시간 속에서 이루어질 것-이 두 가지가 필요하다.

모든 발전이 변혁이지만 그렇다고 해서 모든 변혁이 발전은 아니다. 알맞은 조건 속에서 발아하고 성장하는 씨앗에서 이루어지는 변혁은 발전이 아니다. 마찬가지로 짐승의 변혁도 발전이 아니다. 씨앗들과 짐승들의 변혁은 그것들이 속해 있는 종으로 결정된다. 그들의 변혁은 그들의 것이 아닌 시간 속에서 발생된다. 시간이란 인간에게 속하는 것이기 때문이다.

　미완성된 존재들 중에서 인간만이 유일하게 발전하는 존재이다. 역사적이고 자전적인 '대자존재'들로서, 그들의 변혁(발전)은 그들 자신의 실존적 시간 속에서 이루어지며 결코 거기 아닌 외부에서 이루어지는 법은 없다. 인간들은 그들이 의존하고 있는 거짓된 '대자존재'이며 소외당하는 '대타존재'가 되는 구체적인 억압 상황들을 추종하기만 할 경우에 진정한 발전은 불가능해진다. 그들의 결정권은 박탈되어 지배자의 손으로 넘어감으로써 그 억누르는자의 명령들에 따르게 된다. 억눌린자들이 발전을 시작하는 때는, 그들을 묶고 있는 모순을 극복하여 '대자존재들'이 되는 때이다.

　우리가 사회를 하나의 존재로 생각할진대, '대자존재'인 사회만이 발전할 수 있다고 하는 것은 명백한 사실이다. 이원적이고 '반사적이고' 침해받고 거대한 사회에 의존되어 있는 사회는 발전할 수가 없다. 이유는 그 사회가 소외되어 있고, 정치적 경제적 및 문화적인 결정력을 그 사회 아닌 침해자 사회에 빼앗기고 있기 때문이다. 가장 밑바닥까지 파헤치고 나면 침해하는 사회가 침해당하는 사회들의 운명을 결정한다는 것을 알게 된다. 그것은 단순한 변형일 뿐이다. 그 거대한 사회의 이득이－그들의 발전에 있는 것이 아니고－그들의 변형에 있기 때문이다.

　현대화와 발전을 혼동하지 않는 일은 대단히 중요한 일이

● 페다고지

다. 전자의 경우는, 그것이 '위성사회' 내의 어떤 집단들에게 이익을 줄 망정, 거의 언제나 꼬임을 당하고 거기에서 오는 진짜 이익은 맹주국에게 빼앗기고 만다. 발전이 없이 그저 현대화되기만 하는 사회는-일부 최소한의 결정권을 위임받는다 할지라도-계속해서 외부 국가에 의존하게 될 것이다. 이것은 의존적인 사회가 그 의존 상태에 주저앉아 있는 한, 겪을 수밖에 없는 운명이다.

한 사회가 발전하고 있는지 그 여부를 판가름하려면 '개인당' 수입 지수들(이것은 통계 형식을 빌어 표현되는, 판단이 잘 못된 것이다.) 위에 근거를 둔 기준들이나 총수입 연구에다 초점을 맞춘 기준들은 넘어설 수 있어야 한다. 기초적이고 근본적인 기준은 바로 그 사회가 대자존재가 아니라면 다른 기준들은 현대화를 지적하는 것들이지 발전을 지적하는 것이 아니다.

이원적인 사회들이 지니고 있는 원칙적인 모순은 바로 그들과 맹주사회 사이의 의존 관계다. 그러나 일단 이 모순이 해소가 되고 나면, 여태까지는 '원조'를 통해서 이루어지고 그러면서도 일차적으로는 그 맹주사회에 이익을 주어 왔던 변형이, '대자존재'에 혜택을 주는, 진정한 발전으로 탈바꿈한다.

이상의 이유들 때문에, 이들 사회에서 시도된 순수한 혁신주의자의 해결책들이 (그들 가운데서 어떤 개혁은 엘리트 집단

• 제4장 대화와 反대화

들의 구성원들 가운데 좀 더 보수적인 사람들 일부를 놀라 당혹하게 만들었다 하더라도) 그들 사회의 외적, 내적 모순들을 해결하지는 못하고 있는 것이다. 종주사회는 거의 언제나 역사과정에서 일어나는 요구들에 부응해서 마련한 이들 혁신주의자의 해결 방안들을 유도해서 제 주도권을 보존하는 새로운 방법으로 삼는다. 이 종주사회를 대상으로 선택하는 수단들이란 기껏해야 정복, 조종, 경제적 문화적 (그리고 때로는 군사적인) 침해 뿐이다. 이 침해 속에서 지배받는 사회의 엘리트 지도자들은 대개가 기껏해야 종주사회 지도자들의 중개인 노릇이나 한다.

　反대화적 행동이론에 대한 시험적인 분석을 마무리 짓는 마당에서 다시 한번 강조하고 싶은 것은 혁명 지도자들은 지배자들이 사용했던 것과 동일한 反대화적 절차를 이용하지 말아 달라는 것이다. 오히려 그와는 반대로 혁명 지도자들은 대화와 의사교류로서 길을 충실하게 따라야 할 것이다.

　대화적 행동이론을 분석하기에 앞서서, 혁명의 지도집단이 어떻게 하여 형성되는가를 간단하게 고찰하고, 혁명과정을 위한 역사적 사회적 결과들 가운데 몇 가지를 거론해 볼 필요가 있다. 일반적으로 지도집단은, 어떤 형태로든지 지배자들의 사회적 계층에 소속된 자들에 의해서 형성되기 마련이다. 그들은 자기의 실존적 체험의 어느 순간에, 어떤 역사적인 상황들 하에서 그들이 소속되어 있는 계급을 거부하고

● 페다고지

억눌린자들에게 합세해서 진정한 행동의 일치 속으로 뛰어든 (혹은 그렇게 하고 싶어하는) 자들이다. 이러한 결과가 사실을 과학적으로 분석한 데서 비롯되었는지 여부와는 상관없이 (그것은 진정에서 우러나온 경우일 때) 사랑과 투신의 행동이 된다.* 억눌린자들과 합세한다는 것은 그들한테로 가서 그들과 더불어 통교를 갖는다는 것이다. 따라서 민중은 출현하는 지도자들 속에서 자기네 자신을 발견해야 하고, 지도자들은 민중들 속에서 제 모습을 찾아야 한다.

이미 출현한 지도자들은, 억눌린자들이 아직까지도 자신들의 억압 상태를 분명하게 파악하지 못하거나 지배자들과의 대립 관계를 비판적으로 인식하지 못하고 있을지도 모르지만,** 그들이 전달해 주는 지배 엘리트들의 모순을 통찰할 필요가 있다. 억눌린자들은 앞서 지적한 대로 지배자에게 '유착'된 입장에서 머물러 있을 수도 있고, 한편으로는 그들이 이미 도달한 구체적인 역사상황들로 인해서 자신들의 억압 상태를 비교적 명확하게 인식하고 있을 수도 있다.

전자의 경우에는, 민중이 지배자에게 붙어 있는 그 유착 — 혹은 부분적인 유착 — 으로 말미암아서 지배자를 (파농 *Fanon*

---

*이 주제에 관한 체 게바라의 사상은 앞 장에 인용되어 있다. 헤르만 구스만 *German Guzman*은 까밀로 또레스 *Camilo Torres*에 관해서 이렇게 말하고 있다. "……그는 모든 것을 주었다. 그는 줄곧—사제로서, 그리스도인으로서, 혁명가로서—민중에의 생생한 투신 자세를 견지하였다" 구즈만의 『까밀로, 게릴라 신부 *Camilo: El Cura Guerrillero*』(보고따, 1967), 5쪽.

** '계급 필요성'과 '계급의식'은 서로 다르다.

230

• 제4장 대화와 反대화

의 요점을 반복하는 것이지만) 그들 '외부에다' 내놓고 바라볼 수가 없다. 그러나 후자의 경우가 되면 지배자의 위치를 규명할 수가 있고, 자신들과 그 지배자 사이의 대립관계를 비판적으로 인식할 수가 있게 된다.

첫번째 경우에는, 지배자가 민중들 속에다 '집을 짓고' 있기 때문에, 거기에서 생기는 불분명함으로 인해서 민중들은 자유를 두려워하게 된다. 그들은 (지배자의 선동을 받아서) 주술적인 설명들이나 하느님에 대한 그릇된 견해에 의존하여, 자신들의 억압받는 상태의 책임을 하느님에게 전가시켜 버린다.* 이처럼 불신적이고, 짓밟히고, 절망적인 민중들이-하느님의 뜻에 대한 무엄한 거역이요 운명에 부당하게 대항하는 것으로 생각하고 있는 하나의 반란행위인-자기네 자신들의 해방을 추구한다는 것은 도무지 있을 것 같지 않는 일이다. (따라서 지배자들이 민중에게 제공하는 신화들을 반복해서 '문제들'로 부각시킬 필요가 있다.) 두번째 경우에서 민중은, 지배자를 그들 외부로 떼어놓도록 이끌어 주는 억압의 분명한 모습에 접하게 되어, 자신들이 사로잡혀 있는 모습을 해결하려고 투쟁을 택하게 된다. 바로 그 순간에 그들은 '계급 필

---

*높은 지성과 윤리적 품위를 갖춘 칠레인 사제 한 사람이 1966년에 레시페 Recife를 방문한 후에 나에게 이런 말을 했다. "뻬르남부깐 Pernambucan 출신 동료와 내가 찢어지게 가난한 판자촌에 살고 있는 여러 집을 방문했을 때, 그들에게 어떻게 그런 삶을 견디며 살 수 있느냐고 물었더니 한결같이들 '어쩔 도리가 없어요 이것이 하느님의 뜻이니 받아들일 수밖에요' 라고 대답하더군요"

• 페다고지

요성'과 '계급의식' 사이의 거리를 극복하는 것이다.

첫번째 경우에서, 혁명 지도자들은 불행한 일이지만 본의 아니게 민중들과 모순 관계가 된다. 두번째 경우에서는, 출현하는 지도자들은 민중들로부터 호의적이고 거의 동시적인 지지를 받는데, 이 지지는 혁명의 행동과정을 통해서 계속 확대되어 간다. 지도자들은 자발적인 대화수단으로 민중에게 다가간다. 민중과 혁명 지도자들 간에 감정이입은 거의 순간적으로 이루어진다. 그리고 서로간의 투신 또한 거의 일순간에 타결을 보게 된다. 그들은 친교 속에서 자기들 스스로를 지배엘리트의 동일한 모순들로 생각한다. 이때부터 민중들과 지도자들 간에 이루어진 대화는 거의 흔들리지 않는다. 그리고 이 대화는 권력에 도달할 때까지 계속될 것이며, 민중들은 '그들이' 힘을 갖게 되었다는 사실을 알게 될 것이다.

이러한 제휴로 말미암아서 혁명 지도자들에게 있어야 할 대담함이나 투쟁정신, 용기 및 사랑하는 능력들이 어떤 형태로나 감소되는 일은 없다. 탁월한 대화적 지도단체였던 피델 카스트로와 그의 동료들(당시에는 이들을 '무책임한 모험가들'이라고 했다.) 은 바띠스따 독재의 잔혹한 폭정을 참고 견디는 민중들과 혼연일체가 되었다. 그러나 이렇게 민중들과 밀착된다는 것이 결코 쉬운 일은 아니었다. 지도자들은 스스로를 기꺼이 희생시켜 가면서 민중을 사랑하는 용기가 필요했다. 그들은 재난을 당할 때마다 (민중들과 더불어 이룩한 진전이기

• 제4장 대화와 反대화

때문에) 결코 지도자 것만이 아니고 지도자들과 민중들의 것 -혹은 지도자들을 포함한 민중의 것-인, 미래의 승리에 대한 불굴의 희망 속에서 다시 일어나는 용감한 모습을 보여 주어야 했다.

피델은, 역사적 체험을 통해서 이미 지배자에 대한 민중의 유착력을 분쇄하기 시작했다. 쿠바 민중들의 유착상태를 전진적으로 분극(分極)시켜 나갔다. 이렇게 민중들을 지배자로부터 '끌어냄'으로써 그들로 하여금 지배자를 객관화하고 그들 자신이 그 지배자와 모순됨을 알게 해주었다. 그렇게 함으로써 피델은 결코 민중들과 모순된 입장을 취하지 않았던 것이다. (게바라가 그의 저서『혁명 전쟁 이야기 *Relato de la Guerra Revolucionaria*』에다 기록했던 간헐적인 탈주와 배신행위들은-그가 여기서 유착한 많은 사람들의 탓이기도 하다-이미 예상했던 것들이었다.)

그러므로 혁명 지도자들이 민중을 대상으로 벌이는 운동은, 역사적인 상황에 따라서 수평적 즉, 지도자들과 민중이 한 덩어리가 되어 지배자와 대치하는 상태가 되거나 아니면 삼각관계를 이루어서 삼각형의 정점에 위치하는 혁명 지도자들이 지배자들과 대치하는 동시에 억눌린자들과도 대치상태가 된다. 위에서 살펴본 대로 이 삼각관계 상황은 민중들이 아직까지 억압 현실에 대한 비판적인 인식을 지니지 못하고 있을 때 지도자들이 무리하게 택하는 상황이다.

● 페다고지

　그렇다고 하더라도 혁명 지도자 그룹은 자신이 민중들과 대립하고 있다는 사실을 거의 인식하지 못한다. 실제로 그런 인식을 갖는다는 것은 괴로운 일이며, 저항운동이 하나의 방패노릇을 해준다. 결국 억눌린자들과 접착된 가운데서 출현한 지도자들로서는 그들 자신이 접착하고 있는 억눌린자들과 그들이 대립된 존재들임을 인식하기가 쉽지 않다. 그러므로 본의 아니게 민중들의 모순(적수는 아닐지라도)이 되고 있는 혁명 지도자들의 확실한 행동양식들을 분석해 냄으로써 이같은 기피감을 파악하는 일은 대단히 중요하다.

　혁명 지도자들이 혁명을 수행하려면 민중들의 지지가 필요하다는 것은 두말할 필요가 없다. 민중들과 등을 대고 있는 지도자들이 막상 이 지지를 구하다가 민중들이 냉담하거나 무관심을 표하면 그같은 현상은, 전수되어 온 민중들의 결함을 보여주는 반응이라고 단정하기 일쑤다. 민중의식이 어떤 역사적 순간에 반응한 것을 그들의 고유한 결함의 증거로 해석하는 것이다. (의심 많은 민중들을 불신하고는 있지만) 혁명을 수행하기 위해서는 민중들의 지지가 필요하기 때문에 지도자들은 지배 엘리트들이 억압할 때 이용하던 것과 똑같은 절차를 밟아 간다. 그리고 민중들에 대한 신뢰 부족을, 권력을 잡기 전에는 민중들과 대화하는 일은 불가능하다는 말로 합리화하면서 反대화적 행동이론을 선택한다. 그리하여 그들은―지배 엘리트와 마찬가지로―민중들을 정복하려고 노력

• 제4장 대화와 反대화

한다. 그들은 메시아적으로 되어 가고, 조종하며, 문화 침해를 자행한다. 그러나 그들이 억압의 길인 이런 것들을 따라나가는 한 결코 혁명을 이루지 못하며, 설령 이룬다고 하더라도 그것은 진정한 혁명이 못 될 것이다.

(어떤 상황 속에서나, 특히 위에서 언급한 상황 속에서) 혁명 지도력이 맡은 역할이라는 것은 민중들이 어째서 불신하는 자세를 보이게 되는가를 진지하게 검토하고 그들과 친교를 맺을 수 있는 참된 길을 모색하고, 민중들로 하여금 그들을 억압하는 현실을 비판적으로 인식할 수 있도록 도와주는 방법을 찾는 것이다.

지배당한 의식은 이원적이고 불투명하며, 두려움과 불신으로 가득 차 있다.* 게바라는 볼리비아에서의 투쟁을 담은 일기에서 농부들의 낮은 참여도를 여러 차례 언급하고 있다.

> 약간 귀찮기는 하지만, 농부들에게 소식을 알리는 일 이외에 그들을 동원하는 일은 없다. 그러나 그 작업도 아주 재빠르게 이루어지지도 않고 그렇다고 해서 효과가 큰 것도 아니다. 그저 흐지부지될 수도 있다.…… 농민들의 결사는 완전히 부재하다시피 하지만, 그래도 우리들을 점차 무서워하지 않게 되었으며 우리는 그들로부터 칭찬을 얻어내는 데 성공하

---

*이 점에 대해서는 에릭 프롬의 「마르크스주의 이론에 대한 인문주의적 정신분석의 적용」,『사회주의적 휴머니즘』(뉴욕, 1966)과 류벤 오스번 Reuben Osborn의 『마르크시즘과 정신분석』(런던, 1965년)을 보라.

• 페다고지

고 있다. 이 일은 더디고 인내가 필요한 과제인 것이다.*

농부들이 그들의 지배당한 의식으로 말미암아 지배자를 내면화한다는 사실만으로도 그들의 두려움과 무능이 설명된다.
지배자에게 문화 침해를 감행할 수 있게 해주는 억눌린자들의 태도와 반응에서, 혁명가는 새 행동이론을 끌어내지 않으면 안된다. 혁명 지도자들은 지배 엘리트들과 목적도 다르지만 그 목적으로 가는 절차들도 상이하다. 만일 그들이 지배 엘리트들과 똑같은 방식으로 행동한다면 도달하는 지점도 동일한 것이 되고 말 것이다. 지배 엘리트들이 인간 세계의 관계를 민중들에게 문제들로 제시하는 것은 자가당착이 된다. 그것은 혁명 지도자가 그렇게 하지 않을 때 자기 모순이 되는 것과 마찬가지다.

그렇다면 이제부터는 대화적인 문화행동의 이론을 분석하고 그 구성요소들을 파악해 보기로 하자.

● 협력

反대화적 행동이론에서 (첫번째 특징인) 정복에는 다른 사람을 정복하고 그를 '물건'으로 변형시키는 주체가 있다. 그

---

*체 게바라, 『어느 혁명가의 비밀 문서 : 체 게바라의 일기』(램파츠 출판사, 1968), 105~106, 120쪽.

• 제4장 대화와 反대화

러나 대화적인 행동이론에서는 주체들이 세계를 변혁시키기 위해서 서로 만나 협력한다. 反대화적이며 지배하는 '나'는 지배당하고 정복당하고 있는 '너'를 단순한 '그것'으로 변형시킨다.* 그러나 대화적인 '나'는 자신의 존재를 성립시켜 주는 것이 '너'라는 사실을 분명하게 안다. 그는 또한 그의 존재를 성립시켜 주는 '너'가 곧바로 그의 '나' 속에 그것의 '너'를 가지는 하나의 '나'를 성립시킨다는 사실을 알고 있다. 그리하여 '나'와 '너'는, 이같은 관계들의 변증법 속에서 두 '나'들인 두 '너'들이 되는 것이다.

대화적인 행동이론 속에는, 정복으로 지배하는 주체와 그 지배를 받는 대상이 존재하지 않는다. 다만 세계를 변혁시키기 위하여 서로 만나서 세계에 '이름붙이는' 주체들이 있을 뿐이다. 억눌린자들이 역사의 어떤 순간에, 위에서 지적한 이유들 때문에 주체들로서의 자기네 사명을 수행하지 못한다면, 그들이 당하는 억압을 하나의 문제(언제나 얼마간의 행동형태를 수반하기 마련이다)로서 제시해 주면, 그들이 그 사명을 수행하는 데 도움이 될 것이다.

이상에서 한 이야기는 혁명지도력이 대화의 과제 속에서 맡을 역할이 없다는 말이 아니다. 다만 지도자들이 — 비록 중대하고 근본적이며 필요불가결한 역할을 맡고 있다 하더라

---

*마르틴 부버 *Marin Buber*, 『나와 너』(뉴욕, 1958)를 보라.

● 페다고지

도-민중들을 소유하고 있는 것이 아니며 민중들을 무턱대고 그들의 구원쪽으로 몰아붙이는 권한이 없다는 것을 의미할 뿐이다. 그러한 구원은 지도자들이 민중들에게 내려 주는 선물에 불과하며, 양자들 사이의 대화적인 유대관계를 깨뜨리고, 민중을 해방의 공동작업자의 지위에서 해방의 대상들로 전락시키는 결과를 가져올 뿐이다.

대화적인 행동의 한 특징인 협력은-이는 오로지 주체들(각기 다른 수준의 기능들 및 책임들을 지니고 있을 주체들) 사이에서만 성립된다-통교(通交)를 통해서만 이루어진다. 대화는 본질적인 통교로서, 모든 협력의 기초가 되어야 한다. 대화적인 행동이론에 있어서는 혁명의 대의를 위한다는 명목으로 민중들을 정복하는 일이 허용될 수 없으며, 오직 그들의 지지를 얻는 길이 있을 뿐이다. 대화는 강요하지 않고 조종하지 않고 길들이지 않고 '슬로건화'하지 않는다. 그렇다고 해서 대화적인 행동이론이 제시해 주는 방향이 전혀 없다는 말은 아니다. 뿐만 아니라 대화적인 인간이 자신이 바라고 있는 바에 대해 분명한 사상을 가지고 있지 못하다거나 그가 투신하고 있는 목적들에 대해 분명히 알지 못하고 있다는 말도 아니다.

혁명 지도자들이 억눌린자들에게 투신한다는 것은 곧 자유에 투신하는 것이다.

그러한 투신을 한 이상, 혁명 지도자는 억눌린자들을 정복

• 제4장 대화와 反대화

하려고 할 수는 없고 다만 해방을 향한 그들의 지지를 획득하도록 해야 한다. 정복당한 지지는 지지가 아니다. 그것은 정복당한 자들이 그들에게 선택을 명령하는 정복자에게 달라붙는 '점착(粘着)'이다. 진정한 지지는 자유로운 선택들의 일치인 것이다. 이 일치는 인간들이 현실을 매개체로 서로 통교하지 않으면 이루어지지 않는다.

이래서 협력은 대화적인 주체들로 하여금 그들에게 매개체가 되고 또한-하나의 문제로서 제기되어-그들에게 도전하는 현실에 주의를 집중하도록 유도해 준다. 이 도전에 대한 반응이 곧, 현실을 변혁하려는 대화적인 지도자들이 그 현실에 대해서 취하는 행동이다. 다시 한번 강조하거니와 현실을 하나의 문제로 제시하는 것이 슬로건화를 의미하지 않는다. 그것은 문제성이 있는 현실을 비판적으로 분석하는 것을 의미하는 것이다.

지배 엘리트들이 신화화를 꾀하는 것과는 반대로, 대화적 이론은 세계의 베일을 벗겨야 한다. 그러나 아무도 다른 사람을 '위해서' 세계의 베일을 벗겨 줄 수는 없다. 한 사람의 주체가 다른 사람들을 대신해서 베일 벗기는 일을 시작할 수는 있지만, 그들도 또한 이 일에 반드시 주체들이 되어야 한다. 민중들의 지지는, 진정한 실천 *praxis*를 통하여, 이렇게 세계와 그들 자신들의 베일을 벗겨 냄으로써 형성될 수가 있는 것이다.

● 페다고지

　이러한 지지는 곧 민중들이 자기 자신을 신뢰하고 또한 혁명 지도자들을 신뢰한다는 것과 통한다. 물론 그들이 지도자들을 신뢰하는 것은 그들의 헌신과 진실함을 인식했을 때이다. 민중들이 지도자를 믿는다는 것은 곧 지도자들이 민중들을 신뢰한다는 사실을 반영해 주는 것이다.
　그러나 지도자들이 갖는 민중들에 대한 신뢰가 결코 그저 그런 것이어서는 안된다. 지도자들은 민중들의 역량을 굳게 믿어야 하며, 그들을 자기네 행동의 단순한 목적물들로 취급할 수 없음을 알아야 한다. 민중들이 해방을 추구하는 일에 참여할 능력이 있음을 믿어야 한다. 그러나 지도자들은 억압받는 사람들이 보이는 '모호함'을 언제든지 불신해야 하고, 그들 속에 '집을 짓고' 있는 지배자를 신용해서는 안 된다. 게바라가 혁명가는 항상 의심해야 한다*고 강조했던 것은, 그가 대화적인 행동이론이 갖는 근본 조건을 무시해서 한 말이 아니다. 그는 다만 현실주의자의 입장에서 그 말을 했을 따름이다.
　신뢰가 대화의 기초이긴 하지만, 그렇다고 해서 선험적인 조건은 못된다. 그것은 인간들이 세계변혁의 일부로서 세계

---

*게바라는, 구아테말라에서 게릴라 활동에 참가하기 위해 쿠바를 떠나는 구아테말라인 청년 엘 빠따호 *El Patajo*에게, "의심하라, 처음 시작부터 너의 그림자를 믿지 말고, 친절한 농부, 정보제공자, 안내자, 교섭자들을 결코 믿지 말라. 네가 맡은 지역이 완전히 해방될 때까지는 그 어떤 것도 그 누구도 믿지 말라"고 말했다. 체 게바라, 『혁명전쟁의 일화들』(뉴욕, 1968년), p. 102에서.

• 제4장 대화와 反대화

를 고발하는 일에 공동주체들이 되는 만남에서 생긴다. 억눌린자들은 그들 '내부에' 자리하고 있는 지배자가 그들 자신보다도 더 강하면 자유에 대한 본능적인 공포로 말미암아서 오히려 혁명 지도자들에게 공격을 퍼부을 수도 있다. 그러므로 혁명 지도자들은 남을 쉽사리 믿을 수는 없으며, 이같은 가능성들을 충분히 경계하지 않으면 안된다. 게바라의 『혁명전쟁의 일화들』에 언급된 운동에 대한 배신이나 탈주 등을 통해서 이같은 위험을 확인할 수가 있다. 게바라는 이 글에서 때때로 단체의 단결력과 규율을 보존하기 위해서 탈주자를 처벌하는 필요성도 인정하고 있지만, 동시에 탈주를 설명해 주는 확실한 요인들도 인정하고 있다. 그 요인들 가운데, 아마 가장 중요한 요인으로 보이는 하나가 바로 탈주자의 '모호함'이다.

게바라는 이 글에서 그가 (한 사람의 게릴라이자 의사로서) 시에라 마에스트라에서 농민 공동체에 가담한 일을 이야기하는 가운데, 협력에 관해서 논의하는, 우리와 관계되는 매우 놀라운 말을 들려주고 있다.

    이 민중들과 날마다 접촉하면서 그들의 문제들과 마주치다 보니 이 민중들의 생활을 완전히 개혁해야 한다는 필요성을 '굳게 확신하게' 되었다. 농지 개혁에 대한 개념이 아주 뚜렷해졌다. '민중들과의 친교'는 단순한 이론을 넘어서 이제는 없어서는 안될 우리 자신의 일부가 되었다. 게릴라들과

● 페다고지

> 농부들은 '단단한 한 덩어리'로 뭉쳐지기 시작했다. 이 길고 긴 과정 속에서 정확하게 언제 생각이 현실이 되고 우리들은 '농부들의 한 부분이 되어 버렸는지' 말할 수 있는 사람은 아무도 없다. 나의 경우로 말하자면, 시에라에서 환자들과 접촉을 하다 보니 '무의식적이고 무엇인가 서정적이던 결심'이 '보다 진지한 힘, 완전히 다른 하나의 가치'로 변모된 것이다. 시에라에 살고 있는 가난하고, 고통당하고, 충실하기만 한 이 주민들은 '우리의 혁명 이데올로기를 짜내는 데 그들이 얼마나 크게 공헌해 주었는지' 상상도 못할 것이다.*

게바라가 "무의식적이고 무엇인가 서정적이던 결심이 보다 진지한 힘, 완전히 다른 하나의 가치"로 변형되는 데 결정적인 힘이 된 것은 바로 민중들과의 '친교'였다고 역설한 점을 주목할 필요가 있다. 게바라의 혁명적 실천 *praxis*이 바로 농부들과의 대화 속에서 결정된 것이다. 그가 필경 겸손 때문에 말을 하지 않고 있지만 그가 민중들과 친교를 맺을 수 있었던 것은 그 자신의 겸손과 사랑할 수 있는 능력 덕택이었다. 그리고 바로 이 의심할 여지가 없는 대화적인 친교가 협력이 되었다. (피델과 그의 동료들을 따라서 시에라 마에스트라를 기어올라 온 것이지, 모험을 찾아 나선 욕구불만에 찬 젊은이가 아니었던) 게바라가 "민중과의 친교를 단순한 이론을 넘어서 (그 자신의) 없어서는 안될 일부분으로" 인정하고 있음을

---
*앞의 책, 56~57쪽.

• 제4장 대화와 反대화

　주목할 필요가 있다. 그는 이 친교가 이루어진 순간부터 농부들이 그의 게릴라들의 '혁명 이데올로기'를 짜내는 '대장장이들'이 되었다는 사실을 강조하고 있다.

　그와 그의 동료들의 체험, 그가 가진 '가난하고 충실한' 농부들과의 접촉을 거의 복음적인 어조로 전해 주고 있는 게바라의 분명한 말씨는 곧 이 탁월한 인간이 지니고 있는 사랑과 통교에 대한 심오한 능력을 보여준다. 그때 이후로 그의 뜨거운 증거의 힘이 다른 사랑하는 인간, '게릴라 사제'인 까밀로 또레스의 사업으로 출현하고 있는 것이다.

　참된 협력을 낳게 하는 친교가 없었던들 쿠바 민중들은 시에라 마에스트라 사람들의 혁명 활동의 목적물밖에는 되지 못했을 것이며, 목적물들로서 민중들의 지지 또한 존재하지 못했을 것이다. 기껏해야 '유착'이 고작이었을 것이나, 그것은 지배의 성분이지 혁명의 성분은 아니다.

　대화적 이론으로는, 어느 단계를 막론하고 혁명적인 행동이 민중들과의 '친교' 없이 이루어지지 않는다. '친교'에서 '협력'이 유도되고, 게바라가 기술한 대로 이 '협력'에서 지도자들과 민중들의 '융합'이 이루어진다. 그러나 이러한 융합은, 혁명적인 행동이 해방을 위해 진실로 '인간적이고', 감정이입적이고, 사랑하고, 통교적이고, 겸손한 행동이 되어야 비로소 이루어질 수가 있다.

　혁명은 생명을 사랑하고 창조하며, 생명 창조를 위해서 일

● 페다고지

부 사람들이 생을 한정시키는 짓을 막을 책임을 진다. 자연적인 삶과 죽음의 순환 외에도, 자연법칙에 위배되는 '살아 있는 죽음'이라는 것이 있다. 충만한 생을 거부당하고 있는 삶이 그것이다.*

여기에서 얼마나 많은 브라질 사람들이 (그리고 보편적으로 라틴 아메리카인들이) 끊일 줄 모르는 '보이지 않는 전쟁'** 속에서 '살아 있는 시체들'이요, 인간들의 '그림자들'이며, 절망에 빠진 남자, 여자, 아이들인가 그리고 전쟁 속에서 그들의 남은 생명이 결핵과 주혈흡충병과 유아 설사병…… 무수한 가난의 질병들(그들 중에 대부분이, 지배자들의 용어로는, 이른바 열대병들이다) 로 말미암아 얼마나 좀먹혀 들어가고 있는가에 대해서는 제시할 필요도 없을 것이다.

세뉘 *Chenu* 신부는 위와 같은 극단적인 상황들로 말미암아 일어날 수 있는 반응들에 관해서 이런 의견을 제시하고 있다.

---

*현대 사상에서 '신의 죽음'에 이어지는, 자신의 죽음에 항거하는 인간의 방어에 관해서는 미켈 뒤프렌 *Mikel Dufrenne*의 『인간을 위하여』(파리, 1968)를 보라.

** "많은 이들(농부들)이 굶어 죽지 않기 위해서 자신이나 자기 가족을 돈 받고 종살이로 넘기고 있다. 벨로리종티 *Belo Horizonte*의 한 일간지가 알아낸 바로는 5만 명에 달하는 숫자가 희생되었으며 (판매액 1,500,000 달러로) 어떤 기자는 그 사실을 증명하기 위해서 한 남자와 그의 아내를 30달러에 사들였다. 그 노예는 이렇게 말했다. '저는 수많은 사람들이 굶어 죽는 것을 보아 왔지요, 그래서 팔리는 것을 두려워하지 않게 된 거지요'라고. 1959년에 사웅 파울로에서 노예 상인 하나가 체포되었을 때 그는 자기 상품거래를 위해 사웅 파울로 목장들, 커피 농장들, 건설업체들과 접촉해 왔음을 시인하였다. 그 중 십대 소녀들만은 사창가에 팔기 위해 제외시켰다." 존 제라씨, 『대공포』 (뉴욕, 1963).

• 제4장 대화와 反대화

　　종교회의에 참석하고 있는 사제들과 지식 있는 평신도들 가운데 많은 사람들이, 세계의 빈곤과 고통들에 직면하고 있는 우리가 빈곤과 부정의 원인들을 분석하거나 그 빈곤을 유발시키고 그 부정을 감싸주고 있는 정체를 고발하지 않고서, 단순히 어떤 감정상의 항의만으로 이 빈곤과 부정의 표현들과 조짐들을 무마시키려고 할지도 모른다고 몹시 우려하고 있다.*

● 해방을 위한 일치

　　反대화적 행동이론에서 지배자들이 그들의 억압 상태를 보다 쉽게 보존해 나가기 위해서 어쩔 수 없이 억눌린자들의 분할을 꾀해야 하는 반면에, 대화적 행동이론 속에서의 지도자들은 해방을 성취하기 위하여 억눌린자들의 일치를-그리고 억눌린자들과 지도자들의 일치를-위해 스스로를 바쳐가면서 부단히 노력하지 않으면 안된다.

　　문제는 이러한 대화적 행동 범주는 (다른 범주들과 마찬가지로) 실천 *praxis*을 떠나서는 이룩되지 못한다는 데 어려움이

---

*세뉘 M.D. *Chenu*, 「기독교인의 증언 *Temoignage Chretiem*」, 1964년 4월, 앙드레 모인 Andre *Moine*의 『화해 이후의 기독교인들과 마르크스 주의자들 *Christianos y Marxistas después del Concilio*』 (부에노스 아이레스, 1965), 16쪽에서 인용.

● 페다고지

있다. 지배 엘리트들이 지배를 목표로 수행하는 실천 *praxis* 은 쉬운 (적어도 어렵지는 않은) 것이다. 그러나 혁명 지도자들이 해방을 위해 수행하는 실천은 결코 쉽지가 않다. 지배 엘리트 집단은 권력의 도구들을 활용할 수가 있다. 그러나 이 권력이 혁명 지도자 집단에게는 반대로 작용을 하게 된다. 지배 엘리트는 자유로이 조직을 가질 수가 있고 비록 우연히 순간적으로 분열할 수는 있지만, 일단 그들의 기본 이익이 위협을 받으면 재빨리 단결한다. 혁명 지도자는 민중들과 함께 있지 않으면 존재하지 못하며, 바로 이러한 상황이 이 집단의 조직을 위한 노력에 첫번째 장애물이 되는 것이다.

지배 엘리트들이 혁명 지도자들의 조직화를 허용할 리가 없다. 힘을 강화하고 조직화하는 지배 엘리트들의 단결은 바로 민중들의 분열을 필요로 하고 있는 것이다. 거기에 비해서 혁명 지도자들의 일치는 그 지도자들 속에서 그리고 그 지도자들과 더불어서 민중들이 단결할 때 비로소 가능해진다. 엘리트의 단결은 민중들과의 '대립'에서 유래되지만, 혁명 지도집단의 단결은 일치된 민중들과의 친교 속에서 돋아나는 것이다. 구체적인 억압 상황-억눌린자의 '나'를 이원화하며, 그렇게 해서 모호하고, 정서적으로 불안정하고, 자유를 두려워하게 만드는 억압 상황-은 해방에 꼭 필요한 일치를 이루는 행동을 방해함으로써 지배자의 분열 행동을 촉진한다.

• 제4장 대화와 反대화

　뿐만 아니라, 지배 그 자체가 객관적으로 분열적인 것이다. 지배는 억눌린자 '나'를, 전능하고 거역할 수 없는 것처럼 보이는 현실에 '유착'하는 입장에다 붙잡아 놓고서 이 권력을 설명하기 위해서 신비한 힘을 들먹임으로써 그를 소외시킨다. 따라서 억눌린자 '나'의 일부는 그가 '유착되어' 있는 현실 속에 있고, 일부는 그를 떠나서 그로 하여금 아무 것도 할 수 없는 현실을 만들어 낸 장본인으로 그가 생각하는 바로 그 신비한 힘 속에 놓이게 된다. 그는 다를 바 없는 과거와 현재, 그리고 희망 없는 미래로 분할되는 것이다. 그는 자신이 '되어 가는' 존재임을 인지하지 못한다. 그렇기 때문에 다른 사람들과의 일치 속에서 건실한 미래를 가질 수도 없다. 그러나 그가 자신의 유착상태를 깨뜨리고, 그가 출현을 시작하는 시발점인 현실을 객관화할 때 그는 하나의 대상(현실)과 마주 대하는 한 사람의 주체(하나의 '나')로서 자신을 통합하기 시작한다. 바로 이 순간에 그는 분열된 자아의 잘못된 결합관계를 청산함으로써, 한 사람의 참된 개인이 되는 것이다.

　억눌린자들을 분열시키기 위해서는 억압의 이데올로기가 반드시 필요하다. 반대로 억눌린자들의 일치를 도모하는 데에는, 그것을 통해서 그들이 현실에 유착하는 '이유'와 '방법'을 알게 되는 하나의 문화적 행동 형태가 필요하다. 즉, 탈이데올로기화가 필요한 것이다. 그러므로 억눌린자들을 단

● 페다고지

결시키는 노력은 단순히 이데올로기의 '슬로건화'를 초래하는 것이 아니다. 이 이데올로기의 '슬로건화'는 주체와 객체인 현실과의 참된 관계를 왜곡시킴으로써, 총체적이고 불가분한 인격을 '인식적인' 면과 '감정적인' 면과 '활동적인' 면으로 갈라놓는다.

대화적인 해방주의자의 행동목표는 억눌린자들을 신화화된 현실에서 '끌어내서' 또 다른 현실에다 '잡아매는' 것이 아니다. 그들이 자기네의 유착상태를 인식함으로써 부정한 현실을 변혁시키는 일을 택할 수 있도록 만들어 주는 것이 곧 대화적 행동의 목표인 것이다.

억눌린자들의 일치는, 그들의 정확한 신분과는 상관없이 그들 사이의 결속을 수반하기 때문에, 이 일치는 분명히 계급의식을 필요로 한다. 그러나 현실에의 침몰이 라틴 아메리카 농민들의 특성이 되고 있다는 점을 감안할 때, 그들 개개인이 억압받고 있다는 사실의 의식이 그들이 억압받는 계급에 속해 있다는 의식보다 선행되지 않으면 (혹은 최소한 그것과 병행되지 않으면) 안 된다.*

한 유럽 농민에게 문제제기로써 '당신은 인간이다'라고 한

---

*인간이 억눌린자로서의 자신의 신분에 대해 비판적인 의식을 갖기 위해서는, 자신의 현실을 억압적 현실로서 비판적으로 인식할 필요가 있다. 바로 이와 같은 이유 때문에 루카치가 말하는 '사회 본질의 이해'에 접근하도록 요구한다. 즉, "모든 기존 질서에 있어서의 권력의 요인, 왜 이것은 의심할 여지가 없이 단순하고 순수하게 결정적인 무기가 될 수 있겠는가?"에 도달할 필요가 있게 한다. 루카치, 『역사와 계급의식』(파리, 1960), 93쪽.

• 제4장 대화와 反대화

다면 그는 어리둥절할 것이다. 그러나 항상 라티푼디움 경계선으로 세계가 한정되어 있고, 몸짓들도 어느 정도는 동식물들의 그것과 닮아 있는 데다가 흔히 자신들은 동물이나 너무나 다를 바 없다고 생각하는 라틴 아메리카의 농민들의 경우는 그렇지가 못하다.

이런 식으로 자연과 지배자에게 매여 있는 인간들은 그들이 '존재'를 방해받고 있는 인격체임을 스스로 깨달을 수 있어야 한다. 자신을 발견한다는 것은 뻬드로로서, 안또니오로서, 혹은 호세파로서 자기 자신을 찾아낸다는 뜻이다. 자기를 찾고 나면 다른 명칭들의 의미들도 파악할 수가 있다. '세계', '인간', '문화', '나무', '일', '동물' 같은 말들의 참뜻을 새롭게 받아들이게 된다. 이렇게 되면 이제 농민들은 자신들이 창조적인 작업을 통해서 (이전에는 하나의 불가사의한 실체였던) 현실을 변혁시키는 개혁가들임을 알게 된다. 그들은—인간들로서—더 이상 다른 사람들에게 소유당하는 '물건들'이 될 수 없음을 알게 되고, 스스로를 억압받는 개인의 식으로부터 억압받는 계급의식으로 전진하게 된다.

이와 같은 기본적인 단면들은 무시한 채 단순히 '슬로건들'에 의존하는 행동주의자 방식들을 바탕으로 농민들을 단결하게 만들려는 태도는, 그들의 행동에 온전히 기계론적인 성격만을 부여해 줌으로써, 개인들을 나란히 세우는 작용을 할 수 있을 뿐이다.

● 페다고지

　억눌린자들의 일치는 인간적인 수준에서 이루어지는 것이지 물건들의 수준에서 이루어지는 것이 아니다. 그것은 하부구조와 상부구조 사이의 변증법 안에서 진실로 이해되는 현실 속에서만 이루어질 수 있는 일치이다.
　억눌린자들이 단결하려면, 그들을 억압 세계와 잇고 있는 주술과 신화의 탯줄을 우선 끊어 버려야 한다. 그들을 서로 연결시켜 주는 단결은 그 성격이 달라야 한다. 이 필수적인 단결이 이루어지기 위해서는, 혁명의 과정이 시작부터서 '문화적 행동'이 되지 않으면 안된다. 억눌린자들의 단결에 이용되는 방법들은 사회구조 속에서 갖는 그들의 역사적 실존적 체험에 따르게 될 것이다.
　농민 억눌린자들은 간단하고 단일한 억압 결정기관과 함께 폐쇄된 현실 속에 살고 있고, 도시의 억눌린자들은 복합적이고 수많은 억압적 명령기관이 존재하는 확산구조 속에서 살고 있다. 농민들은 억압 제도로 실현하고 있는 어떤 지배인물의 통제를 받는데, 도시 지역의 억눌린자들은 '억압하는 비인격체'에 복속되어 있다. 그러나 억압 권력이 어느 정도 '불가시적'이라는 사실은 양자가 동일하다. 농촌에서는 그 힘이 억눌린자들에게 너무나 근접해 있기 때문에, 도시에서는 그 힘이 분산되어 있기 때문에 눈에 잘 보이지 않게 되는 것이다.
　이렇게 서로 다른 상황들 속에서도 문화적인 행동 형태들

• 제4장 대화와 反대화

이 추구하는 목적은 동일하다. 그 목적이란, 가시적이든 불가시적이든 억눌린자들을 지배자들에게 얽어매는 구체적인 상황을 그들에게 밝혀 보여주는 일이다. 단조로운 강연이나 의미 없는 '허튼 짓'을 삼가는 한편 기계론적 행동주의를 피하는 행동형태들만이 지배 엘리트들의 분열 책동에 대항하고 억눌린자들을 단결하게 한다.

● 조 직

反대화적 행동이론에서 조종은 정복과 지배에 꼭 필요한 요소가 되는데, 대화적 행동이론에서 민중들의 조직은 바로 이 조종에 맞서는 상대가 된다. 조직은 일치와 직결되면서도 그 일치에서 비롯되는 하나의 자연스러운 발전이 되기도 한다. 그러므로 지도자들이 일치를 촉구하는 일은 곧 민중들을 조직하는 일과 연결되고, 또한 해방을 위한 투쟁이 공동과제임을 증명해 주는 증거를 필요로 한다. 공동노력―인간들의 해방― 속에서 협력하는 가운데 생성되는 지속적이고 겸허하고 용기 있는 증거는 反대화적 통제라는 위험을 벗어나게 해준다. 증거 형태는 그 사회가 지니고 있는 역사적인 상황들에 따라서 여러가지로 다를 수도 있다. 그러나 증거 그 자체가 혁명적인 행동에 긴요한 필수 요소라는 사실은 변하지 않는다.

● 페다고지

　증거의 '대상'과 '방법'을 결정하려면 현행의 역사적인 배경, 민중들의 세계관, 사회의 근본 모순 및 그 모순의 근본적인 양상에 관한 비판력 있는 지식을 부단히 키워 가야 한다. 이와 같은 증거의 영역들이 역사적이고 대화적이며, 따라서 변증법적인 것들이기 때문에, 증인은 먼저 자신의 영역을 분석하고 나서 이같은 영역들을 다른 배경들로부터 끌어들여 올 수가 있지, 자신의 것은 분석도 하지 않고서 그저 다른 배경으로부터 그러한 영역들을 끌어들일 수는 없는 것이다. 만일 그렇지 않게 되면 반드시 거기에는 소외가 개입하게 된다. 대화적인 행동이론 속에서 증거란 교육적이며 문화적인 혁명 성격을 보여주는 기본적인 표현들 가운데 하나이다.

　역사에 따라서 변화하지 않는 증거의 필수 요건들에는 다음과 같은 것들이 있다. 말과 행동 사이의 '일관성', 증인들로 하여금 항구적인 위험인 실체에 맞서도록 촉구해 주는 '대담성', 증인들과 증언을 받아들인 자들을 점진적인 행동으로 이끌어 주는 (파벌주의가 아닌) '급진화', (부정한 세계에 결코 호응을 보이는 일이 없이, 인간해방을 고조시키기 위해서 세계를 변혁시키는) '사랑하는 용기'들이다.

　민중들에 대한 '믿음' 곧 증거란, 민중들과 지배 엘리트들의 변증법적 관계 때문에 민중에게 제시된 증거가 '으레 상투적으로 이에 대처하는' 지배 엘리트들에게도 영향을 미치기는 하지만, 본래는 민중들을 위해서 마련된 것이다.

• 제 4 장 대화와 反대화

　참된, 즉 '비판력 있는' 증거는 어느 것이나 그 속에, 지도자들이 항상 민중들로부터 즉각적인 지지를 얻어낼 수는 없으리라는 가능성과 함께 온갖 위험에 뛰어들 수 있는 용기가 들어 있기 마련이다. 어느 순간에 그리고 어느 상황하에서 결실을 보지 못한 증거라고 해서 내일도 결실을 거두지 말라는 법은 없다. 증거란 추상적인 의사표시가 아니고 하나의 행동 ― 세계와 맞서고 인간들과 맞서는 대결 ― 이기 때문에, 정지해 있는 것이 아니다. 증거란 그들이 발생하는 사회의 맥락에 영향을 미치기 마련이다.*
　反대화적 행동 속에서 조종은 민중들을 마비시키고 지배 엘리트들의 지배를 촉진시켜 주지만, 대화적인 행동 속에서 조종은 참된 조직 때문에 설자리를 잃는다. 反대화적인 행동 속에서 조종이 정복의 목적을 밀어 주듯이, 대화적인 행동 속에서는 담대하고 애정어린 증거가 조직의 목적들을 뒷받침해 준다.
　지배 엘리트들에게 조직이란 그들 스스로가 조직화되는 것을 의미할 뿐이다. 그러나 혁명 지도자들에게 혁명은 민중들과 '함께' 그들을 조직화하는 것을 뜻한다. 전자의 경우에는 보다 효과적으로 지배하고 비인간화하기 위해서 지배 엘리트

---

*과정으로 간주되는, 즉각적인 결실을 맺지 못하는 진정한 증언 Witness을 결코 완전한 실패라고 판단할 수는 없다. 띠라덴떼스 Tiradentes를 학살한 자들은 그의 육체를 갈기갈기 찢을 수는 있었으나 그의 증언을 말살하지는 못했다.

● 페다고지

가 그 힘을 체계화하는 것이다. 그러나 후자의 경우에는 조직이 스스로 자유를 실천할 때 그 조직의 본질과 목적에 호응하는 것에 불과하다. 따라서 조직체에서는 반드시 규율이 있어야 한다. 그러나 본질과 목적에 호응하게 하는 규율을 통제화와 혼동해서는 안된다. 지도력, 규율, 결정 및 목적들이 없으면―이루어야 할 숙제와 힘을 써야 할 근거가 없으면―조직이란 존립할 수 없으며 그에 따라서 혁명의 행동도 약화된다. 그러나 이것을 구실 삼아서 민중들을 물건처럼 이용할 수는 없다. 민중들은 억압 때문에 이미 비인간화되어 있다. 여기에서 혁명 지도자들이 그들의 의식화를 위해서 일하지 않고서 그들을 조종하게 되면 조직의 목적 (곧 해방) 자체를 부정하는 결과가 되어 버린다. 민중들을 조직하는 일은, 자기들도 말하는 데 방해받고 있는 혁명 지도자들이 세계에 '이름붙이는' 방법에 대한 학습 체험을 전수하는 과정이다.* 이는 진정한 학습 체험이며 따라서 대화적인 것이다. 그러므로 지도자들이 자기네 말을 혼자서는 할 수가 없고 민중들과 '함께' 해야 한다. 지도자들이 행동을 대화적으로 하지 않고 그들의

---

*쿠바대학 의과대학장 오를란도 아기레 오르띠스 *Orlando Aguirre Ortiz* 박사가 언젠가 내게 이런 말을 했다. "혁명에는 세 가지 p, 곧 palabra, povo, pólvora (말, 민중, 화약)가 필요합니다. 화약의 폭발은 민중이 행동을 통해서 자기 해방을 추구하는 가운데 자신의 구체적인 상황에 대한 관념을 일소합니다." 이 혁명가인 의사가 이 책에서 사용해 온 의미 그대로의 말을 강조한 사실은 흥미 있었다. 실천으로서의 행동과 사고를 강조한 점이 그러했다.

• 제4장 대화와 反대화

결정사항들을 강요하려고 고집하면 그것은 민중을 조직하는 것이 아니라 조종하는 것이 된다. 그들은 민중을 해방시키지도 않고, 자신들을 해방하지도 못한다. 그들이 지배를 하게 되는 것이다.

민중을 조직하는 지도자들이 자기네 말을 독단적으로 강요할 권리가 없다는 것은, 자유주의자 입장을 취해서 이미 억압에 습관이 된 민중에게 방종을 부채질한다는 뜻은 아니다. 대화적인 행동이론은, 권위주의와 방종은 반대하지만 권위와 자유는 인정한다. 권위가 없으면 자유도 없고, 자유 없는 권위도 있을 수 없다. 모든 자유는 특수한 환경(및 다른 실존적 평면)에서 권위와 바뀔 수 있는 가능성을 지니고 있다. 자유와 권위는 분리될 수 없으며, 오직 양자의 상호관계 속에서 고찰하지 않으면 안된다.*

진정한 권위는 권력을 양도받는 식으로 해서는 인정받지 못하며, 대표단이나 마음에서 우러나오는 지지를 통해서만 인정받을 수 있다. 한 집단에서 다른 집단으로 옮아가거나 다수에게 강요하는 권위는 권위주의로 타락해 버린 권위이다. 권위는 그것이 '자유에 맞는 권위'일 때 비로소 자유와 충동을 일으키지 않는다. 권위가 이상발달(異狀發達)하면 자유가 위축된다. 권위가 자유 없이 존재하지 못하는 것인 데 반해서 권위주의는 자유를 부정하고 방종은 권위를 부정하

―――――――――――
**이 관계는 만일 객관적인 상황이 압제나 방종의 그것이라면 갈등적인 것이 될 것이다.

● 페다고지

기 마련이다.

 대화적인 행동이론 속에서 조직은 권위를 필요로 하지만, 그렇다고 해서 그것이 권위주의가 될 수는 없는 노릇이다. 조직은 자유를 필요로 하지만, 그렇다고 해서 그것이 방종이 될 수도 없는 노릇이다. 진정한 권위와 자유는 지도자들과 민중들이 그들의 매개체인 현실을 변혁함으로써 사회 속에 구현시키고 싶어하는 것들이다. 그런데 조직은, 지도자들과 민중들이 바로 이 진정한 권위와 자유를 함께 체험하는 차원 높은 교육 과정인 것이다.

● 문화 종합

 문화 행동은, 사회구조를 보존하거나 아니면 변혁시키려는 목적으로, 그 구조에 작용하는 하나의 체계적이고 계획적인 행동 형태이다. 이처럼 체계적이고 계획적인 행동 형태인 문화 행동은 어느 것이나 자체 행동의 목적을 결정하며 그에 따라서 그 행동 방식들을 규정하게 하는 행동이론을 가지고 있기 마련이다. 문화 행동은 (의식적이든 무의식적이든) 지배나 인간해방 둘 중에 하나를 촉진시켜 준다. 이처럼 변증법적으로 서로 상반된 문화 행동 양식들이 사회구조 속에서 혹은 그 사회구조에 작용하게 되면, 거기에서 '영원불변'과 '변화'라는 변증법적 관계가 창출된다.

• 제4장 대화와 反대화

    사회구조는 '존재하기' 위해서 '생성되지' 않으면 안된다. 바꾸어 말하면, '생성'이란 베르그송 학파의 어의대로 사회구조가 그 구조의 '지속'을 나타내는 방법이다.*

    대화적인 문화 행동은 영원불변과 변화라는 변증법의 소멸을 목표로 삼지 않는다. (변증법의 소멸은 사회구조 자체의 소멸, 따라서 인간들의 소멸을 요하기 때문에 이는 불가능한 목표다). 대화적인 문화 행동은 사회구조의 적대적인 모순들을 극복하고, 그렇게 함으로써 인간해방을 성취시키는 것을 목표로 삼는다.

    이와는 반대로, 反대화적인 행동은 그러한 모순들을 신화화하는 데에 목적을 두며, 모순들을 신화화함으로써 급진적인 변혁을 피하려고 혹은 '가능하면 훼방하려고' 한다. 反대화적인 행동은 사회구조 속에서, 명백하게 혹은 은연중에 집행자들에게 유리한 상황들을 보존하려 한다. 집행자들은 그 구조의 적대적인 모순들을 극복할 만큼 급진적인 구조 변혁은 결코 용납하는 일이 없다. 그러나 억눌린자들에 대한 자기네 결정권을 건드리지 않은 개혁들은 받아들이기도 한다. 결국 이러한 행동의 양상은 민중들에 대한 '정복,' 민중들의 '분열', 민중들의 '조종' 및 '문화 침해'를 자행하는 행동 양상이 된다. 이러한 행동은 근본적으로 그리고

---

*구조를 '사회적' 구조로 (그리하여 역사적 문화적인 것으로) 만드는 것은 절대적인 영원불변이나 절대적인 변혁이 아니고 다만 이 양자의 변증법적 관계들이다. 분석에 분석을 거듭한 결과로, 사회적 구조 속에 남는 것은 영원불변도, 변화도 아니고 영원불변과 변화라는 변증법 그 자체이다.

●페다고지

필연적으로 하나의 '유도된' 행동이다. 그러나 대화적인 행동은 이처럼 유도된 단면을 척결시키는 것이 그 특성이다. 反대화적인 행동이 이 유도된 양상을 척결할 능력을 갖지 못하는 것은 그 행동 목적이 지배이기 때문이다. 그러나 대화적인 행동의 목적은 해방이기 때문에 그렇게 할 수 있는 능력이 있다.

문화 침해를 자행하는 행위자들은 자기네 행동의 주제 내용을 그들 자신의 가치관과 이데올로기로부터 도출해 낸다. 그들은 자기네 세계를 시발점으로 삼아 그들에게서 침해를 당하고 있는 자들의 세계로 들어간다. 그러나 문화의 종합을 꾀하는 자들은, 침해들과는 달리 '다른 하나의 세계'에서 나와 민중들의 세계로 들어간다. 그들은 '가르치거나', '전하거나', 혹은 무엇을 주려고 가려는 것이 아니고 민중들과 더불어서 민중들의 세계를 배우려고 가는 것이다.

문화를 침해하는 자들(그들은 몸소 침해당한 문화에 들어가 볼 필요조차 없다. 기술적인 도구들에 의해서 그들의 행동은 차곡차곡 실천에 옮겨지는 것이다)은, 방관자로서의 역할 혹은 목적물로서의 역할밖에 하지 않는 민중들 위에다 자신들을 포개 놓을 따름이다. 그러나 문화를 종합하는 행위자들은 민중들과 통합되며, 민중들은 양자가 함께 세계에 펼쳐 나가는 행동에 대해서 공동작업인이 된다.

문화의 침범에 있어서는 방관자들과 보존되어야 할 현실이 모두 행위자들의 행동의 목적물이 된다. 그러나 문화의

• 제4장 대화와 反대화

　종합에 있어서는 방관자들이란 아무도 없다. 그리고 행위자들의 행동의 목적물은 인간들의 해방을 위해서 변혁되어야 할 현실이 된다.
　문화의 종합은, 문화가 형성된 구조들을 보존하는 보존자로서, 문화 그 자체를 대처하기 위한 하나의 행동 양식이다. 문화 행동은, 역사적인 행동으로서 소외된 지도자들과 문화를 척결하는 도구이다. 이런 의미에서 진정한 혁명은 모두가 하나의 문화 혁명이 된다.
　제3 장에서 서술한 민중들의 생성주제들과 유의미적 주제군에 대한 연구는 문화의 종합으로서의 행동 과정에 필요한 시발점이 된다. 이 과정은 먼저 '주제 연구'가 있고 다음에 '문화의 종합으로서의 행동'이 있는 두 단계로 구분하는 것이 사실상 가능하지 않다. 이러한 이분법은 연구자들이 민중들을 피동적인 목적물로 놓고 연구하고 분석하고 고찰하는, 시작 단계-反대화적 행동과 일치하는 절차-를 수반하게 되기 때문이다. 이같은 구분은 종합으로서의 행동이 침해로서의 행동에 부수되는 어줍잖은 결론을 낳게 된다.
　대화적인 이론에서는 이같은 구분이 생기지 않는다. 여기에서는 전문적인 연구자들 뿐만 아니라, 자기들의 주제 세계가 연구 대상이 되고 있는 민중들도 주제 연구의 주제들이 된다. 연구는-문화의 종합으로서 최초의 행동 계기는-창조의 풍토를 창출하고, 이 풍토는 이어지는 행동 단계들 속에서 무르익게 될 것이다. 그러나 이러한 풍토는, 침해당

● 페다고지

한 자들에게 진정한 창의력이 존재하는 데 꼭 필요한 위험스러운 실험을 두려워하게 하고 절망하게 만들고, 소외로 그들의 창조적인 열정을 압살시켜 버리는 문화의 침해 속에서는 존재하지 않는다.

 침해당한 사람들은, 그들의 수준을 막론하고, 침해자들이 그들에게 제시해 주는 모형들을 넘어서는 예가 드물다. 그러나 문화의 종합에 있어서는 침해자들이라는 것이 없다. 따라서 강요되는 모형들도 존재하지 않는다. 그런 것들을 대신해서 (분석을 행동과 분리시키는 일이 없이) 현실을 비판적으로 분석하고 역사적인 과정 속에 주체들로서 개입하는 행위자들이 존재한다.

 지도자들과 민중들은, 예정된 계획들을 따라가는 대신에 서로를 동일시하면서 함께 자기네 행동 지침들을 만든다. 이러한 종합을 통해서 지도자들과 민중들은 새로운 지식과 새로운 행동 속에서 다시 태어난다. 소외된 문화에 대한 지식은 변혁하는 행동으로 이어지며, 그 결과 문화는 소외로부터 해방된다. 지도자들이 지니고 있는 보다 불순한 지식은 민중들의 체험적 지식 속에서 재생되고, 민중들의 체험적 지식은 지도자들의 지식으로 다듬어지게 된다.

 문화의 종합 속에서 — 그리고 바로 이 문화의 종합 속에서만이 — 지도자들의 세계관과 민중들의 세계관 사이의 모순이 해소될 수 있으며, 양자가 풍요한 상태에 도달할 수가 있다. 문화의 종합이 이 두 세계관의 상이점들을 부정하지

• 제4장 대화와 反대화

는 않는다. 오히려 그것은 바로 이 상이점들을 기초로 하여 그 위에서 이루어지는 것이다. 문화의 종합은 한 인간이 다른 인간을 '침해'하는 짓은 거부하지만, 각 사람이 다른 사람들한테 보여주는 나무랄 데 없는 '지지'는 인정한다.

혁명 지도자들은 민중들과 동떨어져서 자신들을 조직하는 일은 삼가야 한다. 역사적인 상황들로 인해서 예기치 못하게 민중들에게 모순이 발생할 경우에 ─ 문화 침해라는 강요된 관계로 논증하려 들지 말고 ─ 그 모순을 반드시 해소시켜야 한다. 이를 해소시키는 데에는 문화의 종합이 유일한 방법이다.

혁명 지도자들은 민중들의 세계관과 같은, 현실적인 어떤 것을 계산에 넣지 않음으로 해서 수많은 과오와 시행착오를 범한다. 그들의 세계관은 외적 내적으로 그들의 관심들, 그들의 의혹들, 그들의 희망들, 그들의 지도자들을 보는 방식, 그들 자신과 지배자들에 대한 인식, 그들의 종교적인 믿음(대부분이 언제나 다양한 혼합적인 믿음이다), 그들의 숙명론, 그들의 반발적인 반작용들을 수반하는 세계관이다. 이러한 제반 요소들은 결코 분리해서 생각할 수가 없다. 이 모두가 상호작용을 통해서 하나의 총체를 이루기 때문이다. 지배자들도 이 총체에 대해서 관심을 갖는다. 지배자들이 이 총체에 대해서 관심을 갖는 이유는 이 총체를 파악하는 것이 지배하거나 지배를 계속하는 침해 행동에 보탬이 되기 때문이며, 그 외에 다른 뜻은 전혀 없다. 혁명 지도자들

● 페다고지

도 이 총체에 관심을 갖는다. 그것은 이 총체를 파악하는 일이 문화의 종합으로서의 자기네 행동에 꼭 필요하기 때문이다.

문화의 종합은 (엄격히 말해서 그것이 하나의 '종합'이기 때문에) 혁명적인 행동 목적들이 민중들의 세계관 속에서 표출되는 소망들에 의해서 규제받아야 한다는 뜻은 아니다. 만일 그들의 세계관을 존중한다는 구실 하에 그같은 일이 발생한다면 혁명 지도자들이 그러한 시각에 피동적으로 얽매이게 되고 만다. 지도자들이 민중의 세계관을 침해해도 안 되지만, 민중들의 (흔히 어줍잖은) 소망들에 그대로 적응하는 일도 용납되어서는 안 된다.

구체적인 예를 들어보자. 만일 어떤 주어진 역사적 순간에 민중들의 소망이 봉급을 인상해 달라는 요구에 그칠 때, 자칫 잘못하면 즉, 지도자들은 둘 가운데 한 가지에 해당하는 오류를 범하게 된다. 우선 이 한 가지 요구*를 추진하는 일로 자기네 행동을 한정해 버릴 수가 있는가 하면, 민중의 이 소망은 짓눌러 버린 채 아직까지는 민중들의 핵심적인 주의를 걸 만한 것이 못되는 원대한 어떤 것을 제시할 수도 있다. 전자의 경우는 지도자들이 민중들의 요구에 적응해 가는 노선을 추종하는 경우가 되고, 후자의 경우는 지도자들이 민

---

*레닌은 러시아 사회민주당의 경향을, 혁명 투쟁의 도구로서 그가 명명한 '경제적 자발성'의 실제로서 프롤레타리아의 경제적 요구를 강조하는 쪽으로 과감히 이끌었다. 「무엇을 해야 될 것인가?」, 『정치와 혁명에 대하여, 논문집』(뉴욕, 1968)

• 제4장 대화와 反대화

중의 소망을 무시함으로써 문화적 침해를 자행하는 경우가 된다.

그 해결책은 종합에 있다. 지도자들은 한편으로는 보다 높은 봉급을 요구하는 민중들의 요구와 뜻을 같이 하면서 다른 한편으로는 그 요구의 의미 자체를 하나의 문제로서 제시해야 한다. (그렇게 함으로써) 지도자들은 봉급의 인상 요구도 한 영역을 이루고 있는, 현실적이고 구체적이고 역사적인 상황을 하나의 문제로서 제시하는 것이 된다. 그렇게 하면 봉급 요구 하나만으로는 결정적인 해결이 이루어지지 않는다는 사실이 분명하게 밝혀질 것이다. 이러한 해결책의 핵심은 앞서 인용했던 '제3세계 주교단 성명서'에서 찾아볼 수 있다. 만일 노동자들이 어떻게 해서든지 자신들이 하는 노동의 소유주가 되지 못하는 한, 온갖 구조상의 개혁들은 쓸모가 없게 될 것이다. 그들은 자기네 노동의 판매인이 아니라 소유주가 되어야 한다. 노동의 구입이나 판매는 어느 것이나 노예제도의 한 형태가 되기 때문이다.

사람이 '자기 노동의 소유주'가 될 필요가 있다는 사실, 노동이 '인간의 일부이다'라는 사실, '인간은 팔릴 수도 스스로를 팔 수도 없다'는 사실을 의식하는 일은 곧 완곡한 해결들의 속임수를 한 걸음 넘어서는 일이 된다. 그 일은 현실을 인간화함으로써 인간들을 인간화시키기 위해서 진정한 현실의 변혁에 뛰어드는 일이다.

反대화적인 행동의 이론 속에서, 문화의 침해는 조종의 목

● 페다고지

적들에 이바지하며, 정복은 지배의 목적에 이바지한다. 그러나 문화의 종합으로 힘을 입는 것은 조직의 목적들이고, 이 조직이 도움을 주는 것은 다름 아닌 해방의 목적들이다.

이상의 연구를 통해서 거론되어 온 바는 아주 명백한 하나의 진리이다. 지배자가 억압하기 위해서 억압적인 행동이론을 필요로 하듯이, 억눌린자들도 해방되기 위해서 어떤 행동이론을 필요로 하고 있다는 사실이다.

지배자는 민중들과 적대 관계에 있기 때문에 민중들을 제쳐놓고 자신의 행동이론을 정립한다. 그러나 민중들은-그들이 지배자의 모습을 그들 안에 내화하는 가운데 짓구겨지고 억압받는 한-스스로 해방하는 행동이론을 정립할 능력이 없다. 이 이론은, 민중들과 혁명 지도자들과의 만남 속에서-그들의 친교, 그들의 실천 *praxis* 속에서-비로소 수립될 수가 있는 것이다.

■ 부 록 ■

억눌린자 교육 프로그램의 실례

【제 1 상황】 세계 내에 세계와 더불어 있는 인간, 자연 문화

【제 2 상황】 자연에 의해 매개된 대화

【제 3 상황】 글을 모르는 사냥꾼 [文盲文化]

【제 4 상황】 글을 아는 사냥꾼 [文字文化]

【제 5 상황】 사냥꾼과 고양이

【제 6 상황】 인간은 일을 통해 자연의 물질을 변화시킨다.

【제 7 상황】 꽃병, 인간이 자연의 물질에 일을 가해 만든 생산물

【제 8 상황】 詩

【제 9 상황】 행동의 諸 樣式

【제10 상황】 학습 중인 문화 서클-토론의 종합

* 이 부록에 나오는 그림과 각 상황은 억눌린자 특히 문맹자의 인간화를 위해 프레이리가 기호화하여 제시한 의식화 교육 프로그램이다.

• 부록 : 억눌린자 교육 프로그램의 실례

《제 1 상황》
세계 내에 세계와 더불어 있는 인간, 자연과 문화

관계의 존재로서의 인간인 참가자들은 이 상황에 대한 토론을 통해 두 개의 세계 즉, 자연의 세계와 문화의 세계를 구별하게 된다. 그들은 세계 안에 세계와 더불어 있는 존재로서의, 일을 통해 끊임없이 현실을 변혁시키는 창조, 재창조적 존재로서의 인간의 정상적 상황을 인식한다. "누가 우물을 팠습니까? 왜 팠을까요? 어떻게? 언제?"와 같은 간단한 질문들 — 우물 이외의 다른 '요소들'에 대해서도 이같은 방식의 질문이 되풀이된다 — 에 의해 두 가지 기본적 개념 즉, '필요의 개념'과 '일의 개념'이 드러난다. 그리고 문화가 1차적인 수준 즉 생활의 수준으로 나타난다. 우물을 판 사람은 물이 필요했기 때문에 그렇게 한 것이다. 그리고 그는 세계와 관계를 맺으면서 물을 지식의 대상으로 만들었기 때문에 우물을 팠다. 일함으로써 그는 세계를 변화의 과정에 진입하도록 한 것이다. 이런 식으로 그는 집을 짓고, 옷을 만들었으며, 작업도구를 제작했다. 그 점으로부터 참가자들은 아주 단순하지만 상당히 객관적인 견지에서 동료들과 함께 인간 사이의 모든 관계를 토론한다. 이 관계들은 주체들 간의 관계들이기 때문에 전에 토론했던 관계들과는 달리 지배관계나 변태관계가 아니다.

• 부록 : 억눌린자 교육 프로그램의 실례

《제 2 상황》
자연에 의해 매개된 대화

제1 상황에서 우리들은, 주체들 간의 관계이므로 지배관계가 될 수 없는, 사람들 간의 모든 관계에 대한 분석에 다다랐다. 이제 제2 상황과 직면한 참가자 그룹은 대화, 인간 상호간의 의사소통, 의식들 간의 만남을 분석하도록, 이 의사소통에 있어서－사람들에 의해 변형되고 인간화된－세계가 수행하는 매개역할을 분석하도록, 대화의 밑바탕인 사랑, 겸손, 희망, 비판을 분석하도록 유도된다.

다음의 세 상황들(제3 상황 ~ 제5 상황)은 한 묶음을 이루는 것들이다. 이것들을 분석함으로써 문화의 개념을 확인하고 동시에 여타 관심있는 부면들에 대한 토론도 한다.

• 부록 : 억눌린자 교육 프로그램의 실례

《제 3 상황》
글을 모르는 사냥꾼

  이 상황에 대한 토론의 시작은 자연에 속하는 것과 문화에 속하는 것을 구별하는 것으로부터 출발한다. 참석자들은 "이 그림 속에 있는 문화는 활, 화살 및 인디언이 착용하고 있는 깃털들이다"라고 말한다. 깃털은 자연에 속하는 것이 아니냐고 물으면 그들은 항상 "새가 달고 있는 동안의 깃털은 자연에 속하지만 일단 일을 통해 변형되면 그렇지 않습니다. 그것들은 문화에 속합니다"라고 대답한다. (실제로 여러 지역들에서 나는 이 대답을 수없이 많이 들었다.) 사냥꾼의 역사적, 문화적 시대와 그들 자신의 시대와의 차이를 구별하게 됨으로써 참가자들은 문맹문화를 구성하는 것이 무엇인가?라는 데 이른다. 그들은 사람이 도구를 제작하여 자기의 팔길이를 5야드에서 10야드로 연장시키고 그로 인해 먹이를 손으로 잡을 필요를 느끼지 않게 될 때 그가 문화를 창조했다는 사실을 발견한다. 그리고 그는 도구의 사용법과 제작법을 젊은 세대에게 전수해 줌으로써 교육을 창조했다. 참석자들은, 무엇을 가리켜 문맹이라 하는지도 모르는 문맹문화 속에서 교육이 어떻게 발생하는가?에 대해 토론한다. 그들은 즉시 문맹이 문맹문화에 속하며 읽고 쓰는 기술을 지배하지 못하는 것이란 점을 인식한다. 몇몇 사람들에게 있어 이 인식은 극적이다.

• 부록 : 억눌린자 교육 프로그램의 실례

《제 4 상황》
글을 아는 사냥꾼

　이 상황이 슬라이드로 비춰지면 참석자들은, 사냥꾼이 문맹자일지라도, 자기네 문화에 속하는 사람임을 안다. 그들은 '활과 화살'과 비교되는 '총'이 나타내 주는 기술의 진보를 토론한다. 그들은 일과 창조력으로 인하여 인간이 세계를 변혁시킬 기회를 더욱 많이 갖게 된다는 점에 대해 분석한다. 그들은 이 변혁이, 인간을 인간화시키는 데 기여하는 정도만큼만, 그리고 인간을 자유롭게 하는 데 쓰여지는 정도만큼만 의미를 지닌다는 사실을 토론한다.

• 부록 : 억눌린자 교육 프로그램의 실례

《제 5 상황》
사냥꾼과 고양이

 이 상황에서 참석자들은 세계 속에 있는 서로 다른 존재양식들을 특징지우는 근본적 부면들에 대해 토론한다. 그들은 인간을, 알 뿐만 아니라 '안다는 것' 그 자체도 아는 존재로서, 의식을 지닌 존재로서, 진정한 인간이 되는 과정에서 세계에 대해 반성적, 몰입적으로 출현하는 의식으로서 논의한다.

 이 세 개의 상황들과 관련해서 나는 절대적인 확신감으로 다음과 같이 말했던 브라질리아 출신의 한 문맹자를 결코 잊을 수가 없을 것이다. "이 셋 중 둘, 즉 두 사람만이 사냥꾼입니다. 사냥하기 전과 사냥한 후에 문화를 만들기 때문에 그들은 사냥꾼입니다.―그는 그들이 사냥하는 동안에도 문화를 만든다는 말을 하는 것만은 실패했다―고양이는 사냥하기 전이나 사냥한 후에 문화를 만들지 않습니다. 그러므로 고양이는 사냥꾼이 아니라 추적자입니다"라고.
 이렇게 사냥과 추적을 명쾌하게 구별지음으로써 그는 문화의 창조라는 근본적인 점을 파악했던 것이다.
 이 세 개의 상황들에 대한 토론은 인간과 동물, 창조력, 자유, 지성, 본능, 교육, 훈련에 대한 풍부한 관찰을 가져왔다.

• **부록** : 억눌린자 교육 프로그램의 실례

《제 6 상황》
인간은 일을 통해 자연의 물질을 변화시킨다.

"이 장면에서 우리들은 무엇을 보는가? 저 사람들은 무엇을 하고 있는가?"라고 협조자가 묻는다. "그들은 진흙을 사용하여 일하고 있다"고 모든 참가자들은 대답한다. "그들은 일을 통해 자연의 물질을 변화시키고 있다"라고 대다수의 사람들이 말한다.

일에 대한 일련의 분석이 끝난 뒤 (브라질리아 출신의 한 참가자가 그러했듯이 몇몇 사람들은 '아름다운 물건을 만드는 즐거움'까지도 말한다.) 저 작업이 문화에 속하는 물건을 만드는 일이냐고 협동역이 물으면 참가자들은 그렇다고 대답한다.

'꽃병', '항아리', '그릇'

• 부록 : 억눌린자 교육 프로그램의 실례

《제 7 상황》
꽃병, 인간이 자연의 물질에 일을 가해 만든 생산물

　레시페의 한 문화 서클에서 이 상황에 대해 토론하는 동안 나는 어떤 부인이 "나는 문화를 만든다. 나는 저것을 만드는 방법을 알고 있다"라고 감격적으로 말하는 것을 듣고 감동했었다. 많은 참가자들이 꽃병 속의 꽃들에 대해 "꽃은 자연이다. 그러나 장식물이 될 때는 문화다"라고 말한다. 어떤 의미로는 애초부터 일깨워져 왔던 생산물의 심미적인 측면이 이제 재 강조된다. 이 측면은 문화가 정신적 필요의 수준에서 분석되는 다음 상황에서 충분하게 토론될 것이다.

● 페다고지

《폭탄》
무시무시한 원자폭탄 / 그리고 방사능은 / 공포를 부른다네 / 파멸과 재난을 부른다네 // 만약 전쟁이 멈추고 / 모든 것이 단결한다면 / 우리들의 세계는 / 결코 파괴되지 않으리.

• 부록 : 억눌린자 교육 프로그램의 실례

《제 8 상황》
詩

먼저 협조자가 슬라이드로 비쳐진 글씨들을 천천히 읽는다. "이것은 시다"라고 늘 모든 참가자들이 말한다. 참가자들은 이 시의 작자가 평범한 서민이라고 말하면서 대중적인 시라고 평한다. 그들은 시가 문화냐 그렇지 않느냐를 논의한다. 그들은 "이것은 꽃병과 마찬가지로 문화다. 그러나 꽃병과는 다르다"라고 말한다. 그들은 꽃병과 시적 표현이 그 사용되는 물질과 필요에 있어 다르다는 점을 깨닫는다. 여러 분야의 대중적인 예술적 표현들과 좀 더 유식한 예술적 표현의 제 측면들을 토론한 후 협조자는 이 시를 다시 한번 읽고 그것을 토론에 회부한다.

• 부록 : 억눌린자 교육 프로그램의 실례

《제 9 상황》
행동의 제 양식

   이 상황에서 우리들은 곧 이어 변화에 대한 저항을 토론하기 위해 문화적 표현으로서의 제 행동양식을 분석하고자 한다. 그림에는 각기 관습적인 의상을 입은 브라질 남부지방의 카우보이와 동북부지방의 카우보이가 있다. 토론은 먼저 그들이 입은 의상에 관해, 그리고 점차 그들의 행동양식 쪽으로 옮겨간다. 나는 브라질 남부지방의 한 문화 서클에서 다음과 같은 말을 들은 바 있다.
   "우리들은 여기서 남부와 북동부라는 서로 다른 두 지역의 전통적 의상을 본다. 한 사람은 따뜻한 옷, 다른 한 사람은 두꺼운 가죽옷을 입고 있다. 그러나 이 전통들이 이뤄지기 전에 이와 같이 입어야 할 '필요'가 있었을 것이다. 때때로 '필요들'은 사라져 가고 '전통들'만 이어져 간다."

• 부록 : 억눌린자 교육 프로그램의 실례

《제 10 상황》
학습 중인 문화서클 – 토론의 종합

 이 상황을 보자마자 참가자들은, 이것이 바로 자기들 자신의 모습임을 쉽게 알아차린다. 그들은 지식의 체계적 습득으로서의 문화를 토론하고, 문화의 민주화를 근본적 민주화의 맥락에서 논의한다. 어떤 참가자는 "문화의 민주화란 다른 사람들이 우리를 어떻게 보며 우리에게 무엇을 원하는가?에서가 아니라 우리들이 누구이고 국민의 일원으로서 우리가 무엇을 하고 있는가?에서부터 출발해야만 한다"라고 말했다. 문화와 문화의 민주화에 대한 토론에 덧붙여 참가자들은 문화서클 자체의 기능, 문화서클의 역동적 의미, 대화의 창조적 힘과 의식의 명료화를 분석한다.
 제1 상황에서부터 제10 상황까지의 상황들은 이틀 동안에 토론되어, 세째날에 시작되는 문자습득 계획의 강력한 동기유발로 기능한다.
 문자습득은 참가자들이 자기들 자신의 통찰력, 세계, 세계를 변화시키는 힘, 의식의 만남, 문자습득 자체 등에 대해 숙고하기 시작할 때만이 의미를 갖는다. 그리고 이렇게 함으로써 문자습득은 외부에 존재하는 어떤 것이기를 그치고 자기들 자신들 일부, 자기들 자신의 내부로부터 나오는 어떤 것이 된다. 나는 오직 사람들로 하여금 낱말들을 그 진정한 의

● 페다고지

미, 즉 세계를 변혁시키는 힘으로 이해하도록 하는 문맹퇴치 교육에서만이 타당성을 발견할 수 있다. 문맹자들은 무지의 상대성과 지혜의 상대성을 발견함에 따라 엘리트들이 그들을 조종하는 데 사용하던 신화들 중의 하나(문맹자들이 절대적으로 무지한 반면 자기들은 절대적으로 지혜롭다는 신화)를 부숴 버린다. 이제 읽고 쓰는 법을 배우는 것은, 그들 스스로와 그들이 그 안에서 그것과 더불어 있는 세계에 대해 숙고할 것을 요청함으로써, 세계란 그들의 것이기도 하다는 것, 그들의 일이란 존재하는 데 대한 대가가 아니라 사랑을 실천하는 하나의 길이요, 세계로 하여금 보다 나은 곳이 되게 하는 길이라는 것을 발견하도록 해준다.

《옮긴이 뒷글》

　교육은 무서운 힘을 갖는다. 교육 과정에 어떠한 논리와 방식과 세계관이 적용되느냐에 따라서 실로 엄청난 결과를 낳는다. 지배 엘리트들이 획책하는 체제 순응적이고 현실에 적응하는 것만으로 일관된 교육은 비인간화가 횡행하는 국가와 사회를 만들 뿐이다. 반면에 인간의 '인간다움'을 향하여 진행되는 교육은 궁극에 가서는 억압과 착취의 제반 반민중적 장치를 척결하고 인간해방을 이룩하게 된다. 이런 까닭에 오늘날 교육의 중요성은 어떤 부문의 그것보다 결코 뒤지지 않는 것이다. 커 오는 세대들 그리고 기성세대들에게 있어서 주어진 현실에 무작정 순응하고 만족하는 인간이 아닌 현실의 변혁주체가 되기 위한 인간화 문제는 상당 부분을 교육이 담당할 수밖에 없다. 특히 제3세계 중에서도 가장 비극적인 민족분단과 그에 따른 제반 불편함을 몸으로 겪고 있는 우리들로서는 더더욱 교육의 중요성을 실감하게 된다. 교육이 몇몇 지배층의 전유물이 되거나 민족의 보편적인 모순과 특수화된 각 지역의 모순을 극복하는 데 장애물이 되는 상황, 순응주의적 세계관과 가치관을 조직 주입시키는 데 기여하는 교육, 이런 상황과 교육이 행해지는 그

● 페다고지

　국가와 사회는 분명히 비인간화된 국가요 사회이다. 이런 국가와 사회에서의 인간은 다만 '물건' 또는 '동물'에 지나지 않는다. 인간 없는 세계 또는 세계 없는 인간이 존재할 수 없다고 할 때, 인간을 물건으로 취급하는 세계는 결코 용납되어서는 안 된다.
　이 책의 저자 파울로 프레이리가 겪은 브라질의 국가상황, 사회상황은 바로 이와 같은 비인간화된 상황이었다. 이 억압과 지배가 횡행하는 것에서 벗어나 인간다운 삶을 영위할 수 있는 세계로의 현실 변혁을 이루고자 프레이리는 몸소 수많은 민중교육 실천작업을 펼쳐 왔다. 아마도 수많은 교육 실천가들 중에서 프레이리만큼 온 몸으로 교육현장에 뛰어든 사람은 거의 드물 것이다. 또한 국가권력으로부터 구체적인 제재를 당하여 '망명 종용'까지 받은 교육 실천가는 이 세상에서 그가 유일한 사람일 것이다. 따라서 이런 수난 속에서 진행된 그의 실천작업 결과물인 이 책은 흔히 있음직한 탁상공론 식의 교육이론서가 아니다. 리차드 쇼울이 영어판 '머릿글'에서도 지적한 바와 같이 그의 교육론은 '전반적인 역사의 전후관계 속에서 시작되고, 새로운 사회질서를 창조하는 투쟁의 한복판에서 실천되고, 새로운 이론과 실천의 일치를 제시하는' 실천을 위한 교육이론서인 것이다.
　프레이리가 상정한 억눌린자 교육의 최종 목표는 인간해방이다. 그는 이 인간해방을 달성하기 위해서는 억눌린자 자신이 자기 상황을 정확히 파악하고 역사의 전면에 부상하여 현실 변혁의 주체로서 투신해야만 한다고 역설한다. 한편 그는, 진정한 인간해방의 의미는 억압받는자, 억눌린자 자신들만의 해방이 아니라 '억눌린자 스스로와 그들의 지배자들을 동시에 해방시키

• 부록 : 억눌린자 교육 프로그램의 실례

는' 단계에까지 도달해야 된다는 것이다. 이를 위한 교육 방법론으로 그는 '문제제기식 교육'을 상정한다. 주입식 교육이라고 일컬어지는 '은행예금식 교육'은 인간을 지극히 즉자적 존재로 전락시키고 지배 엘리트의 억압적 논리에 적응하도록 하는 '비인간화 교육의 전형'이라고 통박하고 학생-교사, 교사-학생의 관계가 일방적인 '지식 전달'이 돼 버린 현행 교육제도는 전면적으로 파기해야 한다는 주장이다.

프레이리의 교육론은 우리와 약간의 차이를 갖고 있는 브라질의 상황이 근간을 이루고 있지만, 우리에게도 시사하는 바가 한 두 가지가 아니라 하겠다. 아니, 어떤 사회이든 그 사회를 이루는 민중에게 '그자들', '몰지각하고 질투하는 무리들', '폭도들', '국가전복 음모자들'이라고 막무가내로 몰아붙이는 상황에서는 이 프레이리의 사상은 계속 유효한 것이 될 것이다. 우리가 처한 나날의 삶도 예외가 아니라는 점에서 프레이리는 많은 것을 깨우쳐 줄 것이다.

이 책은 지난 79년 「가톨릭 평신도 사도직 협의회」이름으로 독자에게 처음 선보였었다. 유신시대가 서슬 퍼런 칼날을 휘두르는 상황 때문에 상당부분이 번역 과정에서 제 뜻을 본의 아니게 왜곡하게 됐고 주는 많이 제외시켜야 했으나 이번에는 그러한 점들을 보완, 원서가 전달해 주려는 의미를 십분 살렸다.

1995년 3월 무등산 밑에서
성 찬 성

한마당 글집 5
페다고지

초판 1쇄 발행 | 1986년 2월 1일
초판 5쇄 발행 | 2015년 5월 8일

지은이 파울로 프레이리 | **옮긴이** 성찬성
펴낸이 황정하 | **펴낸곳** 한마당
출판등록 1979년 2월 | **등록번호** 제1-515호
주소 (우)121-847 서울시 마포구 성미산로 5길 8, 102호
전화 02-422-6246 | **팩스** 02-422-6201
전자우편 hanmadangbooks@gmail.com

ISBN 978-89-85512-23-7 93370

* 책값은 뒤표지에 적혀 있습니다.
* 잘못 만든 책은 구입하신 곳에서 바꾸어드립니다.